GOTTHOLD HASENHÜTTL

Christen gegen Christen

Der Streit um das gemeinsame Abendmahl

RADIUS

Professor DDr. Gotthold Hasenhüttl, geboren 1933 in Graz; Dr. phil.; Dr. theol.; 1974 bis 2002 Professor für systematische Theologie an der Universität des Saarlandes. Vorsitzender der Internationalen Paulusgesellschaft. Ordentliches Mitglied der Akademie Scientarium et Artium Europea. Wegen der Einladung evangelischer Christen zum katholischen Abendmahl beim 1. Ökumenischen Kirchentag 2003 2004 suspendiert und 2006 Entzug der kirchlichen Lehrerlaubnis. Zahlreiche Veröffentlichungen; Schwerpunkte: Gottesfrage, Lehre über die Kirche und Ökumene. Weitere Informationen: www.uni-saarland.de/fak3/hasenhuettl oder: www.hasenhuettl.de.vu

Dieses Buch ist die vom Autor überarbeitete und aktualisierte Neuausgabe des 2006 im Kreuz-Verlag erschienenen und nicht mehr lieferbaren Bandes »Ökumenische Gastfreundschaft. Ein Tabu wird gebrochen«.

ISBN 978-3-87173-903-3

Umschlag: André Baumeister
Gesamtherstellung: Offizin Scheufele, Stuttgart
Printed in Germany

Vorwort

Die Welt brennt, und Christen streiten darüber, ob sie gemeinsam das Brot brechen dürfen oder ob Katholiken und Protestanten doch lieber ihre eigenen Winkelmessen feiern sollen. Nein! Nicht Christen streiten darüber, Bischöfe haben nichts anderes zu tun, als sich darüber den Kopf zu zerbrechen. Für die meisten Christen ist es eine schon lange abgestorbene Frage. Es gibt eben Fragen, die nicht beantwortet werden, sondern einfach verdorren. Die großen Probleme machen die kleinen oder die Scheinprobleme einfach lächerlich. Aber wie lange dauert es, bis Kirchenleitungen erkennen, dass sie das Volk beleidigen, indem sie es mit zu lächerlichen Fragen belästigen!

Ich erinnere mich mit Freude an die wundervolle Freiheit, mit der Christen und Christinnen auf dem Kirchentag 2003 in Berlin miteinander das Abendmahl genommen haben, das Gotthold Hasenhüttl geleitet hat. Die Leitungen beider Kirchen hatten beschlossen, dass es kein gemeinsames Mahl geben solle mit dem ewig falschen Argument, man sei noch nicht so weit. Aber da waren einige Tausend Leute, denen das nicht mehr eingeleuchtet hat. Sie waren schon so weit und haben in der Gethsemane-Kirche zusammen das Brot gegessen. Dies sei provokativ und eine Demonstration, haben damals Bischöfe gesagt. Wer ist denn provokativ? Es sind doch die Männer, seltener Frauen, die Christen das Recht absprechen, miteinander das Brot der Hoffnung zu teilen. Wir sind nicht unsere eigenen Voraussetzungen. Das heißt an die Gnade Gottes glauben. Voraussetzung für das heilige Mahl ist der Blick Gottes, der eine Würdigkeit in uns hineinsieht, die wir von uns aus nicht haben. Das ist die Voraussetzung, nicht die Einheitlichkeit in einigen Sätzen des Bekenntnisses. Wir können nicht darauf warten, bis die letzten fußkranken Mitglieder von Kirchenleitungen angekommen sind und das Mahl für erlaubt halten. Wir alle sind verantwortlich für das Fortschreiten der Wahrheit. Es gibt nicht nur die Tugend des Gehorsams, es gibt auch die Tugend des Ungehorsams. Es gibt die Sünde des Gehorsams, wo man nicht gehorchen darf. Wir Deutschen wissen davon ein Lied zu singen. Es ist unsere Schuld, wenn wir uns in zu kleine Fragen verstricken lassen und darüber die großen brennenden Fragen vergessen. Wir sind des Teufels Martyr, wenn wir in schwächlichem Leiden beklagen, dass uns das Mahl noch nicht gestattet sei, und wenn wir uns nicht selbst gestatten, was Gott gestattet. Wir sollen einfach hingehen an die Orte des einen Tisches! Auf Dauer werden die Bischöfe schon fördern, was sie nicht verhindern können. Kein Wunsch wurde auf den letzten Katholiken- und Kirchentagen so deutlich und unter so viel Beifall artikuliert wie der Wunsch nach dem gemeinsamen Abendmahl. Das ist ja nicht das erste Mal, dass die Gemeinden weiter sind als ihre Kirchenleitungen. Leitungsgremien entwickeln in der Regel Bewahrungs- und Hinhaltestrategien. Konflikte in den Kirchen entstehen nicht nur durch die sogenannten Neuerer. Auch die Verzögerungsstrategen bringen die Kirche auseinander. Die Front zwischen evangelisch und katholisch wird mehr und mehr eine Scheinfront, aufrechterhalten durch konservative theologische Erklärungen. Die wirklichen Fronten aber gehen längst quer durch die Konfessionen. Die Einheitlichkeit in der Glaubensformulierung und in den Glaubenstraditionen bedeutet noch nicht die Einheit der Kirche und des Glaubens, so wie die Trennung in der Glaubensformulierung und in der Frömmigkeitstradition noch nicht die Trennung im Glauben bedeutet. Das wissen die Leute allmählich. Es gibt aber Wahrheiten, die das sogenannte Lehramt offensichtlich zuletzt erreichen.

Mein Zorn richtet sich sowohl gegen die evangelischen wie die katholischen Kirchenleitungen. Die Protestanten:

Die allermeisten haben nichts dagegen, dass Katholiken das Abendmahl nehmen, und sie gehen auch selbst zur katholischen Kommunion. Aber die Weichheit, mit der sie auf alle römischen Diktate reagieren, ist ein Verrat an ihrer eigenen Erkenntnis und vor allem an den Christen ihrer Kirche. Die römischen Bischöfe: Sie spielen eine Einstimmigkeit untereinander, die nicht vorhanden ist. Kardinal Lehmann hätte nie ein so kaltschnäuziges Dokument unterschrieben, wie es Reinhard Marx, der damalige Bischof von Trier, an Gotthold Hasenhüttl geschickt hat. (Vgl. S. 162-166) Aber er hat auch nichts dagegen gesagt. Es ist so schade, dass der geistliche Reichtum des Katholizismus verspielt und beschmutzt wird durch römische Amtsträger wie Marx und andere. Ein Glück, dass man zwischen Rom und dem Katholizismus unterscheiden kann!

Das Mahl ist das große Vorspiel der Einheit der Menschen, die im Frieden und in der Gerechtigkeit besteht und nicht in einigen dürren Glaubenssätzen. Das Mahl erinnert uns an die versprochene Zukunft, in der das Lamm nicht mehr vom Löwen gerissen wird; in der unsere Kinder ohne Schaden am Loch des Skorpions spielen und in der die Spieße und Schwerter in Winzermesser umgeschmiedet sind. So soll dieses Mahl nicht die falsche Zukleisterung unserer wirklichen Trennungen sein, sondern Salz in unserer offenen Wunde. Es möge uns erinnern, was aussteht: dass wir den Krieg verlernen; dass wir ein Volk sind, das die Weisungen Gottes gelernt hat; dass die Umherirrenden eingesammelt werden und die lahm Geschlagenen einen Neubeginn haben. An diesem Mahl des Friedens werden wir weinen lernen über den Krieg. Die Einheit in unseren Tränen wäre mehr als die kärgliche Einheit in Glaubensformulierungen.

Meine Hoffnung für die Ökumene: Wir werden lernen, dass wir endlich sind, auch als Kirchen. Wir werden lernen, dass keine der Kirchen alles sein muss, die wahre und einzige. Die Kirchen ehrt ihre Bedürftigkeit und Angewiesenheit. Die Tatsache, dass meine Einzelkirche nicht alles ist und dass ich in meiner Kirche darum nicht ganz zu Hause bin, verweist auf die anderen Kirchen. Der Mangel im Eigenen macht bedürftig, und so macht er geschwisterlich. Nur bedürftige Menschen sind geschwisterliche Menschen. Das gilt für Menschen, und das gilt für Systeme. Die Vorläufigkeit und die Begrenztheit der eigenen Kirche machen einen zum Spieler. Man braucht nicht nur der stumpfe, sich selbst genügende Katholik, Orthodoxe, Lutheraner oder Reformierte zu sein. Es gibt eine Lust, zwischen den Zeilen zu leben, zwischen den Häusern und zwischen den Welten. Es ist die Lust, in mehr Häusern beheimatet zu sein als nur in einem. Es ist die Unbescheidenheit, mehr Welten zu wollen als nur die eigene bescheidene Lebenswelt. Heimat verdummt, wenn man nur eine kennt. Wer mehr als eine Kirche kennengelernt hat, lernt seine eigene zu lieben und sie zugleich als begrenzt zu empfinden. Er lernt Humor und die wundervolle und lebensrettende Gabe der Skepsis seiner eigenen Heimat gegenüber. Die Wahrheit kann nicht eingefangen werden in einer Kirche, nicht einmal in allen zusammen.

Ein Freund, der das Manuskript dieses Buches gelesen hat, hat mich gefragt: Warum wird Hasenhüttl nicht einfach evangelisch? Aber das wäre der falscheste Weg. Denn er ist durch und durch katholisch, und seine Stimme wäre vertan, wenn er diesen Schritt täte. Möge diese Stimme Gehör finden!

Luzern, im Januar 2010 *Fulbert Steffensky*

Einleitung

Wo bleibt der Geist Jesu Christi in der katholischen Kirche? Wo die frohe Botschaft, das Evangelium, wenn Christen einander von der Tischgemeinschaft ausschließen? Kein Hierarch irgendeiner Kirche hat das Recht, Menschen, die mit Jesus Christus Gemeinschaft haben möchten, diese zu verweigern. Eine Kirche, die nicht offen für alle »Mühseligen und Beladenen« ist, die sich abgrenzt und ausgrenzt, steht nicht in der Nachfolge Christi, der alle zum Vertrauen und Glauben aufruft, zu einer Gemeinschaft, die für alle Menschen, ohne Ausnahme, da ist. Alle werden in den Gleichnissen Jesu zum »Hochzeitsmahl« geladen, vor allem die, deren Leben missglückt, deren Herz obdachlos geworden ist.

Zwischen dem ersten und zweiten Ökumenischen Kirchentag sind sieben Jahre vergangen. Die Abgrenzung der Kirchen gegeneinander hat sich verschärft. Die Katholische Kirche pocht mehr denn je auf ihren Alleinvertretungsanspruch: Nur sie sei Kirche Christi, nur sie allein habe die volle Wahrheit, obwohl Johannes Paul II. lehrte, dass in Kirchen, die nicht in voller Gemeinschaft mit der katholischen Kirche stehen, »Kirche Christi gegenwärtig und wirksam ist« (Ut unum sint, 11,3). Jetzt heißt es, das wahre Christentum zeigt sich nur in der Papstkirche. Wer sich so selbst erhöht und alle anderen Christen erniedrigt, ist zu einem Dialog auf gleicher Ebene nicht mehr fähig. Wer unter diesen Voraussetzungen das Wort »Dialog« in den Mund nimmt, missbraucht und verhöhnt es, weil es nur zur Bekehrung anderer Glaubensgemeinschaften dienen soll. Der Rückkehrökumenismus treibt seine Blüten, wie Papst Benedikt XVI. durch das Angebot an die anglikanische und auch orthodoxe Kirche beweist. Versöhnung, die Johannes XXIII. vom 2. Vatikanischen Konzil erhoffte, blieb bis heute unerfüllt. Wer sie trotzdem versucht, läuft in ein Minenfeld, das zwar keine körperlichen Verstümmelungen hervorruft, aber Entzug der Lehrerlaubnis, Suspendierung oder gar Exkommunikation.

Am 29.5.2003 wollten viele Christen im Zusammenhang mit dem ersten Ökumenischen Kirchentag ein Zeichen der Verständigung setzen, indem ein ökumenischer Gottesdienst nach katholischem Ritus mit offener Kommunion stattfand. Nach fast 500 Jahren der Kirchenspaltung sollte eine Geste ökumenischer Gastfreundschaft verwirklicht werden, die von der überwältigenden Mehrheit der Christen aller Konfessionen gewünscht wurde. Nicht die Teilnehmer an diesem Gottesdienst provozierten, sondern die Hierarchen, die den Akt echter Versöhnung bestraften. Nicht die Zulassung zum gemeinsamen Abendmahl, sondern die Verweigerung ist begründungsbedürftig! Offenbar gilt das Gebot Christi nicht, dass ein Hirt und *eine* Herde sein möge, wie uns das Johannesevangelium überliefert. Gegenseitige Annahme, trotz aller Unterschiedenheit, ist das Gebot der Liebe. Ämter und Strukturfragen dürfen keine neue Mauern errichten. Das Wort des heiligen Augustinus gilt heute mehr denn je: »Liebe, und tu was du willst. Aus der Wurzel der Liebe kann nichts Böses entstehen.« Erstürmt nicht die Liebe die von Menschen aufgerichteten Wälle? Im Psalm (18,30) heißt es: »Mit meinem Gott überspringe ich Mauern« und »Durch den Glauben fielen die Mauern Jerichos« (Hebr 11,30). Liebe mauert nicht, Liebe bricht dort die Gesetze, wo sie Menschen trennen, erniedrigen und ausschließen. Jesus schloss alle Menschen ein. Das brachte ihn ans Kreuz. Gethsemane (die evangelische Kirche in Berlin, die zu DDR-Zeiten Andersdenkenden Zuflucht bot und in der die ökumenische Gastfreundschaft stattfand) ist ein Symbol dafür und bezeichnet nicht nur den Leidensweg Christi, sondern auch den der gespaltenen Christenheit, die den Leib des Herrn zerteilt. Wenn Jesus uns auffordert, zu seinem Gedächtnis Eucharistie, Abendmahl, zu feiern, so doch nicht getrennt, sondern gemeinsam mit allen, die ihm nachfolgen wollen. Wenn das eine Institution verbietet, dann ist der zivile Ungehorsam das Gebot der Stunde. Gerade die Tischgemeinschaft, die Gastfreundschaft, fördert die Glaubensfreiheit und schließt jede Glaubensdiktatur aus. Nur soziale Ungerechtigkeit, wie der heilige Paulus den Korinthern einschärft, widerspricht der Abendmahlgemeinschaft, weil Unrecht Gemeinschaft zerstört und das Symbol gegenseitiger Liebe schändet. Wie können Kirchen zur Versöhnung und Frieden unter den Menschen aufrufen, wenn sie selbst untereinander keine Versöhnung verwirklichen? Gerade die ökumenische Gastfreundschaft ist der entscheidende Weg zur gegenseitigen Verständigung unter den Christen. Wenn wir die Hand zur Versöhnung ausstrecken, gefährden wir keineswegs die eigene Identität, sondern erweitern und vertiefen sie. Dann würde das Motto des zweiten ökumenischen Kirchentages wahr: »Damit ihr Hoffnung habt«!

Der angesehene Theologe Ph. Harnoncourt meint dazu: »Da in allen Kirchen die Eucharistie aufs Engste mit der Einheit der Kirchen / der Kirche verknüpft ist, widerspricht es dem Wesen und dem Sinn der Eucharistie, wenn sich Schwester-Kirchen in der einen Kirche gegenseitig von der eucharistischen Kommunion ausschließen.« Wenn beim zweiten ökumenischen Kirchentag keine ökumenische Gastfreundschaft stattfindet, dann wäre sein Vorschlag zu überdenken, dass Priester auf die Zelebration und Laien auf den Empfang der Kommunion verzichten. »Auf die Kommunion zu verzichten ist Ausdruck der Solidarität mit denen, die sie nicht bekommen – eine Solidarität, die vor allem von Ehepaaren mit unterschiedlicher Konfession oder von geschiedenen Wiederverheirateten verstanden wird.« Manch ein Hungerstreik hat zum Erfolg geführt. Könnte nicht auch das »Eucharistie-Fasten« zu einer Besinnung der Hierarchie auf den christlichen Grundwert der Liebe führen? Jesus lädt alle zum gemeinsamen Abendmahl ein: Kommt alle zu mir! Tun wir es doch! Vollziehen wir in christlicher Liebe die eucharistische, ökumenische Gastfreundschaft!

1. Jesus der Tabubrecher

Jesus lebte in einer Gesellschaft voller politischer und sozialer Zwänge. Staatlich wurde die Diktatur der Römer durch die Berufung auf die Götter geschützt und so zur unumstößlichen Ordnung hochstilisiert. Wer sich gegen die Staatsgewalt erhob, wandte sich gegen den göttlichen Willen. Monarchen konnten sich als göttliche Herrscher oder »von Gottes Gnaden« bezeichnen, wie es bis in unsere Zeit geschah. Im jüdischen Lebensbereich galt das religiöse System, das sich in Gesetz, Tempeldienst und gesellschaftlichen Schranken ausdrückte, als von einem einzigen Gott gesetzt und daher als unantastbar. Zu erwähnen wäre etwa die Verletzung des Sabbatgebotes, das als höchstes Gottesgebot galt. Es zu brechen war Blasphemie, Entthronung Gottes, da das Gottesvolk von Gott für den Sabbat geschaffen ist. »Das Volk ist um des Sabbats willen da, denn Gott hielt den Sabbat, bevor das Volk ihn hielt« (Jubiläenbuch 2,18). Der Mensch wurde sowohl dem politischen wie religiösen System untergeordnet, denn eine Gottheit garantierte die bestehende Ordnung. Wer sie antastete und nicht als unverbrüchlich heilig ansah, der lehnte sich gegen Gottes Willen auf und verdiente den Tod. So wie es Sokrates ergangen ist und ihm ein Asebeiaprozess (Gottlosigkeitsprozess) gemacht wurde, der mit dem Todesurteil endete, so erging es auch Jesus, der wegen »Gotteslästerung« am Kreuz starb. Was hat er getan? Die Evangelisten schildern Jesus weder als einen Reformer einer Religion noch als Revolutionär einer staatlichen Ordnung. Er schafft kein neues unantastbares System. Aber er wird als ein freier Mensch dargestellt, der eine befreiende Wirkung auf die unterdrückten und durch staatliche und religiöse Systeme gepeinigten Menschen ausübt. Das Erstaunliche für die Menschen ist, dass er sich nicht auf eine Fremdautorität beruft, die nicht in Frage gestellt werden darf. Nie sagt er: »Der Herr aber spricht«, so dass seine Autorität in der Offenbarung eines Gottes begründet würde, denn dadurch würde der Mensch einer nicht hinterfragbaren Autorität unterstellt. Menschen freuen sich einfach, dass hier ein Mensch ist, der sie versteht, der ihre Nöte kennt und der den Mut, die Vollmacht seines Gewissens hat, für sie gegenüber den Unterdrückungsmechanismen einzustehen. Den Schriftgelehrten und Pharisäern, also den religiösen Autoritäten, so heißt es in der Bibel, »stopft er das Maul«. Die Gespaltenheit des zweideutigen und ohnmächtigen Armen, dargestellt in der Dämonenaustreibung, überwindet er, und so findet der Einzelne den Frieden mit sich selbst. »Worum es wirklich geht, das ist das Glück eines heiteren, zufriedenen Lebens. Aber den Weg zu diesem Glück versperren uns die Dämonen, die tief in unserem Inneren schlummern«, lässt Nagib Machfus in seinem Roman »Die Kinder unseres Viertels« Rifaa, d. h. Jesus, sagen. Er beschreibt Jesu Botschaft als »auf die Heilung von Kranken und auf die Verachtung von Gewalt und Macht«[1] ausgerichtet. Menschen, die das System ausschließt, nimmt Jesus auf und spricht sie frei von Schuld. Aber von der »Sünde« befreien kann doch nur Gott! Er lästert also Gott (vgl. Mt 9,3). Und doch: Der Gelähmte trägt plötzlich sein Bett nach Hause. Das System, in Gott begründet, fällt zusammen. Die unverletzliche göttliche Ordnung verliert durch Jesu Tun seine absolute Bedeutung. Für Menschen, die ihr Heil in der Gesetzesbefolgung sehen, ist dies empörend. Das Heilige wird angetastet. Befreiendes Tun wird als dämonisch angesehen und ist zu eliminieren. Der Kardinal-Großinquisitor aus Dostojewskis Roman »Die Brüder Karamasow« fragt Jesus: »Warum bist du denn hierhergekommen, um uns zu stören? … Aber weißt du wohl, was

[1] Machfus, N., Die Kinder unseres Viertels, Zürich 1995, 252. 308.

morgen geschehen wird? … gleich morgen werde ich dich verurteilen und als den schlimmsten aller Ketzer auf dem Scheiterhaufen verbrennen …« Er formuliert Jesu Vergehen: »Du willst in die Welt gehen mit einem Versprechen von Freiheit …«, aber »nichts ist jemals für den Menschen und für die menschliche Gesellschaft unerträglicher gewesen als die Freiheit!« Die Menschen werden uns, den Hierarchen – so der Kardinal – gehorsam sein, weil wir »uns bereit erklärt haben, die Freiheit zu ertragen, vor der sie Angst haben …« »Aber wir werden sagen, wir seien dir gehorsam und herrschten in deinem Namen. Wir werden sie wieder täuschen; denn dich werden wir nicht mehr zu uns lassen.« Und er wirft Jesus vor: »Statt die Freiheit der Menschen in deine Gewalt zu bringen, hast du sie noch vermehrt … Es gibt für den Menschen, wenn er frei geblieben ist, keine dauerndere, quälendere Sorge, als möglichst rasch jemanden zu finden, den er anbeten kann.« Der Mensch erniedrigt sich. »Du wünschtest eine freie Liebe und nicht das sklavische Entzücken des Unfreien über eine Macht, die ihm ein für allemal Schrecken einflößt. Aber auch hier hast du von den Menschen zu hoch gedacht.« Sie wollen machtvolle Tabus und von den Herrschenden im Gehorsam vorgeführt werden. Es ist unser »Geheimnis«, das sie nicht durchschauen. Und so sind wir berechtigt, den Menschen zu verkünden, »dass nicht der freie Entschluss ihrer Herzen und nicht die Liebe das Entscheidende ist, sondern jenes Geheimnis, dem sie sich blind unterordnen müssen, selbst gegen ihr Gewissen«. So ist die »Last der Freiheit« durch Gehorsam gegenüber einer göttlichen Autorität ersetzt. »Wir werden sie davon überzeugen, dass sie erst dann wahrhaftig frei sein werden, wenn sie zu unseren Gunsten ihrer Freiheit entsagen und uns gehorchen … und sie werden sich uns mit Lust und Freude unterwerfen.«[2]

---

[2] Dostojewskij, F. M., Die Brüder Karamasow 2. Teil, 5. Buch, Kap. Der Großinquisitor (passim).

Paulus unterstreicht die Befreiungserfahrung, die Menschen um Jesus machen: »Zur Freiheit hat uns Christus befreit« (Gal 5,1), denn »wo der Geist des Herrn ist«, also der Geist Jesu, »da ist Freiheit« (2Kor 3,17). Sie ist die Macht, die von allen ängstlichen Menschen und Machthabern gefürchtet wird und »unumstößliche« Gesetze relativiert. Besonders am Sabbatgebot, dem höchsten Gebot, das scheinbar allein Gott die Ehre gibt, demonstrieren dies die Evangelisten.

Zwei Situationen werden uns vor Augen geführt: Eine unmittelbare Not und eine anhaltende Notsituation. Es geht Jesus nicht darum, grundsätzlich Gesetze abzuschaffen – dann würde er ein neues Tabu aufbauen (nämlich jedes Gesetz ist verwerflich) –, sondern es geht darum, dass das Gesetz seinen Unverletzlichkeitscharakter verliert. Seine Jünger haben Hunger, sie raufen Ähren aus, um sie zu essen. Das war am Sabbat verboten. Bei Absolutsetzung des Sabbats ist dies eine reine Unbeherrschtheit der Jünger Jesu. Sie wären nicht verhungert, wenn sie bis zum nächsten Tag gewartet hätten. Auch langjährige Leiden können die Übertretung der Gebote nicht rechtfertigen. Da ist der Mann mit der verdorrten Hand (Mt 12,10), dort die seit 18 Jahren verkrümmte Frau (Lk 13,11) und der Mann am Teich, der schon 38 Jahre krank ist (Joh 5,5ff.). Warum werden sie alle gerade am Sabbat geheilt? Diese Heilungen sind doch provokativ, denn es war wirklich nicht zu viel verlangt, noch einen Tag zu warten. Jesus wartet nicht, wenn es um den konkreten Menschen geht. Kein Gesetz ist so bedeutsam, dass der Einzelne ihm absolut untergeordnet werden muss. So wird an Jesus immer wieder die Frage gerichtet: Wie kommst du dazu, Herr über Gottes Gebote zu sein? Er antwortet nicht mit dem Rückgriff auf ein neues Tabu, etwa: Gott hat es mir geoffenbart, ich, als Sohn Gottes habe diese Vollmacht, sondern er verweist auf das Geschehen selbst: Hat der Mensch nicht das Recht,

Gutes zu tun, auch wenn Gottes Gebot dagegen steht (Mt 12,12 par.)? Ist es nicht Pflicht der Liebe, den Gebotsgehorsam zurückzustellen (Hos 6,6)? Und dann der lapidare Satz: Der Menschensohn ist Herr über das Gebot Gottes, den Sabbat (Mt 12,8 par.), denn: »Der Sabbat ist um des Menschen willen da und nicht der Mensch um des Sabbats willen« (Mk 2,27). Die Gebote, und es sind alle Gebote und das ganze Gesetz gemeint, haben keinen unumstößlichen Wert und Sinn an sich, kein Tabu darf aufgerichtet werden, sondern alle Gesetzlichkeit hat den Menschen zu dienen. Kein Gesetz ist der Schlüssel zu einem geglückten menschlichen Leben, sondern befreiendes Handeln für den Mitmenschen rechtfertigt sich selbst durch den Vollzug und schenkt Lebensmöglichkeiten.

Als Anwalt der menschlichen Freiheit verhält sich Jesus auch gegenüber den religiösen Vollzügen, gegenüber dem Tempel als geheiligter Stätte. Auf Lästerung des göttlichen Gesetzes oder Tempels stand die Todesstrafe. Der Tempel ist der ausgegrenzte Bezirk, in dem mit besonderer Gottesbegegnung zu rechnen ist. Im Heiligtum, wie heute in Kirchen, sagt man, dass Gott besonders anwesend sei. Wiederum ist es nicht so, dass Jesus das Gebet im Tempel verachtet, ja gerade die Tempelreinigungserzählungen berichten von der Wut Jesu, dass die Frömmigkeit für Geschäfte ausgenutzt und missbraucht wird (Mt 21,12ff. par.). Mit Stricken treibt er die Devotionalienhändler und die religiös verbrämten Bankiers hinaus. Er zeigt damit, dass Religion zum Schaden der gutgläubigen Menschen vermarktet wird. Aber trotzdem ist der Tempel nichts Heiliges an sich. So spricht Jesus von der Zerstörung des Tempels, ja von dem Abriss durch ihn (Mt 24,1ff. par.) und symbolisch zerreißt der Tempelvorhang (Mk 15,38 par.) beim Tod Jesu, d. h. der heilige Raum verliert seine Unverletzlichkeit. Die allgemeine Pflicht der Gottesverehrung wird relativiert. Dies wird deutlich bei der Forderung nach der Versöhnung mit dem Nächsten vor jedem Opferkult. Die Versöhnung ist das Wichtigste, nicht der Gottesdienst. Das Opfer am Altar soll liegen bleiben, hat keine Bedeutung, wenn man in Feindschaft mit seinen Mitmenschen lebt (Mt 5,23). Daher ist Jesu Wirken »größer als der Tempel« (Mt 12,6). Und die Samariterin wird ganz neugierig, als sie erkennt, dass Jesus etwas Besonderes ist: Wo betet man Gott richtig an, im Tempel zu Jerusalem oder hier auf dem Berg? Wo geschieht der wahre Gottesdienst?, kann man heute fragen, in der katholischen oder evangelischen Kirche oder in überhaupt keiner Kirche? Jesu Antwort ist klar: Es gibt keinen heiligen Ort, der absolute Geltung hat, sondern »im Geist und in der Wahrheit« (Joh 4,23) geschieht die wahre Anbetung. Liebe gefällt mir, Barmherzigkeit will ich, nicht Opfer, heißt es in der Bibel, und schon im Alten Testament ist der wahre Gottesdienst, Witwen und Waisen zu ihrem Recht zu verhelfen. So wird das Kulttabu gebrochen, Gottesdienst hat nur Sinn, wenn er relativ zur Beziehung der Menschen untereinander steht. Richtig sagt Benedikt XVI.: »Der Gottesdienst der Christen ist die Liebe.« Wird ein solcher Satz ernst genommen, dann kann es keinen religiösen Unterdrückungsmechanismus mehr geben, und darum hat ja auch Jesus nicht nur Kritik an der Priesterklasse geübt (Lk 10,31), sondern jede Ausbildung eines eigenen Priesterstandes für die Gemeinschaft der Glaubenden ausgeschlossen. Die Liebe bemächtigt sich nicht des Nächsten durch Exklusivrechte.

Gehorsam gegen die Staatsgewalt ist ein weiteres Tabu, vor allem, wenn sie sich auf Gott beruft und sich als Erfüllung seines Willens darstellt. Im Islam ist heute noch Religion und Staatsgewalt eins. Staatsfeinde sind zu eliminieren. Die römische Fremdherrschaft war in Palästina nicht zimperlich. Offenbar wurde Jesus als Staatsfeind gekreuzigt, wie die Inschrift: »König der Juden« angibt. Jesus ging es aber nicht um politische Machtergreifung – obwohl er in der Wüste und in Gethsemane mit dieser Versuchung konfrontiert wurde –, denn er lehrte, dass man dem Kaiser das geben solle, was ihm zusteht. Aber die absolute Macht steht ihm eben nicht zu. Auch der beste Staat ist kein Heilsbringer. Nicht ohne Ironie verweist Jesus auf die Sitte der Herrscher, die Völker unterdrücken und sie »befrieden« und sich dafür noch »Wohltäter« nennen lassen (Lk 22,25). Jesu Kritik tastet die bestehenden Machtverhältnisse an. Es ist darin eine Umsturzgefahr zu erkennen, zumal es in den unteren Schichten des Volkes, unter den Bauern und Deklassierten aller Art, gärte. Die Oberschicht, der Hohe Rat, die Priester, die Schriftgelehrten und die Ältesten des Volkes, d. h. der Laienadel, wie die Sadduzäerpartei, kollaborierten mit der römischen Besatzungsmacht. Die Pharisäer distanzierten sich zwar von ihnen, verachteten aber das einfache Volk, das Gottes Gesetz nicht genügend achtete. Jesus solidarisiert sich hingegen mit den Armen und dem sogenannten »gesetzlosen Volk«. Die Zelotenbewegung, die extreme antirömische Widerstandsgruppe, die das Volk zum größten Teil hinter sich hatte und Terroranschläge verübte, unterstützte Jesus nicht. Er heißt die Turmbesetzung der 18 Zeloten in Siloah nicht gut, obwohl er sie nicht als »schlechtere Menschen« ansieht. Jedoch steckt in einer solchen Gewaltaktion keine wirkliche Veränderung der Gesellschaft, sondern wieder eine neue Gewaltherrschaft, die nur eine andere Gesellschaftsordnung tabuisiert. Umgekehrt wird auch aus dem Gewaltverzicht kein unumstößliches Prinzip. Die Anhänger Jesu tragen Waffen, nämlich Schwerter, und Lukas (22,35) lässt Jesus sagen: »Wer kein Schwert hat, verkaufe sein Kleid und kaufe ein Schwert«. Gewalt als Gegengewalt erklärt Jesus nicht zu einem Tabu, wenn der »Friede« zum Stillhalten vor einer Gewaltherrschaft, die Menschenleben zerstört, ausgenutzt wird. Um Befreiung aus Unterdrückung geht es, und darum kann es nur einen ungrundsätzlichen Gewaltverzicht geben. So schließt mit Recht die Katholische Kirche auch eine Gewaltanwendung nicht aus, wenn durch eine Diktatur die Grundrechte der Person dauerhaft schwer verletzt werden.[3] Trotzdem gilt, dass das Böse der Tendenz nach nur durch das Gute überwunden werden kann (Mt 5,39ff.), was zu einem Leitgedanken für Leo Tolstoi in seinem Leben und seinen Romanen wurde. Jesu Abneigung gegen die Gewalt wird nochmals deutlich, indem er Petrus ermahnt, sein Schwert wieder einzustecken: »Denn alle, die das Schwert ergreifen, werden durch das Schwert umkommen.« (Mt 26,52) Jedoch gilt auch, wer das Schwert nicht ergreift, wird ans Kreuz genagelt (S. Weil). Das ändert nichts daran, dass Jesus eine andere Ordnung der Gemeinschaft anstrebt, die eben nicht auf Gewalt und Herrschaft basiert. Bei euch soll es anders sein, der Größte sei der Diener aller. Damit ist natürlich kein unehrlicher Ehrentitel etwa eines Papstes gemeint, der sich als »Servus servorum«, als Diener der Diener, bezeichnet und einen Herrschaftsanspruch über das Gottesvolk erhebt. Vielmehr soll sich in einer christlichen Gemeinschaft niemand als Meister aufspielen, niemand sich Lehrer oder gar Heiliger Vater nennen, denn »ihr alle seid Geschwister« (vgl. Mt 23,8ff.). Wer so lebt, denkt und handelt, der bürdet keinem eine unerträgliche Last auf, will Menschen nicht mit Gewalt verändern und unterdrücken, weil der andere auch anders sein darf. Und Benedikt XVI. sagt treffend: »Nicht die Gewalt erlöst, sondern die Liebe.«

Aber nicht nur das Tabu göttlicher Gewaltherrschaft bricht Jesus, sondern ebenso auch die gesellschaftlichen Schranken. Er entgrenzt die zwischenmenschlichen Beziehungen. Er zeigt seine Vorliebe für Frauen und Kinder, die als minderwertig galten. Die Gesellschaftsordnung trennt Gerechte und Sünder. Jesus provoziert, denn er hält glei-

[3] Papst Paul VI., Enzyklika »Populorum progressio«, 1967, Kap. 13., D 4452f.

chen Kontakt mit ihnen. Bei einem Sünder kehrt er ein und erregt damit einen öffentlichen Skandal. »Freund der Zöllner und Sünder« (Mt 11,19par) wird er genannt, weil die Berührung mit Zöllnern und Huren nicht unrein macht, sondern auch ihnen Heil zuteil werden soll. Die Ausgestoßenen aus der Gesellschaft sollen Aufnahme finden in zwischenmenschlicher Beziehung. Jesus fasste sogar die Frau an, die 12 Jahre an Blutungen litt und daher unrein war (das gilt noch heute z. B. im Judentum oder Hinduismus, wo menstruierende Frauen keine heilige Handlung vornehmen dürfen), und sie wurde geheilt (Mt 9,20). Dass Jesus selbst dadurch nach dem Gesetz unrein wurde, kümmerte ihn nicht. Ein solches Verhalten provoziert. Der Ausländer, der Samariter wird zum Vorbild, der den Halbtoten rettet, während die Hierarchen ungerührt vorbeiziehen. Selbst der Feind wird nicht mehr ausgegrenzt, sondern Jesus fordert uns auf, auch ihn zu lieben (Mt 5,43f). Keinen Menschen schließt er aus, jedes gesellschaftliche Tabu bricht er. Søren Kierkegaard hat recht: »Will man in Bezug auf die christliche Liebe eine Ausnahme machen, mit einem einzigen Menschen, den man nicht lieben will, dann ist eine solche Liebe nicht auch christliche Liebe, sondern sie ist unbedingt nicht christliche Liebe.«[4] Wer wie Jesus handelt, schwimmt gegen den Strom und kann nicht erwarten, dass die Mächtigen ihn akzeptieren. Die Macht der »Frommen« lebt von der Ausgrenzung. Jesus bringt gerade den Ohnmächtigen zur Geltung, und er fordert seine Jünger und jeden, der ihm nachfolgt, auf, ebenso zu handeln. Die von der offiziellen kirchlichen Macht diskreditierte »Option für die Armen« der Befreiungstheologie ist Zeugnis gegenteiligen Verhaltens. Benachteiligung gesellschaftlicher Schichten auf Grund von Rasse, Nationalität, mangelnder Fähigkeiten oder anderer politischer und kulturel-

[4] Kierkegaard, S., Der Liebe Tun, Düsseldorf 1956, 57.

ler Ansichten widerspricht zutiefst der christlichen Forderung, die sich auf die jesuanische Botschaft beziehen kann.

Besonders deutlich wird dies in der Darstellung der Evangelisten bei den Mahlzeiten, die Jesus einnimmt. Die Gastfreundschaft hat menschlich und religiös von Anfang der Menschheitsgeschichte an den größten Stellenwert. Ist aber die Frage beim Gastmahl berechtigt: Darf ich alles essen? Bei einem körperlichen Gesundheitsproblem ist die Frage sinnvoll. Gilt dies jedoch auch in religiöser Hinsicht? Darf ich Wein trinken, Schweinefleisch essen, gibt es unreine Tiere? Welche Speisen sind unantastbar? Die Jünger Jesu können sich anscheinend von diesem Tabu nicht lösen. Jesus fragt sie: »Seid auch ihr ohne Verstand? Begreift ihr nicht, dass alles, was von außen in den Menschen hineinkommt, ihn nicht unrein machen kann, weil es nicht in sein Herz hineingelangt« (Mk 7,18ff.). Was unrein macht, ist hingegen die menschliche Bosheit, die anderen Menschen das Leben verdirbt. Der Evangelist kommentiert das jesuanische Wort: »Damit erklärte er alle Speisen für rein.« Das Problem der Jünger ist jedoch noch nicht behoben. Die Apostelgeschichte weist darauf hin. Als Petrus hungrig ist und eindöst, sieht er ein Leintuch vom Himmel herabkommen. Darin sind alle möglichen Tiere, die einem Juden zu essen verboten waren. Er hört die Aufforderung, sie zu essen. Petrus, entsetzt über diese Zumutung, erklärt der »himmlischen Stimme«, dass er noch nie unreines Zeug gegessen habe. Dreimal wird er aufgefordert zu essen, bis er hören muss: »Was Gott für rein erklärt hat, sollst du nicht unrein nennen« (Apg 10,15). Paulus hielt die Christen, die sich von jüdischen und heidnischen Bräuchen nicht losreißen konnten, sich daher von bestimmten Fleischsorten fernhielten und Wein nicht zu trinken wagten, für »schwach im Glauben« (Röm 14,1ff.), auch wenn er empfahl, auf sie Rücksicht zu nehmen. Und der Kolosserbriefschreiber (Kol 2,21) wundert sich, dass es bei manchen heißt: »Nicht anfassen! Nicht kosten! Nicht berühren!« Alles ist doch zum Verbrauch bestimmt, nur Menschen haben diese Verbote erlassen, wahre Christen haben diese Regeln überwunden. Speisevorschriften haben keine Bedeutung mehr. Gerade bei Mahlzeiten überwindet Jesus die menschlichen Grenzen. Gastfreundschaft ist nur dann verwirklicht, wenn auch die Randgruppen miteinbezogen werden. Ein Pharisäer lädt Jesus zum Essen ein. Er hat ihn wohl nicht sehr freundlich aufgenommen, weil er ihm kein Wasser gegeben hatte, damit er seine Füße vom Staub reinigen konnte, und auch ein Empfangskuss blieb aus. Da kommt eine Frau mit einem äußerst zweifelhaften Lebenswandel, wohl eine Hure, sie salbt Jesu Füße und wäscht sie mit ihren Tränen – Jesus selbst wird am Ende seines Lebens seinen Jüngern beim letzten Mahl ebenfalls die Füße waschen. Gleich zwei Tabus bricht nun Jesus bei der pharisäischen Tischgemeinschaft: er macht sich durch die Sünderin unrein, und überdies vergibt er ihr die Sünden, die nur Gott vergeben kann (Lk 7,36ff.). Nicht ohne Hintergedanken erzählt dies der Evangelist. Zur christlichen Mahlgemeinschaft sind auch die Sünder geladen, die durch die Teilnahme von ihrer Schuld frei werden können, wie der Pharisäer.

Ein anderer Gastgeber ist ein Zöllner, Matthäus bzw. Levi. Wie kann Jesus bei einem Halsabschneider einkehren? Solche widerlichen Menschen sind doch zu meiden! Dazu ist es noch ein Treffen von vielen anderen Sündern. Bei der Tischgemeinschaft mit Jesus zeigt sich, dass Menschen sich ändern können und aufhören, andere Menschen zu betrügen (Mt 9,10ff. par.). Jesus plädiert für das gemeinsame Mahl mit den Sündern. Die selbstgerechten Pharisäer protestieren, denn sie wollen, dass das Gesetz eingehalten wird, auch auf Kosten der Menschen. Jesus hingegen erklärt, dass er gekommen ist, gerade die ausgestoßenen, schuldig gewordenen Menschen zu rufen. Mahlgemeinschaft ist geboten, um die Vorurteile zu überwinden. Nicht Opfer (für einen Gott) ist gefordert, sondern Barmherzigkeit, d. h. ein Herz zu haben für die verachteten Menschen.

Tischgemeinschaft hält Jesus aber nicht nur mit Pharisäern und Zöllnern, sondern auch mit Simon dem Aussätzigen. Es ist nicht wichtig, ob er bereits geheilt war oder nicht, gerade der Hinweis auf den Aussatz zeigt die Überwindung einer neuen gesellschaftlichen Schranke. Dazu kommt, dass eine Frau, die ihn salbt, verschwenderisch mit dem Geld umgeht. Viel zu teuer dieses Öl! Die Pflicht, den Armen etwas abzugeben, wird vernachlässigt. Wieder eine Gesetzesübertretung. Jesus ist nicht kleinkariert, auch überschwängliche Liebe nimmt er an. Kein Mensch soll gekränkt werden. Sicher behält er seinen Blick für die bedürftigen Menschen, aber gerade beim Gastmahl darf man auch ein außerordentliches Geschenk machen (Mk 14,3f. par.). Bei der Hochzeit zu Kana ist Jesus selbst großzügig und hilft dem Gastgeber aus seiner Verlegenheit (Joh 2,1ff.). Die Freude an der Tischgemeinschaft soll nicht gestört werden, wie immer die Gesetzeslage sein mag.

So nimmt er auch die Einladung zu seinem Freund Lazarus an. Es ist ein Mahl unter Freunden: allerdings ist auch Judas dabei. Wieder wird Jesus, nun von Maria, der Schwester der Martha, gesalbt, und Judas will die gute Stimmung verderben. Es ist Verschwendung! Jesus hält zur gedemütigten Maria. Viele unterschiedliche Beispiele gerade bei den Gastmählern weisen auf die Durchbrechung vorgegebener Ordnungen hin. Mahl halten mit Jesus heißt, dass alle Zutritt haben, ob Freund oder Feind, Frau oder Mann, Sünder oder Gerechter – alle sind aufgenommen, keiner wird ausgeschlossen. Die Flanken brechen ein, kein Schutzwall wird errichtet. Alle Mühseligen und Beladenen sind beim Mahl mit Jesus willkommen. Die Feier wirkt immer heilend auf die Menschen, die daran teilnehmen.

Nun scheint es aber auch, dass Jesus Grenzen setzt. Die

Heidin, die um die Heilung ihrer Tochter bittet, wird abgewiesen, da er nur zu den Kindern Israels gesandt sei. Ihnen das Brot wegzunehmen und den Heiden zu geben, erscheint als ungerecht. Die Heidin, die Jesus als Hündin beschimpft, greift sein Wort auf: Auch die Hunde dürfen das Brot, das vom Tisch des Herrn fällt, essen (Mt 15,27). Ohne Zweifel ist damit ein Hinweis auf die Tischgemeinschaft mit den Heiden angedeutet. Der Wunsch der Heidin wird erfüllt, denn, sagt Jesus, dein Glaube ist groß! Im Bezug auf die Gemeinschaft im Herrenmahl wird häufig auf die Stelle rekurriert: »Gebt das Heilige nicht den Hunden, und werft eure Perlen nicht vor die Schweine« (Mt 7,6). Wichtig ist, dass dieser aus der jüdischen Tradition stammende Spruch im Zusammenhang mit dem Verbot des Richtens steht, denn wer richtet, verfällt dem Gericht. Allerdings wurden Nichtjuden oft mit Hund und Schwein (unreine Tiere!) betitelt. Jesus hingegen verurteilt sie nicht, spricht keinen Bannspruch oder eine Fluchformel. Wahrscheinlich ist gemeint, dass man das, was einem heilig und wertvoll erscheint, nicht leichtfertig aufs Spiel setzen und es niemandem aufdrängen soll, da es sonst beschädigt wird und menschliche Beziehung gefährdet. Aber bereits die Didaché (9,5; 10,6) im 2. Jh. n. Chr. begründet damit die Arkandisziplin (Geheimhaltung) im Bezug auf das Herrenmahl. »Das Heilige« war ein technischer Begriff für die Symbole der hellenistischen Mysterien, die die frühen Christen beeindruckten. Die Praxis der Geheimhaltung sakramentalen Geschehens entwickelte sich daraus. Mit der Botschaft Jesu hat dies nichts zu tun. Sich abschotten oder anderen Menschen die eigene Wahrheit aufdrängen, sind zwei unterschiedliche Verhaltensweisen. Aber beide lehnt Jesus ab. Die frohe Botschaft mit allen Mitteln zu verbreiten – man denke an die gewaltsame Missionierung – ist genauso verwerflich, wie sich abzugrenzen und Menschen auszuschließen, besonders vom gemeinsamen Mahl. Ein

Symbol dafür ist der Fluch über den unfruchtbaren Feigenbaum. Jesus hungert, er will Feigen essen, aber der Baum trägt nichts. Er verweigert gleichsam die Nahrung. Übertragen heißt dies: Wo das Essen dem verweigert wird, der darum bittet, dort herrscht Unfruchtbarkeit. Wer das gemeinsame Herrenmahl verweigert, den trifft der Fluch, der ist in einer Situation des Unheils (Mt 21,18par). Ebenso schildert Jesu Erzählung vom Hochzeitsmahl eindrücklich eine solche Situation. Die geladenen Gäste wollen nicht kommen, sie haben vielfältige Ausreden: die geschäftliche Notwendigkeit, die neue Lebenssituation und vieles mehr. Wer sich »entschuldigt« und nicht kommen will, der soll seinen Weg gehen. Aber nicht nur den Geladenen steht das Hochzeitsmahl offen, vielmehr allen Menschen, die zu finden sind und kommen wollen; sie sind einzuladen. So werden die Knechte ausgesandt, Krüppel und Lahme, Blinde und Arme, also die Ausgeschlossenen der Gesellschaft, einzuladen, ja selbst Gute und Böse (Lk 14,16ff. par.). Wer immer bereit ist, am Mahl teilzunehmen, der darf es, denn es besteht die Hoffnung, dass er heilende und befreiende Wirkung erfährt. Jesus fordert alle auf, so auch im täglichen Leben zu handeln und niemandem das tägliche Brot zu entziehen. Am Mahl des Reiches Gottes sollen wir uns orientieren, von dem niemand zurückgewiesen wird, der Anteil haben möchte. Die Gastfreundschaft muss universal sein. Es gibt keine Unberührbaren und keine unantastbare Schranke. Keine Schuld eines Menschen darf als Trennungslinie angesehen werden. Gerade in der Mahlgemeinschaft vergibt Jesus die Schuld. Und wenn Petrus fragt, ob nicht doch die Vergebungsbereitschaft einmal ein Ende haben soll, etwa nach siebenmaligem Verzeihen, verweist ihn Jesus auf die Unbegrenztheit (Mt 18,21f. par.). Auch Schuld eines Menschen darf nicht trennen, sondern gerade er soll in die Gemeinschaft integriert werden.

Die jesuanische Verkündigung befreit die Menschen von allen unumstößlichen Normen, die die Freiheit begrenzen. Die Grenzen sind nicht unantastbar. Das gilt zuerst für das Gesetz, das schwer auf Menschen lastet. Die göttliche Tora hat ausgespielt, wenn sie nicht Lebenshilfe ist, sondern Hindernis. Der Mensch ist nicht Diener des göttlichen Gesetzes und ist niemals absolut einer allgemeinen Regel zu unterwerfen. Es gibt kein unaufgebbares Grundgesetz oder Dogma. Die Freiheit gegenüber aller Gesetzlichkeit ist grundlegendes Menschenrecht. Nicht zu Unrecht sagt Sigrid Undset im Roman »Kristin Lavranstochter«: »Die Liebe bricht alle Gesetze.« Jesus schlachtet die »heilige Kuh« – das ewige göttliche Gesetz. Es hat nur Bedeutung in Beziehung auf die Förderung und Entfaltung menschlicher Existenz. Dieses Verhalten ist ein ungeheurer Tabubruch. Ähnlich ergeht es dem gesamten religiösen Betrieb. Kult, Gottesdienst und Riten sind kein absoluter Wert mehr. Sie haben nur Sinn, wenn Menschen dadurch einen Freiraum erhalten, der die Verzweckung des Menschen durch Arbeit verhindert. Religion soll Ausbeutung menschlicher Arbeitskraft verurteilen und nicht wieder in ein neues Ausbeutungssystem führen, dem Menschen hilflos ausgeliefert sind, indem mit göttlicher Offenbarung und seinem Gericht gedroht wird. Jesus geht in Distanz zum religiösen Betrieb; er ist keine unumstößliche Forderung. Darum spricht das Johannesevangelium vom Gottesdienst »im Geist und in der Wahrheit«. Sicher können religiöse Ausdrucksformen für die Verwirklichung des Menschseins wichtig sein, sie sind nicht nichts, aber sie machen es nicht. Sie werden jedoch dort nichtig, wo Menschen gegängelt werden und wo sie am Nasenring religiöser Ideale herumgeführt werden. Jesus ist ein Ärgernis. Er greift »Gottes Ehre« an. Ein solcher Tabubrecher gehört eliminiert. Zudem bringt er die ganze Gesellschaftsordnung durcheinander. Für den, der Jesus nachfolgt, ist Staatsautorität nicht mehr göttlich oder von Gottes Gnaden.

Jedes totalitäre System, ganz besonders, wenn es göttlich verbrämt ist wie in vielen Religionen, zerstört menschliche Existenz. Jesuanische Botschaft will von politischem Druck befreien, und Christentum müsste als ein »subversives« Element für jeden staatlichen Absolutheitsanspruch wirken. Ein Staat hat nur Sinn, wenn er den Menschen dient und eine Atmosphäre der Freiheit schafft. In der Zeit Jesu und auch in jeder heutigen Diktatur ist solche Relativierung der Macht tödlich. Politische und religiöse Machthaber kennen hier keinen Spaß. Wer solche Tabus bricht, der muss zur Ehre Gottes oder zum staatlichen Machterhalt vernichtet werden. Dies gilt auch für jeden, der die »unumstößlichen« gesellschaftlichen Regeln missachtet. Zur Zeit Jesu waren sie, wie oftmals auch heute, Instrumente der Diskriminierung. Die zwischenmenschlichen Schranken bedeuten immer Ausgrenzung verschiedenen Menschengruppen (Homosexuelle, Frauen, Ausländer, Klassenfeinde usw.). Im jesuanischen Kontext geht es aber gerade darum, zwischenmenschliche Beziehungen in einem neuen Licht zu sehen. Keine Ausgrenzung mehr für Menschen, die schuldig geworden sind, sondern Vergebung ist gefordert. Keine Ausgrenzung von Frauen, sie sind genauso Mensch wie der Mann. Keine Ausgrenzung von Kindern, denn auch sie gehören zum Bereich Gottes. Keine Ausgrenzung der Kranken, und seien sie unheilbar, ihnen steht der Bereich der heilenden Liebe offen. Keine Ausgrenzung der Armen, denn der Besitzstand zählt nicht für Gottes Wirklichkeit. Weder Schuld noch Geschlecht noch Rasse noch Armut dürfen als Ausschlusskriterium dienen. Jesus sieht alle auf gleicher Ebene. Und dies demonstriert er nachdrücklich in der Mahlgemeinschaft. Gastfreundschaft ist für die Gesellschaft zentral. Das Intimste, das gemeinsame Essen miteinander, wird seiner Ausschließlichkeit entzaubert. Wer mit Andersdenkenden und -glaubenden gemeinsames Mahl hält, der bricht das stärkste Tabu.

Gerade beim Gastmahl zeigt sich die Offenheit jesuanischer Verkündigung. Jesu Mahlfeiern schließen jede Diskriminierung aus. Für die befreiende jesuanische Botschaft haben weder das Gesetz noch der Gottesdienst noch der Staat und seine gesellschaftliche Ordnung absolute Gültigkeit. Das Wesen aber jedes Tabus ist es, dass es unantastbar, unverfügbar und absolut verbindlich ist. Genau diese Verbindlichkeit, ohne seine relative Bedeutung zu leugnen, durchbricht jesuanisches Handeln, und zwar zu Gunsten des konkreten Menschen. Er darf keiner Sache, und habe sie noch so einen hohen Stellenwert, geopfert werden. Der Mensch wird befreit von allgemeinen Zwängen, die ihn auf eine Folterbank legen wollen, um ihn zu kürzen oder zu strecken, wie es die allgemeine Norm befiehlt. Jede auch noch so fromme Ideologie setzt den konkreten Menschen unwesentlich und ihre »Ideale« wesentlich. Dagegen steht Jesu exemplarisches Leben.

Kennt die christliche Botschaft also überhaupt kein »Tabu«? Doch, und ein ganz entscheidendes: Es ist der Mensch selbst in seiner Freiheit, die nur durch die Freiheit des anderen begrenzt wird. Keine Sache, kein Sachverhalt ist unumstößlich, allein die konkrete menschliche Existenz ist unantastbar. Das Recht des Menschen ist unverletzlich. Darum tritt Jesus stets, in der Darstellung der Evangelisten, für den konkreten Menschen ein, der durch andere leiden muss, der unterdrückt und ausgestoßen wird. Zu Recht beginnt unser staatliches Grundgesetz mit dem Satz: »Die Würde des Menschen ist unantastbar.« Es ist das einzige Tabu, das zu gelten hat. Und genau zu Gunsten dieses einen Tabus – die unveräußerliche Würde des einzelnen, konkreten Menschen – werden alle anderen Tabus aufgehoben. Geltung haben sie nur in der Beziehung zur freien menschlichen Existenz. Diese Befreiungsbewegung, in Jesus Christus initiiert, ist aber nicht unverbindlich, vielmehr steht die eigene Existenz auf dem Spiel. Entweder schließen wir uns der jesuanischen Vollmacht an und wirken befreiend auf die Menschen, oder wir selbst orientieren uns am Vorgegebenen, am Bestehenden, das uns anscheinend »Sicherheit« gibt. Dann bleiben wir machtlose Menschen der Gewalt. Ein Symbol kann für uns die Bekehrungserfahrung des Paulus sein. Zur Ehre Gottes meinte er Menschen Gewalt antun zu müssen. Die Christen zerstörten seiner Meinung nach die bestehende Ordnung. Wie Schuppen fällt es ihm von den Augen, indem er vom Verfolger zum Liebenden wird, der für andere Menschen da ist. Die Norm ist nicht mehr die Institution, eine objektive Realität, eine vorgegebene Religion, aber auch nicht die Ausweitung des eigenen Ichs, das Subjekt, das wiederum die anderen Menschen zu Objekten degradiert, sondern allein die Beziehung der konkreten Menschen untereinander, die stets dialogisch sein muss, wenn sie nicht zur Machtausübung pervertieren will. Gerade das Gastmahl, das Symposion, ist der privilegierte Ort eines menschlichen tabulosen Umgangs miteinander auf gleicher Ebene.

2. Jesus beim letzten Abendmahl

Die Abendmahlsworte versteht man nur richtig, wenn man sie im Kontext jesuanischer Lebensweise betrachtet und darin die Fortsetzung, aber auch den Neubeginn der Gastfreundschaft sieht, die den Christen aufgetragen wird.

Im menschlichen und religiösen Bereich hat das gemeinsame Mahl größten Stellenwert. Platons Gastmahl ist Symbol für körperliche und geistige Freundschaft. Wer die Gastfreundschaft, vor allem im Orient, verweigert, wird als Unmensch angesehen, da er menschliche Gemeinschaft und Liebe ausschließt. Zudem ist das Mahl als Verbindung der Menschen untereinander eine religiöse Metapher für die Gemeinschaft mit der Gottheit. Das Essen allein genügt natürlich nicht, sondern jede Mahlzeit erfährt durch den Dialog, durch die Worte ihre Deutung und ihren Sinn. Ein Trauer-Totenmahl unterscheidet sich von einem Freuden- oder Hochzeitsmahl nicht unbedingt durch die Speisen und Getränke, die aufgetragen werden, sondern durch die Sinngebung, die sich in Worten und Gesten der Geladenen ausdrückt. Das Kultmahl zu Ehren einer Gottheit ist in den Religionen weit verbreitet. Schon im Hinduismus, in der Rigveda (ca. 1500–1000 v. Chr.), gibt es den kultischen Trank (Soma) der Vereinigung mit der Gottheit. Er verspricht Heil und ewiges Leben. Ohne große Schwierigkeiten könnten heute diese Texte für das eucharistische Hochgebet verwendet werden. »Sei unser guter Freund, o Gott, zu unserem Besten … du bist unsere allseitige Stärkung, Licht bist du; geh in uns ein, schütze du … uns« (8,48). Die jüdische Tradition kennt das Passamahl, das vom Gedanken an die befreiende Erfahrung in Jahwe geprägt ist und von seiner Nähe zum Gottesvolk spricht. Brot und Wein sind dafür Symbole, die auch bei den gewöhnlichen Mahlzeiten mit einem Segensspruch verbunden waren und noch heute sind. Ob Jesu letztes Mahl ein Passamahl war oder nicht, ist bis heute exegetisch nicht geklärt. Sicher hatte es jedoch für seine Jünger entscheidende Bedeutung. Im griechischen Raum waren verschiedene Kultmähler bekannt. So konnte Paulus davon sprechen, dass der Christ »in Christus« ist. Es ist die Redeweise, die dem Dionysoskult entspricht, in dem man in bacchantischer Verzückung das »Sein in Gott« erfuhr. Vor allem bei den Mysterienkulten waren jedoch nicht alle Menschen zugelassen, sondern nur die durch Initiation Eingeweihten. Allen anderen war der Zutritt verwehrt. Offene Gastfreundschaft gab es nicht. Die religiösen Menschen schlossen sich gegenüber den gewöhnlichen ab. Die Wirkung auf die Christen blieb nicht aus. Ist so auch Jesu letztes Abendmahl zu verstehen? Es geht primär nicht um die Frage, wie viele historische Elemente uns in den bereits liturgisch formulierten Worten die Evangelisten überliefern, sondern wie die Autoren der biblischen Botschaft das jesuanische Anliegen sahen. Es ist vor allem auffällig, dass das Johannesevangelium die Eucharistie mit der sogenannten »wunderbaren Brotvermehrung« verbindet. Die Speisung der 5000 steht in Zusammenhang mit der Rede Jesu, dass er das Brot des Lebens ist, das über dem Mannawunder steht, das die Israeliten in der Wüste erfahren haben (Joh 6,36). Dort wurde das *ganze* Volk gespeist, auch wenn es damals nur eine vorübergehende Lebenschance war. In der Existenzform Jesu steht eine bleibende Lebensmöglichkeit für alle Menschen offen. Die Geschichte des Brotwunders wird bei allen Evangelisten nicht nur mit der Eucharistie assoziiert, sondern hat bereits liturgisch-kultische Form: »… Er nahm die fünf Brote … blickte zum Himmel hinauf, sprach das Dankgebet und brach die Brote und gab sie seinen Jüngern …« (Mk 6,41par). Ebenso ist das Sammeln der übriggebliebenen Brote ein Verweis darauf, wie die frühe Gemeindepraxis mit den geweihten Broten umgegangen ist. Im Johannesevangelium wird es besonders deutlich, dass dieses Brot nicht zur unmittelbaren Sättigung da ist, sondern Symbol und Zeichen für eine Speise, die bleibende Bedeutung für das menschliche Leben hat. Das Brotwunder soll kein »Schlaraffenland« ankündigen, so dass die Bereicherung des Menschen in einem neuen und vermehrten »Haben« besteht, sondern das Brot zielt auf ein neues, verändertes »Sein« des Menschen. Es geht um keine dinghafte Gabe, um kein substanzhaftes »Wundermanna«, sondern um die neue Existenzform, die in der Person Jesu zu finden ist. In ihm wird Gottes Wirklichkeit als Sein für den Menschen erfahren. Daher kann es von Jesus heißen: »Ich bin das Brot des Lebens« (Joh 6,35). Wer sich an ihm orientiert, der braucht keinen Lebenshunger mehr zu haben, denn er hat das Entscheidende für sein Leben gefunden. Und was ist das, was von so großer Bedeutung für das menschliche Zusammenleben ist, was Glaubensgemeinschaft überhaupt erst möglich macht? Die wunderbare Speisungserzählung soll dies verdeutlichen. Von nur wenig Brot werden Tausende satt. Wieder ist hier bereits die frühchristliche Hauskirche zu erkennen. Es erfolgt eine Einteilung in überschaubare Gruppen zu 50 oder 100 (Mk 6,40 par.), wie es häusliche Gemeinschaft beim Brotbrechen erforderte. Bis ins 3. Jh. n. Chr. gab es keine Kirchen, nur Hausgemeinschaften. Zugleich ist die »Brotvermehrung« ein Hinweis auf Tausende von Menschen, die über die Landschaft verstreut im Namen Jesu miteinander essen. Er ist wahrhaft in ihrer Mitte. Seine Anwesenheit ermöglicht es, dass Menschen über den durch Hunger erzeugten Brotneid und ihre Angst um die eigene Existenz hinauswachsen. Christliche Praxis bedeutet, im Sinn Jesu miteinander zu teilen, so dass es keine Bedürftigen mehr gibt (Apg 4,34). Überfluss stellt sich ein, so dass zwölf Körbe übrig bleiben (Mt 6,43; 8,8). Dies ist der Hinweis auf die zwölf Stämme Israels, auf das ganze Volk, das Heil erfährt. Und wenn es heißt, dass die Glaubenden alles gemeinsam hatten (Apg 2,44; 4,32), dann liegt der Sinn darin, dass beim Brotbrechen alle Anteil am Lebensnotwendigen haben sollen. Eucharistie wird mit der sozialen Frage verknüpft, wie wir es auch bei Paulus lesen. Ohne unser Engagement für den Mitmenschen ist das Herrenmahl sinnlos. Wenn wir im Geist Jesu beisammen sind, werden wir nicht unserer Lebensgrundlage beraubt, sondern das Gegenteil ist der Fall. Jeder erlangt mehr, als er wirklich braucht. Die Eucharistie ist »überflüssig«, sie gewährt uns Überfluss an allem, weil wir an Jesus die Solidarität mit allen Menschen ablesen können. Die »Brotvermehrung«, die freilich keine Brotvervielfältigung im magischen Sinne meint, leitet auf die »Verwandlung« über, die wir beim Herrenmahl erfahren. Menschsein soll auf andere Weise, humaner verwirklicht werden, als es egoistische, raffgierige Instinktmenschen tun. Sie »murren« gegen die Brotrede Jesu. Das »Brot« ist nicht nur sächlich, als körperliches Nahrungsmittel zu verstehen, sondern Jesus ist das personale Brot, das wir im Glauben, d. h. im liebenden Miteinander »essen« sollen, denn er gibt sich hin »für das Leben der Welt« (Joh 6,51). Es heißt nicht, für das Leben der Auserwählten in der Welt, sondern für die Lebensmöglichkeit der ganzen Welt, also aller Menschen. Wie Jesus in seinem Tod keinen Menschen ausschließt, so auch keinen, der in unserer Welt lebt und sich an ihn als »Brot des Lebens« wendet. Ist dies rein geistig zu verstehen? Das Johannesevangelium verneint dies. Die körperliche Dimension darf nicht ausgeschlossen werden. Wie Eucharistie zur echten Solidarisierung mit dem ganzen Mitmenschen führen muss, so ist sie selbst auch ein materielles Zeichen. Für die Doketisten auch unter den Christen hatte Jesus nur einen Scheinleib wie in den griechischen Göttersagen. Jesus aber ist wirklich ein echter

Mensch. Wenn er sich als Person zum Brot des Lebens macht, so ist das eucharistische Mahl ein echtes Mahl. Ein Mensch besteht nun einmal aus Fleisch und Blut. Es darf keine falsche »Vergeistigung«, genauso wenig wie eine falsche »Materialisierung« wie beim Missverständnis der »Brotvermehrung« eintreten. Der Mensch mit Leib und Seele, als ganzer, soll heil werden und ein sinnvolles Leben haben. Der Mensch lebt nicht vom Brot allein, d. h. Menschsein heißt nicht Materialist sein, der sich auf seinen Gütern ausruhen kann. Aber auch eine Flucht in die reine Geistigkeit wird nicht empfohlen, für die die Armen meist die Zeche bezahlen müssen. »Geistliche« dürfen keine Blutsauger werden, die ihr Verhalten mit geistigen Werten begründen. Nur wenn wir Jesu Wirken ganzheitlich menschlich verstehen, bleiben wir in ihm und er in uns (Joh 6,56). Diese »Immanenzformel« begegnet uns auch bei der jesuanischen Bildrede vom »wahren Weinstock« (Joh 15,4-7). Er ist Zeichen echter Lebensgemeinschaft. Wenn Jesus sagt, dass der Vater als Winzer dürre Reben entfernt, dann heißt das nicht, dass der Heilige Vater aus der eucharistischen Gemeinschaft ausschließen darf. Eucharistie will Lebensvermittlung sein. In der Darstellung des Evangelisten ist dies nicht nur für leibfeindlich gesinnte Menschen unerhört, sondern auch für das jüdische Publikum. Blut zu trinken, war für jeden Juden ein Gräuel (Gen 9,4; Lev 17,10ff.). Durch das Essen des Fleisches und das Trinken des Blutes wird die göttliche Sphäre angetastet, es ist ein Sakrileg. Hier haben wir wieder einen Tabubruch, wie er nicht schlimmer sein kann. Das Herrenmahl darf nicht ins Geistige verflüchtigt werden. Gemeinschaft mit Jesus Christus heißt, Gemeinschaft mit ihm als ganzem Menschen und soziale Solidarität mit allen Menschen zu wollen. Vom ganzen Christus her leben, heißt die Beziehung zum ausgegrenzten Mitmenschen leben. Sein Blut zu trinken heißt »die unvergängliche Liebe« zu leben.[5] Sie ist nur real, wenn sie auch materiell wird. Das »realistische« Herrenmahlverständnis frönt keinem Kannibalismus, sondern einer grenzenlosen Liebe, die auch die ganze Körperlichkeit mit allen Schwächen akzeptiert und in das Leben des Glaubenden integriert. So wie Jesus Christus ein ganzer Mensch war, so ist das Herrenmahl Zeichen in Brot und Wein für das volle Einstehen für den einzelnen Mitmenschen, so dass niemand ausgeschlossen wird. Dies zeigt schließlich das Abschiedsmahl Jesu. Es sind die Zwölf, die mit ihm zusammen vor seinem Tod noch einmal essen. Die Zwölf-Zahl meint keine Klasse privilegierter Hierarchen, denen die religiösen Produktionsmittel zur alleinigen Verfügung übergeben werden, sondern diese Zahl steht für die zwölf Stämme Israels, also gerade nicht für die Priesterklasse, sondern für das ganze Volk Israel. Alle ohne Ausnahme sind also gerufen. Alle haben Anteil an Jesus Christus, wer immer es will. Diese Symbolik darf nicht übersehen werden. Alle sind zum Gastmahl gerufen. Johannes in seinem Evangelium (Joh 13) lässt nun bewusst die »Einsetzung der Eucharistie« beim letzten Abendmahl aus. Dafür stellt er den Sinn der Eucharistie klar heraus: Es ist die Fußwaschung der Zwölf, es ist der Liebesdienst am Mitmenschen. Ohne für andere da zu sein, ist jedes eucharistische Abendmahl sinnlos. Wie die Frau (Maria Magdalena) ihm beim Mahl die Füße mit ihren Tränen wusch, so handelt Jesus selbst. Nur dann hat Eucharistie Sinn. In der Hingabe allein wird Jesus zur wahren Speise und zum wahren Trank. Ausschluss gibt es nur durch und in Lieblosigkeit. Der johanneische Jesus also protestiert gleichsam gegen eine Kultpraxis, die den humanen Sinn des Herrenmahles verkennt und vor lauter Kult das Dasein füreinander vergisst. Der Dienst am anderen ist »Fleisch und Blut« als Speise. Die Lebensform Jesu

[5] Ignatius von Antiochien († um 110 n. Chr.), hier: Brief an die Römer 7,3.

soll Speise und Trank für die Christen sein. Ohne Gemeinschaft der Menschen gibt es keine Gemeinschaft mit Gottes Wirklichkeit. »Blutsbande« sollen unter allen Menschen geknüpft werden. So ist auch die Deutung vieler Exegeten der eucharistischen Einsetzungsworte »Das ist mein Leib« nicht abwegig, dass darin nicht eine Sache, sondern das Tun selbst bezeichnet wird. »Nach all dem, was sich über die früheste Deutung der Eucharistie ausmachen lässt, hat wohl niemand gemeint, im Brot Jesus oder Gott zu essen … die berichtete Geste und Andeutung Jesu beziehen sich … gar nicht auf zu verwandelnde Objekte, sondern auf die durch das gemeinsame Essen und Trinken entstehende christliche *Gemeinschaft*, welcher der Charakter eines leibhaftigen Bundes zugesprochen wird … nicht Brot und Wein als solche, sondern das gemeinsam erinnernde *Essen und Trinken* sind das Wesentliche am Sakrament.«[6] Es wäre ja auch sehr unverständlich, wenn Jesus beim letzten Abendmahl sein eigenes Fleisch und sein eigenes Blut im objektivierenden Sinne gegessen bzw. getrunken hätte. Das Wort Eucharistie bedeutet auf Deutsch: Danksagung, Dank. Aber ohne den Vollzug des Dankens gibt es keinen Dank »in sich«. Nicht das Symbol »in sich« ist einer Wandlung unterworfen, sondern im realen, materiellen Vollzug der Symbole sollen wir verwandelt werden. Die Metaphern von Fleisch und Blut geben Brot und Wein einen neuen Sinnhorizont: Niemand kann mehr tun, als sein eigenes Leben für andere hinzugeben. So wird Eucharistie zum Symbolzentrum christlicher Existenz. Sie ist es aber nur, wenn Menschen nicht ausgeschlossen, sondern wenn alle, die in Jesus Christus einen Orientierungspunkt ihres Lebens sehen, mit eingeschlossen werden. So wie Jesu Leben Heilsangebot für alle Menschen sein will, so auch sein symbolischer Nachvollzug in der Eucharistie. Wieder ist es

[6] Trummer, P., »… dass alle eins sind«. Neue Zugänge zu Eucharistie und Abendmahl, Düsseldorf 2001, 137.

das Johannesevangelium, das Jesus beim Abschiedsmahl um die Einheit beten lässt. Wer in der jesuanischen Umkehrbewegung lebt, trennt sich nicht, auch nicht vom Sünder und Verbrecher, sondern sucht die Versöhnung und Einheit. Es geht um die Grundhaltung der Glaubenden, die sich Christen nennen. Die Bitte Jesu gilt der Einheit aller Glaubenden. »Damit sie alle eins seien, wie du, Vater, in mir und ich in dir« (Joh 17,21) ist der Schlüsselsatz des jesuanischen Gebetes. »Alle« sind nicht nur die Anwesenden, die in der letzten Stunde bei Jesus sind, sondern es sind die Glaubenden, die in Raum und Zeit Gemeinschaften bilden werden. Es geht um die Einheit aller Glaubenden über die ganze »Ökumene« hin. Von Anfang an handelt es sich um die Einheit der Glaubensgemeinschaft, die eben in der Eucharistie symbolhaft grundgelegt ist. Vorbild und Grund dieser Einheit ist die Beziehung, die Vater und Sohn sind. Die Einheit der Glaubenden, die der jesuanischen Botschaft trauen und vertrauen, muss ein Spiegelbild der göttlichen Einheit sein. Wo Spaltung und Ausschluss herrschen, da ist nicht Gott, da ist die Orientierung an Jesus Christus verloren gegangen. Er ist der »wahre Weinstock«, wie es in der Abschiedsrede Jesu heißt. Der Weinstock aber hat verschiedene Rebzweige, sie tragen nicht alle nur eine Traube, sondern unterschiedlich viele. Jede Rebe nach ihrer Art! So ist auch der Vater nicht identisch mit dem Sohn, sondern beide sind unterschiedene Beziehungen. Einheit ist gerade nicht als Uniformität verstanden, sondern als unterschiedene Verwirklichungen ein und desselben Anliegens. Es ist die christliche Freiheit, die den anderen anders sein lässt. Jede Gemeinschaft der Glaubenden, jede Kirche, hat ihre Gnadengaben, ihre Charismen. Die Liebe soll das Band der Einheit ohne Über- und Unterordnung sein, wie es bei Vater und Sohn in Gottes Wirklichkeit der Fall ist. Später wird der Epheserbrief (4,3ff.) diese Einheit als »ein Leib und ein Geist«, als eine gemeinsame Hoffnung und als »eine Taufe« beschreiben. Als in Korinth die Christen untereinander stritten, wer die Botschaft Christi am besten verwirklicht, fährt Paulus dazwischen: »Ist denn Christus geteilt?« (1Kor 1,11ff.). Denn die einen sagten: ich halte zu Paulus, andere: ich zu Apollos und wieder andere: ich zu Kephas, Petrus. Es ist so, wie wenn der eine sagte: Ich halte zum Papst, der andere: Ich aber zu Luther, und der dritte: Ich zum Patriarch von Konstantinopel. Ist Christus zerteilt in eine Orthodoxe, Evangelische und Katholische Kirche? Wollen wir uns alle nicht an der einen Frohbotschaft der Evangelien orientieren? So wie der Vater nicht der Sohn ist, so der Katholik kein Protestant, aber heißt dies, dass wir keine Beziehung auf gleicher Ebene zueinander unterhalten dürfen? Nicht die Unterschiede sind das »gottlose« Element unter den Christen, sondern die Verweigerung der Beziehung. Geschieht diese, wird Gott selbst als Monolith verstanden, als ein absolut Seiendes für sich und nicht als Beziehungsein, wie uns Jesus in der Einheitsbitte belehrt. Daher hat diese Einheit mit einer machtvollen Organisation nichts zu tun. Gemeinschaft in Christus heißt nicht, durch Institution und Dogmen kontrolliert zu werden. Nicht herrschen, sondern dienen, das ist das Gebot der Einheit. Gerade das Gottesverständnis Jesu weist uns darauf hin, dass wir nicht Knechte sind, sondern Freunde. Wenn Gott, als liebende Beziehung gedacht, uns nicht knechtet, dann darf dies sicher kein kirchlicher Hierarch, wir sind ja Geschwister. Einheit ist Teilnahme an der Liebe, wie sie zwischen Vater und Sohn waltet. Keine organisatorische Leitung einer Gemeinde ist Garant der Einheit, sondern nur Garantie für Herrschaft, die Jesus ausschließt. Die Einheit wird nicht hergestellt durch den Absolutismus. Das »Einheitsprinzip« ist eben gerade nicht das Oberhaupt einer Institution, sondern die Gegenwart Christi in den Gemeinden und Kirchen. So ist in der Hinwendung zu Jesus Christus Einheit grundgelegt, und jede Glaubensgemeinschaft ist Verwirklichung der Einheit, wenn sie nicht andere Kirchen und Gemeinschaften ausschließt. Die Einheit ist sichtbar, wenn Glaubensgemeinschaften untereinander in Beziehung stehen und offen sind für die Einladung des anderen zum Herrenmahl. Für diese »Vollendung in der Einheit« (Joh 17,23) hat Jesus gebetet, damit er Zeichen der Liebe und nicht der Spaltung und der Ablehnung der Christen untereinander werde. Kann dann noch eucharistische Gemeinschaft zu einem Tabu erklärt werden, das andere Christen zurückweist? Nichts darf ein Christ tabuisieren, außer der Liebe zum Nächsten und auch zum Feind.

3. Die Versuchung der Abgrenzung

Es wird uns in der Apostelgeschichte (11,26) berichtet, dass um das Jahr 50 n. Chr. in Antiochien zum ersten Mal das Wort Christen auftauchte. Der Grund lag darin, dass nicht nur Juden, sondern auch Heiden ihr Leben an Jesus Christus orientieren wollten. Christsein überschritt also die judenchristliche Grenze. Die Heiden, die nichts von der jüdischen Religion hielten, wurden in die Gemeinde aufgenommen. So wie die Judenchristen praktizierten auch die Heidenchristen ihre eigene Religion. Zwei Kulturen trafen aufeinander. Wie können sie friedlich miteinander auskommen? Dazu wurde das sogenannte Apostelkonzil einberufen, ein Grundkonsens sollte gefunden werden. Es ist erstaunlich, wie wenig Voraussetzungen für ein gemeinsames Zusammenleben gefordert wurden. Durch Götzen sollten sich die Heidenchristen nicht mehr verunreinigen, auch auf die Tempelprostitution als Götzendienst muss verzichtet werden, und von Ersticktem und Blut sollen sie sich enthalten (Apg 15,20.29). Alle drei Forderungen wurden als Entweihung Gottes angesehen, wobei die letzte bald an Bedeutung verlor. Lange Zeit jedoch wurde offenbar nur die erste Bestimmung diskutiert. Wann findet eine Verunreinigung durch »Götter« statt? Das Götzenopferfleisch wurde am Markt verkauft und als Vereinigung mit den Göttern verstanden. Darf ein Christ ein solches Fleisch essen? Ist es Gemeinschaft mit den Göttern, wenn er geweihtes Fleisch zu sich nimmt? Paulus stellt zuerst fest, dass das Reich Gottes nicht in Speise und Trank besteht, sondern in Gerechtigkeit und Frieden (Röm 14,17). Selbstverständlich kann jeder Christ auch das Götzenopferfleisch essen, denn er ist frei und weiß, dass Götzen nichtig sind (1Kor 8,1ff.). Es ist kein »Götterdienst«, wenn man »geweihtes« Fleisch isst. Auch dieses ist nicht unrein und kein

Tabu für verständige Christen. Er macht jedoch darauf aufmerksam, dass es Christen gibt, die meinen, dadurch Götzendienst zu leisten. In diesem Fall, meint er, sollten wir auf die »Schwachen« Rücksicht nehmen. Die Liebe zu diesen muss größer sein als die eigene christliche Freiheit. Vor ihnen – es waren möglicherweise ängstliche Judenchristen – sollte man das provokative Essen lassen, damit sie nicht in die Irre geleitet werden und vielleicht sogar deshalb wieder vom Glauben an Jesus Christus abfallen.

Wenn diese Grundregeln eingehalten werden, können die Heiden wie die Juden jeweils ihre eigene Religion ausüben. Ein Religionswechsel war nicht erforderlich, um Christ zu sein. Nicht einmal der jüdische Dekalog, die zehn Gebote, wurden zur Bedingung gemacht, vielmehr konnte jeder seine kulturelle Eigenart behalten und ihr entsprechend leben. Keiner soll den anderen verurteilen. Das Band der Liebe in Christus einigt. Es war ein sehr differenzierter Konsens. Christsein ist nicht identisch mit einer Zugehörigkeit zu einer bestimmten, institutionell geformten Religion. Der gleichen Religion anzugehören heißt nicht, den gleichen Glauben zu haben, und den gleichen Glauben zu leben bedeutet nicht, in der gleichen institutionellen Religion zu sein. Ohne Zweifel bildeten sich jedoch bald Formen des Zusammenlebens heraus, da der christliche Glaube nicht individualistisch missverstanden werden darf, sondern Gemeinschaft bedeutet. Wir sind, wie Paulus sagt: »Leib Christi«. Dieser ist, wie der »Weinstock«, eine Beschreibung der Einheit in der Vielfalt, und dies gilt ebenso für die religiösen Vorstellungen. Christen haben weder einen besonderen religiösen noch einen ausgegrenzten menschlichen Bereich, sondern sie leben – wie der Brief an Diognet, der vermutlich in Alexandria um 200 n. Chr. geschrieben wurde, bezeugt – wie die übrigen Menschen und unterscheiden sich nicht von den Heiden (V,1), außer dass sie das Leben des anderen achten und auch die Leibesfrucht nicht abtreiben (V,6). So ist für Origenes im 3. Jh. der Kriegsdienst für Christen ausgeschlossen. Da alle Christen ohne Unterschied »Priester« sind, d. h. nach dem Willen Jesu leben, verweigern sie den Dienst an der Waffe, da ein Christ niemanden tötet. Die Kirchenväter sprechen von einer »Christenheit«, und noch Johannes Chrysostomus, Ende des 4. Jh., nennt ihre konstitutiven Elemente: Liebe und Friede, Nächstenliebe und Friedfertigkeit. Hier zeigt sich, selbst in der späteren Entwicklung, dass Christsein sich nicht als eine bestimmte Religion versteht, die in Distanz zu anderen religiösen Kulturen steht und sich abgrenzt, sondern Christsein heißt, für menschliches Leben einzutreten, Menschen untereinander zu versöhnen und nicht zu spalten. Wie steht es nun mit den gemeinsamen Mahlfeiern, wie mit der Gegenwart Christi in den Zeichen von Brot und Wein? Es ist erstaunlich, wie schwer sich bereits die ersten Christen mit dem gemeinsamen Mahl taten. Von Anfang an ist das Brot des Lebens, das uns Jesus Christus gegeben hat, zu einem vergifteten Zankapfel geworden. Der Anlass des erwähnten Apostelkonzils war nämlich der erste Abendmahlsstreit der Christen. Wie wir von Paulus erfahren, geht es um die Tischgemeinschaft. Man muss dazu wissen, dass das Herrenmahl immer mit einem Sättigungsmahl verbunden war. Nicht erst nach dem Mahl fand die Eucharistiefeier statt. Die heutige Schriftlesung beim Gottesdienst erfolgte für die Judenchristen in der Synagoge. Erst Mitte des 2. Jh. wird das eucharistische Mahl mit der Lesung der biblischen Texte verbunden und schließlich von der normalen Mahlzeit getrennt, immer stärker liturgisiert und verkultet. Das erste große Problem der Glaubensgemeinschaft also heißt: Wie können Juden und Heiden das eucharistische Mahl zusammen feiern? Die Heiden essen doch nicht koscher! Sie achten die jüdischen Speisevorschriften nicht. Für die Judenchristen war eine nicht koschere Eucharistiefeier unmöglich. Deutlich berichtet die Schrift, wie unsicher Petrus war, er schwankte und meinte schließlich, eine Trennung bei der Mahlfeier sei richtig. Da griff Paulus ein, stellte ihn zur Rede und »widerstand ihm ins Angesicht« (Gal 2,11), weil er im Unrecht war. Petrus, nach katholischem Verständnis der erste Papst, meinte nicht, unfehlbar zu sein, sondern sah sein Versagen ein. Eine »Apartheid« unter Christen darf es nicht geben. Hätte der Beschluss der Apostel nicht eine Versöhnung herbeigeführt, hätten Juden- und Heidenchristen gesonderte Wege beschritten, die Kirchenspaltung hätte in biblischer Zeit begonnen. Dabei weist schon das verwendete Wort »Kirche«, Ekklesia, darauf hin, dass mit ihm keine Abgrenzung der Gemeinschaft gemeint ist, sondern das Wort betont die Zusammengehörigkeit aller versammelten Menschen. Keine Kultgenossenschaft im religiösen Sinne sollte Kirche sein, sondern Zusammenkunft aller Anhänger Jesu, und seien es auch nur zwei oder drei. Ekklesia ist eine Zusammenkunft auf gleicher Ebene ohne Unterschied von Mann und Frau, Sklaven und Freien, Juden und Heiden. Aussperrung kommt nicht in Frage. Gemeinschaft »in Christus« gilt für alle. Ein Zeichen dafür ist das »Herrenmahl« (wie Luther 1Kor 11,20 übersetzt; wörtlich heißt es: »das Mahl, das dem Herrn [Jesus Christus] gehört«). Es ist die einzige biblische Bezeichnung für die Eucharistiefeier und meint, dass Christen sich im Namen des Herrn Jesus Christus beim Mahl versammeln, im Gedächtnis an ihn, und sein Wirken im guten geschwisterlichen Geist erfahren. Bei der Mahlfeier wird in Jesus Christus Erfahrung der Wirklichkeit Gottes möglich. Eucharistie heißt ja: Feier des Dankes, Danksagung, dass den Menschen ein Ereignis geschenkt ist, das uns gelingendes Leben verspricht.

Als die erste Versuchung der Spaltung der Christen abgewiesen war und alle auf gleiche Weise an der eucharistischen »Vollmacht« teilnahmen, trat die zweite Versuchung auf. Die Taufe selbst wurde nicht mehr, wie ursprünglich, als Zeichen der Umkehr verstanden, als Neuanfang eines Lebens in Güte und Liebe, sondern als Aufnahme in eine besondere Gemeinschaft. Der erste Abgrenzungsmechanismus begann. Während noch in der Apostelgeschichte (8,35ff.) zur Taufe nur das Bekenntnis zu Jesus Christus erforderlich war, der Wille also, sich an der Existenzform Jesu Christi zu orientieren, wurden nun Hürden aufgebaut, und Taufe wurde zu einem Initiationsritus für eine sich abgrenzende Gemeinschaft. Kann es mit Nichtgetauften eine Tischgemeinschaft geben? Diese Frage macht bereits aus der Glaubensgemeinschaft eine neue Religion. Für Nichtgetaufte, auch wenn sie mit Jesus Christus Gemeinschaft haben möchten, ist das Herrenmahl tabu. Jesus hingegen hatte keine Sondergemeinschaft gegründet, sondern für alle die Nähe des Bereiches Gottes verkündet. Jesus selbst hatte offenbar eine »falsche Religion«, denn er ist Jude gewesen und hat diese Religion auch praktiziert. Die Zugehörigkeit zu einer anderen Religion ist kein Tabu, um zum Tisch des Herrn hinzuzutreten. Nie hat Jesus zu einem Religionswechsel aufgerufen, wohl aber wollte er die jüdische Religion und damit auch die anderen Religionen von ihrem Unmenschlichkeitsindex befreien. Sie sollten tabulos werden. Nur die Achtung des Menschen ist das große Tabu, damit er von Gewalt, Herrschaft und Unterdrückung befreit werde. Glaubensgemeinschaft meint diese Umkehr, meint die Befreiung zu einem vollen menschlichen Leben, von dem niemand ausgeschlossen werden darf. Nicht die Taufe ist das Ziel, sondern sie soll Zeichen der Vermenschlichung der Gemeinschaft sein. Sie soll einen Befreiungsimpuls für ein humaneres Zusammenleben der Menschen bedeuten. Schon im 2. Jh. treten die ersten Missverständnisse auf, und Christen empfanden sich als »bessere Menschen« gegenüber den Heiden. Genau durch dieses Selbstverständnis verstießen sie gegen die Mitte des christlichen

Glaubens, die Liebe. So argumentiert die Didaché (9,5): »Niemand darf jedoch essen oder trinken eure Eucharistie, außer die, die im Namen des Herrn die Taufe empfangen haben. Denn darüber sagte der Herr: Gebt das Heilige nicht den Hunden.« Die damalige syrische Kirche hatte sich damit abgeschottet und sich als Religionsgemeinschaft unchristlich gebärdet. Jesus selbst hat, wie wir gesehen haben, mit Zöllnern und Sündern gegessen, keinen hat er je ausgeschlossen. Die Apostel, mit denen Jesus sein Abschiedsmahl hielt, waren alle nicht getauft. Ja, selbst Judas hat daran teilgenommen. Wenn die Apostelgeschichte davon berichtet, dass in den Häusern das Brot gebrochen wurde, so waren wohl viele Teilnehmer nicht getauft. Paulus ist im Korintherbrief (1Kor 14,25) der Ansicht, dass Gotteserfahrung einem Fremden, Ungetauften zuteil wird, wenn er in Liebe in die Gastfreundschaft integriert wird und am Herrenmahl teilnimmt. Wenn ein Ungetaufter Gemeinschaft mit Jesus Christus haben möchte, wer darf ihm diese verweigern? Petrus ist perplex, dass auf die gläubigen Heiden der Geist Gottes kommt, ohne dass sie getauft sind (Apg 10,44). Nach heutigem Verständnis findet also die Firmung (Konfirmation) *vor* der Taufe statt! Warum also nicht auch das Herrenmahl? Nicht die Taufe ist die Bedingung eucharistischer Gastfreundschaft, sondern der Wunsch, »in Christus« zu sein, d. h. menschlicher zu leben und unterscheiden zu können zwischen »Fastfood« und einem Mahl im Namen Jesu Christi, in Gemeinschaft Glaubender und Liebender. Die verinstitutionalisierte Kirche schloss sich jedoch ab und begann die Ungetauften auszuschließen. Selbst im 20. Jh. haben Theologen an der Richtigkeit des Ausschlusses gezweifelt. Der völlig unverdächtige Pater D. Feuling schrieb 1937 in seiner damals überall verbreiteten »Katholischen Glaubenslehre«[7]: Ein Ungetauf-

[7] Feuling, P., Katholische Glaubenslehre, Salzburg 1937, 771.

ter empfängt »beim Hinzutreten zur Kommunion real den Leib des Herrn«. Zwar würde er ihn nach katholischem Verständnis nicht formell sakramental empfangen, er hat eine »aber im Glauben, ex opere operantis, ›aus der Tat des Tätigen‹, gegründete Gnadenwirkung, da der Herr gut ist«. Darf irgendeine Institution oder ein Papst einem Ungetauften diese »Gnadenwirkung« verwehren? Stellt er sich dann nicht gegen Gottes Heil, und verhindert er es durch eine unchristliche Tabuisierung? Ist Christus nicht mehr für alle Menschen da? Hat er nicht alle Mühseligen und Beladenen eingeladen, zu ihm zu kommen und Heil zu erfahren? So vollzog sich damals und vollzieht sich auch heute noch die erste große Zäsur, indem sich die Glaubensgemeinschaft zur Religionsgemeinschaft wandelt, die nun Strukturen und Voraussetzungen schafft, die Menschen in eine neue religiöse Zwangsjacke steckt. Damit begann sich immer stärker das eucharistische Selbstverständnis zu wandeln. Die Christen, die Tischgemeinschaft hielten, wurden jetzt von Berührungsängsten geplagt. Dazu gesellte sich noch ein platonisches Reinheitsideal, das es auf die Sexualität abgesehen hatte und das »reine Herz« mit geschlechtlicher Enthaltsamkeit identifizierte. Trotz dieser Veränderungen am Anfang der Kirchenbildung fragten die Christen nach der Menschen verändernden Kraft der Eucharistie und noch nicht, *wie* Jesus Christus in Brot und Wein anwesend sein könnte, wenn man auch in platonischer Typologie vom Abbild des Urbildes sprach und Analogien zum Inkarnationsgedanken zog. Entscheidend war die Beziehung zum Menschen, das Verhalten zueinander, das Gegenwart Christi bezeugte. Die Christen sollen durch die Zeichen von Brot und Wein verwandelt werden, sie sollen Hinweis auf eine Lebensweise sein, die vergebungsbereit ist, Versöhnung und Frieden sucht. Nur dann ist das Symbol Eucharistie, wirksames, sichtbares Zeichen der Liebe (bzw. »Gnade«). Das Verhältnis zum Herrenmahl war ausschlaggebend und nicht eine losgelöste Objektivität desselben. Brot und Wein sind Bild, Symbol, Gleichnis oder Abbild des Leibes und Blutes Christi. Nehmen wir zu ihnen Beziehung auf, dann besteht für uns eine reale Beziehung zur letzten Wirklichkeit, die als Gott oder himmlisches Urbild bezeichnet wird. Aber dieses Beziehungsein geschieht nicht zwischen Gott und meiner Seele, sondern in der Glaubensgemeinschaft, die sich als Nächstenliebe und Solidarität verwirklicht. Wird Gott in Jesus Christus auf den Menschen bezogen und Menschsein so verstanden, dann heißt es: Christsein. Origenes (185–254 n. Chr.) lehrte, ohne dass es im Mindesten als häretisch empfunden wurde, dass es nur für die Einfältigen in der Eucharistie eine gegenständliche Gegenwart Christi gibt. »Nicht die Materie des Brotes, sondern das darüber gesprochene Wort ist es, was dem nicht unwürdig des Herrn Essenden Nutzen verschafft.«[8] Entscheidend ist also die Beziehung des Essenden und nicht die Speise selbst. Immer wieder betonen die Kirchenväter, dass Brot Brot bleibt, aber jeder, der mit Christus verbunden ist, empfängt in Wahrheit den Leib Christi, an dem er als Christ Anteil hat. Die Überlegungen betreffen nicht die Frage, ob das Brot und der Wein verwandelt werden, sondern es geht darum, dass wir durch den Empfang der Eucharistie in den Leib Christi »verwandelt« werden, d. h. nach seiner Existenzweise leben.

Löst man das Herrenmahl von diesem Vollzug ab, dann werden Brot und Wein zu magischen Gegenständen und das Verhältnis wird umgekehrt. Der Mensch wird zum Diener der Eucharistie, und das eucharistische Brot dient nicht mehr primär den Menschen. So wie Jesus als der Menschensohn gekommen ist, um zu dienen und nicht bedient zu werden, fungiert das Brot des Lebens zum Heil der Menschen. Es ist Aufforderung, im Sinne Jesu Christi zu

---

[8] Origenes, In Mt tom 11,14. Vgl. In Jo tom 32,24 u. a.

leben, und nicht zur Unterwerfung unter ein tabuisiertes Brot. Das Herrenmahl soll symbolische Verdichtung und Hilfe für das veränderte Lebenskonzept sein: Solidarität und nicht Abspaltung. Dieses ursprüngliche Beziehungsdenken, das in der Umkehr der Lebensweise die Nähe des Bereiches Gottes in den eucharistischen Symbolen erfahrbar macht, änderte sich durch die germanische Betrachtungsweise im 9. Jh. Voraussetzung dafür war, dass die kirchlichen Hierarchen sich als Hüter einer fest institutionalisierten Religionsgemeinschaft verstanden, mit Gesetzen und Dogmen, die alle anderen ausschlossen, die sich nicht bedingungslos unterwerfen wollten. Die Glaubensgemeinschaft wurde zu einer Unterwerfungsgemeinschaft. Das begann spätestens, als die verfolgte Kirche im 4. Jh. zur Verfolgerin wurde. Als 380 n. Chr. durch Kaiser Theodosius die Kirche zur Staatskirche wurde, wurde das Kreuz, das Zeichen der Erlösung war, zum todbringenden Zeichen für alle, die sich politisch und religiös nicht unterordnen wollten. Die unantastbaren Religionsgesetze bewirkten die Erstürmung der heidnischen Kultstätten und die Zerstörung ihrer Kunstschätze. Wer sich nicht taufen ließ, wurde mit dem Tod bedroht. Ebenso erging es den Juden. Der sogenannte »heilige« Chrysostomus im 4. Jh. diskriminierte sie und fand es gut und richtig, dass sie gehörnte Kappen und einen gelben Punkt am Obergewand, der an den späteren Judenstern gemahnt, tragen mussten, denn so wurde für ihn ihre Abstammung vom Teufel dokumentiert. Von christlichen Gaststätten, Bädern und öffentlichen Ämtern wurden sie ausgeschlossen. So ist es nicht verwunderlich, dass sie im Mittelalter des Frevels an der Eucharistie beschuldigt wurden, was als höchstes Verbrechen galt. Nicht weniger rigide ging man mit Abweichlern in den eigenen Reihen um. Selbst ein Bischof, wie z. B. Priscillian aus Spanien (4. Jh.), wurde entsprechend behandelt, weil er gegen die Unantastbarkeit der hierarchischen Herrschaft in der

Kirche protestierte. Er wurde verurteilt und enthauptet. Ähnlich erging es allen Abweichlern bis ins 18. Jh., auch in den protestantischen Kirchen. Diesen Hintergrund muss man sich vor Augen halten, um die Heftigkeit der Auseinandersetzung um die Eucharistie zu verstehen, die das Machtmonopol der Hierarchen betrifft. Wer eucharistische Lehre und Praxis in Frage stellt, rüttelt an der Machtbasis der herrschenden Klasse in der Kirche. Sie will allein über das Herrenmahl bestimmen, wer zugelassen wird und wie es zu verstehen ist. Im Mittelalter war klar, dass nur getaufte Christen, die keine »Todsünde« begangen haben, zugelassen werden dürfen, alle anderen wurden als nicht würdig angesehen und würden dieses zentrale Sakrament durch ihre Berührung entweihen. Wieder geht es um das tabuisierte Sakrament und nicht um den Menschen. Daher stellte sich im 9. Jh. die Frage: Wie wird Jesus Christus im Sakrament gegenwärtig? Der erste große theologische Abendmahlstreit begann. Er fand zwischen zwei Mönchen statt, Ratramnus von Corbie und seinem Abt Paschasius Radbertus. Für den Abt wurden die Elemente in sich verwandelt, und diese sind danach mit dem Leib Christi sowohl mit seiner irdisch-historischen wie seiner himmlischen Existenz identisch. Noch aber war die Theorie nicht ganz von der Praxis gelöst, denn auch für den Abt galt, dass nur der Glaubende bei der Abendmahlsgemeinschaft den Leib und das Blut Christi empfängt. Wer nicht glaubt, erhält nur das Zeichen. Ratramnus widersprach ihm bezüglich der Elementenwandlung heftig. Die Elemente sind doch nur »figura«, nur Bild für den Leib und das Blut Christi. Die Verwandlung geschieht geistig, in der Beziehung, die die Glaubenden zu ihm haben. Brot und Wein sind keineswegs mit dem historischen Jesus identisch, im Symbol aber ist er gegenwärtig. Die beiden Begriffe: symbolisch und real(istisch) werden nun als Gegensätze verstanden. Symbol ist nicht mehr die Verdichtung der Wirklichkeit, sondern ist gleichbedeutend mit nicht wirklich, nur gedacht. Die Wirklichkeit wird allein dinghaft, gegenständlich, verstanden. Daher wird auch der Glaube immer mehr von festgeformten Inhalten her begriffen. Der Vollzug, das Geschehen, die Beziehung zu einer Realität, die ein Symbol ist, wird übersehen bzw. als bedeutungslos gewertet. Der Begriff eines Symbols, das Verdichtung der Wirklichkeit ist und erst im Mitvollzug seine Bedeutung gewinnt, ist fremd geworden. Der eigentliche Sinn des Herrenmahls, nämlich der Mitvollzug der Glaubensgemeinschaft wird völlig ausgeklammert. Es gibt nur noch ein entweder – oder: real oder nur symbolisch (in veritate vel in mysteria). Aber erst 200 Jahre später kam es durch die Auseinandersetzung Berengars von Tours mit Papst Nikolaus II. zum Eklat. Für Berengar sind Gestalt und Substanz eines Dinges nicht zu trennen. Daher bleiben sie auch nach dem eucharistischen Gebet unverwandelt, aber Brot und Wein sind Bild, Gleichnis, Symbol für den Leib und das Blut Christi. Er wurde nach Rom zitiert, musste seine eigenen Bücher verbrennen und im Jahr 1059 n. Chr. beschwören: Brot und Wein sind nach der Konsekration nicht nur ein Sakrament, sondern wahrer Leib und wahres Blut Christi. In der Hostie berühren wir Jesus mit den Händen, brechen ihn, und die Zähne der Gläubigen zerreiben ihn. Er musste also die physische Gegenwart Christi in der Eucharistie beschwören. Diese Position wird auch »Kapharnaitismus« genannt, in der Anlehnung an die Rede Jesu in Kapharnaum (Joh 6,6), wo die Zuhörer seine Worte im materialistischen Sinn missverstanden hatten. Berengar hielt sich in seiner Lehrtätigkeit nicht an die Abschwörformel, und so musste er 20 Jahre später nochmals in Rom seine Ansicht darlegen. Diesmal aber waren die römischen Behörden vorsichtiger und verlangten nicht mehr eine physisch-reale Gegenwart Christi in Brot und Wein, sondern nur eine Wandlung der Substanz. So begann man zum ersten Mal von einer Substanzwandlung zu sprechen, die natürlich kein Laie vollbringen konnte. Diese (metaphysische) Macht der Verwandlung ist den Ordinierten (Bischof und Priester) vorbehalten. Durch die Eucharistie wird die Macht der Kleriker mystifiziert, und den Hierarchen wohnt durch Gottes Gnade eine gleichsam magische Kraft inne. Das Gottesvolk wird von der Verwandlung ausgeschlossen. Es darf nur dankbar das Heilige Brot annehmen, wenn es sich vorher sakramental gereinigt hat, sprich: dem Priester die Sünden beichtete. Diese innerkirchliche Abgrenzung ist für den Machterhalt ganz wesentlich. Die fortschreitende Tabuisierung zeigt sich auch darin, dass der einfache Gläubige die Hostie mit der Hand nicht anfassen durfte (es sei denn, sie fällt in den Busen einer Frau), sondern sie ehrwürdig kniend mit der Zunge zu empfangen hatte. Erst nach dem 2. Vatikanischen Konzil wurde die Handkommunion gestattet. Davor wurden die Erstkommunikanten angewiesen, die Hostie auch nicht mit den Zähnen zu berühren, weil dies der Heiligen Hostie unwürdig und unangemessen sei. Die mittelalterliche Sakralisierung der Eucharistie stellte schließlich nicht mehr die Frage, wie ich durch Christus verwandelt werden soll, und auch nicht mehr, wie Jesus Christus gegenwärtig ist, denn dies war durch den Substanzwandel geklärt. Vielmehr war jetzt das Problem, wie die Wandlung geschieht. Wurde am Anfang der kirchlichen Entwicklung auf die den Menschen verändernde Beziehung Wert gelegt und dann auf das Wie der Gegenwart Christi, wird jetzt über die Art und Weise nachgedacht, wie das Brot und der Wein zu einem tabuisierten Gegenstand, Jesus Christus, werden. Trotz des weitgehenden Ausschlusses eines symbolischen Eucharistieverständnisses erkannte man, dass eine materielle Gegenwart keine adäquate Vorstellung sein kann, da etwa beim Brotbrechen (die Hostien wurden geteilt) nicht Jesus Christus gebrochen werden kann. Um beides auszuschließen, die materielle und die symbolische Gegenwart Christi, gebrauchte erstmals Papst Alexander III. († 1181) das Wort »Transsubstantiation«, das man auf den folgenden Konzilien, vor allem in Trient, verwendete und bis heute in der katholischen Kirche benutzt, obwohl dieser Begriff nie definiert wurde.

Um Missverständnissen vorzubeugen, ist festzuhalten, dass der theologische Substanzbegriff mit dem heutigen, wie er in den Wissenschaften verwendet wird, nichts zu tun hat. Größere Ähnlichkeit mit dem theologischen hat die umgangssprachliche Ausdrucksweise: Dies zehrt an meiner Substanz! Damit kann geistig wie körperlich etwas bezeichnet werden, was lebenswichtig bzw. -gefährlich ist. Der Substanzwandel (die »metaphysische Substanz«, die der Sinn dieses Seins in sich bedeutet) meint, dass Brot und Wein nicht mehr Grundnahrungsmittel sind, sondern für uns neue Lebensmöglichkeit darstellen. Unser Leben erhält einen neuen Sinn. Diese Hinordnung blieb bestehen, obwohl nur mehr an die Eucharistie in sich gedacht wurde. Für Thomas von Aquin, der die Transsubstantiationslehre theologisch entwickelte, war es sehr wichtig, dass man auch mit »verklärten Augen« (d. h. die Heiligen im Jenseits und die Engel) nichts anderes sehen kann als Brot und Wein. Die Präsenz Christi ist nur im Glauben zu erfassen. Was geschieht jedoch, wenn eine Maus in den Tabernakel eindringt und die geweihten Hostien frisst? Gar nichts, sie nimmt nur Brot zu sich. Sie erfasst nicht den Sinn des eucharistischen Brotes, weil sie die Worte nicht verstehen kann, die erst das Brot »heiligen«. Das gleiche gilt für einen Menschen, der glaubt, nur gewöhnliches Brot zu essen. Nach katholischem Verständnis isst er tatsächlich nur dieses. Wer hingegen durch die Verachtung und Entehrung dieses Brotes Jesus Christus verhöhnen will, der missachtet ihn tatsächlich. So wie andererseits – wir haben es bereits besprochen – der Ungetaufte, der Jesus Christus für sein Leben bedeutsam hält, tatsächlich Heilswirklichkeit erfährt. Was ist, nach katholischem Verständnis, notwendig, damit diese »Substanzwandlung« stattfindet? Über das Amtsverständnis wird noch zu sprechen sein. Ist es die Abendmahlsfeier, die ausschlaggebend ist, oder sind es die »Wandlungsworte«, die auf die biblischen Einsetzungsworte zurückgehen: Das ist mein Leib – das ist mein Blut? Ist Magie im Spiel? Als ich Ministrant war, konnte ich die Not der Priester erfahren, die leise – laut durften die Wandlungsworte nicht gesprochen werden, sie sind ja Glaubensgeheimnis – jedes Wort, ja jeden Buchstaben herauspressten, um ja die Gültigkeit der Wandlung und damit der Messe nicht in Frage zu stellen. Nun gibt es seit dem 2. Jh., wie die Didaché zeigt, eine vermutlich alte syrische Tradition, die keinen Einsetzungsbericht und daher keine »Wandlungsworte« kennt, trotzdem aber im vollen Sinne das Abendmahl Christi feiert. Heute noch gibt es in der chaldäischen und assyrischen Kirche des Orients das eucharistische Mahl ohne diese Worte, und die Katholische Kirche erkennt seine Gültigkeit voll an. »Die Anaphora von Addai und Mari ist die einzige, die man seit undenklichen Zeiten ohne den Einsetzungsbericht verwendet.«[9] An der vollen Gegenwart Christi bei dieser Abendmahlsfeier besteht kein Zweifel. Also: Eucharistie auch ohne Brot- und Weinworte! Für die orthodoxen Kirchen sind ebenfalls nicht die Einsetzungsworte das Entscheidende, sondern die Epiklese (die Anrufung des Heiligen Geistes). Das wirft ein Licht auf den Einsetzungsbericht selbst. Ohne Zweifel bildete für die ersten christlichen Gemeinden das Mahl das Sozialisationszentrum. Der Einsetzungsbericht sollte den Sinn des Beisammenseins verdeutlichen. Aramäisch gibt es das Wort »ist« in unserer Form nicht. Wohl aber sprechen auch wir, wenn wir ein Foto eines Freundes anschauen:

---

[9] L'Osservatore Romano 47, 2001, 9.

Das *ist* Peter! Niemand würde auf die Idee kommen, das Bild, das Symbol als Peter selbst zu bezeichnen. Trotzdem wird es als Missachtung empfunden, wenn das Foto achtlos weggeworfen oder gar zerrissen wird. Das Symbol hat eine reale Bedeutung und Beziehung zum Symbolisierten. Außerdem ist zu beachten, dass Markus (14,23f), das älteste Evangelium, berichtet, dass die jesuanischen Deuteworte: »Dies ist mein Bundesblut, das ausgegossen wird für alle« erst nach dem Trinken erfolgt ist. Wann hat dann wohl die »Wandlung« stattgefunden? Wenn wir auf ein besonderes Ereignis, etwa bei einer Hochzeit auf das Gelingen dieser Ehe, anstoßen, dann hat das Trinken eine besondere Bedeutung und unterscheidet sich von einem gewöhnlichen Stillen des Durstes. All das deutet darauf hin, dass der Einsetzungsbericht nichts mit einer magischen Gegenwartssetzung einer göttlichen Sphäre zu tun hat. Im Herrenmahl haben Brot und Wein die Funktion, Gemeinschaft zu stiften als Teilhabe am Leben und Schicksal Jesu Christi, der in der Gemeinde gegenwärtig werden soll. Die Zeichen sollen die Schicksalsgemeinschaft verdeutlichen. Die »Einsetzung der Eucharistie« kann von diesem Geschehen nicht losgelöst werden, sondern ist strikt an das zwischenmenschliche Geschehen gebunden. In der Gemeinschaft Glaubender und Liebender ereignet sich Gegenwart Jesu Christi. So wie er bis zum Einsatz seines Lebens für andere da war, so soll im dankbaren Gedächtnis jeder Christ für die Solidarität unter den Menschen einstehen. Aus den liturgisierten Texten der Evangelien über das Abschiedsmahl Jesu geht klar hervor, dass »alle«, ohne Ausnahme, dazu eingeladen sind. Wer immer an diesem Geschehen Anteil nimmt, dieses im Leben mitvollzieht, wird ins Heilsgeschehen mit hineingenommen. In dem Augenblick jedoch, als die Glaubensgemeinschaft hierarchisiert wurde und sich nach drei Jahrhunderten eine Priesterklasse herausgebildet hatte, wurde die Eucharistie dem Gottesvolk entzogen und allein der herrschenden Klasse die Verfügungsgewalt darüber zugesprochen. Sie bestimmte nun, wer die Eucharistie empfangen durfte und wer nicht. So wurden die Trennungslinien gezogen. Für den einfachen Christen, der nach biblischer Lehre am »Priestertum Christi« Anteil hat, war die »Verwaltung« der Sakramente versperrt. Das »Allerheiligste« stand nicht mehr jedem offen, der Laie hatte ihm und den Hierarchen zu dienen. Dieser Entzug der »Vollmacht«, die Jesus auf alle übertragen hatte, machte das gläubige Volk zu Untertanen, zu Dienern der Eucharistie und Hierarchie. Obwohl selbst auf diese Weise der Gemeinschaftsbezug des Herrenmahles nicht ganz verloren ging, hat sich der Missbrauch im Mittelalter immer stärker eingeschlichen. Die Abendmahlsfeier wurde zu einem »Messopfer« hochstilisiert, und Brot und Wein wurden nicht mehr empfangen, sondern zu »Schaubroten«; d. h. sie wurden in der »Monstranz« zur Schau gestellt. Diese Tendenz einer Verobjektivierung der Eucharistie geht bereits auf die konstantinische Wende im 4. Jh. zurück. Nach byzantinischem Hofzeremoniell setzte sich der Bischof auf den Thron, und die Gläubigen wurden zu Zuschauern degradiert. Eucharistie wurde nicht mitvollzogen, sondern das Heil, hierarchisch gefiltert, geschaut. Die Vergegenständlichung der Hostie wurde durch die Elevation (Zeigen des erhobenen Brotes und Weines) nach der Wandlung, die Anfang des 13. Jh. üblich wurde, gefördert und erreichte 1264 den Höhepunkt durch die Einführung der Fronleichnamsprozession durch Papst Urban IV. Da nur »Geweihte« die Monstranz berühren durften, wurde dadurch eine Magisierung der eucharistischen Symbole erzielt. Immer stärker wurde die Grenzziehung zwischen Klerus und Laien und immer heftiger die Unantastbarkeit der Macht der priesterlichen Wandlungsworte. Zudem wurde im Mittelalter der Kelch mit Wein den Gläubigen verweigert – er war und ist Symbol dankbarer Freude –, und nur das Symbol der Arbeit (im Schweiße des Angesichts!) wurde dem gewöhnlichen Gottesvolk zugestanden. Daran freilich eine Gültigkeitsfrage zu knüpfen, wie es bereits vor der Reformation geschehen ist, ist absurd. Es ist auch nicht ganz abwegig, wie viele Exegeten meinen, dass in den frühen Gemeinden möglicherweise das Abendmahl nur mit Brot gefeiert wurde, denn uns wird nur vom Brotbrechen in den Häusern berichtet (Apg 2,42). Es ist wahrscheinlich, dass viele Gemeinden sehr arm waren und sich Wein nicht leisten konnten. Plinius d. Ä. (24–79 n. Chr.) schreibt, dass der Wein sehr kostbar sei und man daher »sehr sparsam mit diesem Gut« umgehen müsse.[10] Zudem habe man es für eine Sünde gehalten, wenn man den Göttern nicht einen ganz besonders reinen Wein geopfert hat. Diesen Vorstellungen konnten sich sicher die Christen nicht entziehen, und so blieb es vielleicht beim Brot. Im Mittelalter war dies aber nicht der eigentliche Grund, nur das Brot auszuteilen, sondern die Bevorzugung der Priesterklasse.

In dieser Situation fand die Reformation statt. Ein weiteres neues und unbarmherziges Ausschlussverfahren begann. Das eucharistische Mahl, das Symbol gemeinsamen Lebens der Christen in Jesus Christus sein sollte, wird zum Trennungszeichen umfunktioniert. Brot und Wein sind nicht mehr Hinweis auf die Einheit durch die Gegenwart Christi, sondern Zeichen der Spaltung der Christenheit. Jesus Christus ist nicht mehr der eine Hirte für alle Christen, sondern man spricht nun einander die wahre Gegenwart Christi ab. Die jeweils eigene Kirche verneint, das wahre »Kirche-Christi-Sein« der anderen. Um die gegenseitigen Verurteilungen zu rechtfertigen, versuchten die Gegner mit theologischen Spitzfindigkeiten einander zu desavouieren. Katholischerseits behauptete das Trienter Konzil (1545–1563) gegen die Reformation, dass Jesus Christus in der

[10] Plinius Secundus der Ältere, Naturalis Historiae (Naturkunde) XIV, 90.

Eucharistie »wirklich, real und substantiell« (vere, realiter et substantialiter) enthalten sei und dass diese »Wandlung« des Brotes und Weines am besten mit dem Wort »Substanzverwandlung« (Transsubstantiation) umschrieben würde (D 1635-1661).[11] Luther selbst hielt, wie es aus der Wittenberger Konkordie (1536) klar hervorgeht, an der »wirklichen und substantiellen« Gegenwart Christi in der Eucharistie fest. Nur eine Substanzwandlung lehnte er ab, vielmehr ist in und mit Brot und Wein Christus präsent. Ihm erschien diese »Wandlung« ein zu sehr magischer Vorgang, der dazu noch an eine ganz besondere Macht der Priesterklasse geknüpft war. Sicher, ohne Vollzug und Beziehung zu Jesus Christus, sei sie positiv oder negativ, geschieht nichts. Die reine Verdinglichung des Abendmahls, so dass die Elemente selbst zur Heilswirklichkeit werden, sah er als Magisierung des Glaubens an Christus an.

Noch stärker setzte Zwingli auf den Akt der Glaubensgemeinschaft. Wenn Glaubende im Geist Christi zusammenkommen und Abendmahl im Gedächtnis an ihn feiern, dann sind Brot und Wein Symbole für die Hingabe Jesu Christi. Für Luther war dies zu wenig, und so schloss er dieses Verständnis aus. Wie immer der Ausdruck »Symbol« gebraucht wurde, gerade damit soll ja eine besondere, verdichtete, intensive Weise der Gemeinschaft mit Christus verdeutlicht werden. Und wenn Calvin von der Kraft Christi und seiner geistigen Präsenz spricht, so sollen Brot und Wein Zeichen der wahren Begegnung mit dem Herrn sein. All diese Differenzen spielen heute kaum noch eine Rolle, vor allem in den vielen Details, auf die die jeweiligen Kirchen bestanden. Einigkeit besteht darin, dass in der Eucharistiefeier, beim Abendmahl wirklich etwas geschieht,

---

[11] Die falsche Übersetzung der »Transsubstantiation« als »Wesensverwandlung« (Transessentiation) kommt häufig auch in kirchlichen Dokumenten vor. Nach katholischer Lehre wird nicht das Wesen (essentia) gewandelt, sondern die (metaphysische) Substanz.

was echte, letzte Realität bedeutet. Jesus Christus ist in der Gemeinde gegenwärtig. Das Verdienst der Reformatoren besteht vor allem darin, dass der Bezug des Glaubenden zur Abendmahlsfeier gesehen und als wesentlich erkannt wurde. Eucharistie ist nur, indem Menschen sie mitvollziehen, und ohne mitzumachen, ist sie leer. Das bedeutet eine Aufwertung der Ortsgemeinde, die damit wesentlich für die Eucharistiefeier ist.

Wer lädt nun zur Eucharistiefeier ein? Selbstverständlich Jesus Christus, aber eben nicht abstrakt, sondern in der Konstituierung der Glaubensgemeinschaft. Wo eben zwei oder drei im Namen Jesu Christi beisammen sind, da ist er mitten unter ihnen. Auch hier dürfen wir nicht in ein falsches Ursache-Wirkungsschema erfallen. Wenn das Bild des Leibes Christi für alle Christen gilt, dann verwirklichen sie Jesus Christus heute und bezeugen seine Gegenwart, und diese ist das entscheidende »Element« für die Glaubensgemeinschaft. Wir dürfen Jesus Christus auch in der Eucharistie nicht vergegenständlichen, zu einem Objekt machen, das uns zur Verfügung steht. So würde die Beziehung zum Menschen durchschnitten und die Kraft des Symbols, die Gegenwart im Abendmahl geleugnet. In dialogischer, gemeinsamer Feier ist Gotteserfahrung, die durch Jesus Christus bestimmt ist, möglich. So wie wir alle von Christus eingeladen sind, so dürfen wir niemanden ausschließen – alle sollen am Heilsgeschehen Anteil haben. Es ist daher auch sinnvoll, wenn den Kranken, die nicht bei der Eucharistiefeier anwesend sein können, die Kommunion gebracht wird und sie diese empfangen können. Sie werden in die Gemeinschaft mit hineingenommen, wie wir im gewöhnlichen Leben den Kranken Speisen und Geschenke bringen. Dieses Abendmahlsverständnis trägt zur Vermenschlichung der Christus-Gegenwart bei – sie dient uns und nicht wir ihr, wie es in der Tabuisierung geschieht. Die reformatorische Bindung des

Abendmahls an den Vollzug des menschlichen Lebens bewirkte ein anderes Amtsverständnis und eine gewisse Entmachtung der Hierarchie. Hier liegt wieder der entscheidende Punkt. Die hierarchische Herrschaft, die rein autoritär legimitiert ist, wird eingeschränkt. Ihre »Zaubermacht« wird angetastet. In der Glaubensgemeinschaft wird Jesus Christus gegenwärtig, sie verwirklicht seinen Auftrag. Ämter haben höchstens regulative, aber keine konstitutive Bedeutung. Dieses Amtsverständnis wird uns noch beschäftigen, weil es bis heute als der heftigste Tabubruch gilt.

Schon die Urgemeinde hat das gemeinsame Brotbrechen als Andenken an das Abschiedsmahl Jesu mit seinem Tod und der Auferstehungshoffnung verbunden. Wahrscheinlich wurde im 3. Jh. die Eucharistiefeier mit dem Opfergedanken verknüpft. So entstand der Gedanke, dass im eucharistischen Mahl die Hingabe Jesu am Kreuz, sein »Opfer« gegenwärtig wird. Es ist jedoch keine Wiederholung, sondern ein und dasselbe Geschehen, nur auf andere, »unblutige« Weise. Das Trienter Konzil betonte, dass die Messfeier ein wirkliches und eigentliches (verum et proprium) Opfer sei (D 1751, 1753f). Für die Reformation war dieser Begriff anstößig, weil er nahelegt, dass der Priester das Opfer vergegenwärtigt, also das handelnde Subjekt ist. Vor allem für Luther ist das alleinige Subjekt des Vollzugs des Abendmahles Jesus Christus selbst, der sich für uns hingegeben hat. Weder Priester noch Gemeinde können dem Heilsgeschehen in Christus etwas hinzufügen. Heute spricht man auch katholischerseits davon, dass Christus selbst »Opferakt und -priester« sei, der Ordinierte, der der Messe vorsteht, nur Teilhabe an Christus hat. Die Rede von einer Opfergabe oder von Messopfer ist daher überaus irreführend, da der Opfergedanke zweideutig ist. Die mittelalterliche Sühnetheorie verzerrt das Gottes- und Menschenbild: Durch die Sünde sei ein Gott unendlich beleidigt worden, und er fordere nun ein unendliches Opfer. Weil der Mensch allein dazu nicht fähig ist, muss der Sohn Gottes dieses Opfer vollbringen. In dieser Vorstellung steckt der alte Menschheitsgedanke, dass Gott ein Menschenopfer verlangt. Genau das wollte schon die Erzählung von Abraham, der seinen Isaak opfern sollte, überwinden. Gott ist kein Gott, wenn er nach Menschenblut verlangt. Gott würde objektiviert, zu einem zweideutigen Wesen, wie es menschliche bzw. unmenschliche Machthaber sind. Der Mensch würde zum Knecht Gottes. Biblisch aber sagt Jesus, dass wir nicht Knechte, sondern Freunde sind (Joh 15,14). So verliert Gott selbst seine Machthaberallüren und wird zu einer Wirklichkeit, in der die Menschen nur Gutes erfahren und aufatmen können. Es darf keinem »Moloch« geopfert werden! Jesus Christus hat sich nicht einem Gott geopfert, damit dieser versöhnt werde, sondern er hat Versöhnung unter den Menschen gestiftet, indem er selbst als der Mensch für andere für sie bis zu seinem Tod einstand, selbst den Feind nicht ausschloss und so Gott zur Sprache brachte, der sich als Liebe zeigt. Wo Menschen in die Gemeinschaft mit Jesus Christus treten, sein »Leib« werden, da ist Gott. Wo die Güte und die Liebe ist, da ist Gott! Brot und Wein als Symbole der »Speisewerdung« meint im Gedenken an Jesu Leben und Tod dieses Einstehen füreinander, ohne Ausnahme, auch wenn es Kreuz und Tod bedeuten kann. Dass wir Menschen so füreinander dasein können, ist Hoffnung und Dank zugleich. Menschen können an der feindlichen Macht und an Machthabern zerbrechen. In Jesus Christus erkennen die Glaubenden, dass die Hingabe für andere nicht sinnlos ist, auch wenn sie Verfolgung und Tod einbringt. Das ist der Sinnhorizont der Eucharistiefeier. Abendmahlsfeier ist daher Symbolhandlung der Versöhnung der Gegensätze des Einzelnen und der Einzelnen mit der Gemeinschaft. Versöhnung kennt keine Ausgrenzung. In ihr wird Gott gegenwärtig, der in Jesus Christus erfahrbar wird. Menschen werden in Gott, in der Liebe zueinander, versöhnt, aber niemand muss einen »bösen und beleidigten Gott« versöhnen. Brot und Wein sind Symbole für die Lebensmöglichkeit, die Menschen geschenkt ist. Diese Zeichen sind nicht in sich selbst interessant, sondern nur im Bezug zum menschlichen Leben. Wenn ein Mensch nicht hungern muss, sondern lebenserhaltende Nahrungsmittel hat, dann kommt ihm Lebensraum zu, und er wird von Angst befreit. Von den Menschen, die am eucharistischen Mahl teilnehmen, wird Jesus Christus ausgesagt, prädiziert. Jesus Christus in seinem Dasein für uns wird zur Speise, zur Lebensmöglichkeit und so vom Menschen, der sich Christ nennt, ausgesagt. Jesus Christus wird zum sinnstiftenden Vorzeichen des eigenen Lebens. Er ist kein »Seiender«, der den Menschen »gegenübersteht«, sondern Bestimmung des Lebens, neue Lebensgrundlage für ein Leben in Versöhnung. So ist Eucharistie, wie das Wort es sagt, Dank für die Befreiung von menschlichen Ängsten zugunsten einer Glaubens- und Liebesgemeinschaft. Die Alternative, die sich stellt: Ist Jesus Christus Subjekt und die Gemeinde Objekt der Eucharistiefeier oder umgekehrt, ist falsch. Sie zeugt von einem irreführenden kausalen Denken und lebt von der Vergegenständlichung und Objektivierung Gottes und Jesu Christi. Vielmehr handelt es sich bei der Eucharistie um ein Beziehungsgeschehen unter denen, die menschliche und liebende Menschen sein möchten. In diesem relationalen Vollzug wird Jesus Christus gegenwärtig; er ist dafür konstitutiv. Das symbolische »Opfermahl« in Jesus Christus ist Zeichen für das Einstehen der Christen für die Versöhnung aller Menschen. Zugleich ist dieses »(Mess)opfer« Ende der Unterwerfung unter eine Gottheit und Korrektur der Gottesvorstellung. Gott wird in Jesus Christus menschlich. Jesus Christus ist ja nach christlichem Verständnis für alle gestorben, keinen Menschen hat er am Kreuz zurückgewiesen, vielmehr seinen Mördern Vergebung zugesprochen. Da also die Eucharistie so eng mit dem Kreuzestod verbunden ist, ist Ausschluss vom gemeinsamen Abendmahl zugleich Ausschluss aus dem Heilsgeschehen in Jesus Christus. Der allgemeine Heilswille Gottes wird geleugnet. Gerade das katholische Verständnis des »Messopfers« als gegenwärtiges Kreuzesopfer Christi verbietet jedes Ausschlussverfahren. So wenig wie Jesus Christus tabuisiert werden darf, so wenig darf es die Eucharistiefeier. Ist Jesus Christus nur für die Auserwählten, nur für die Katholiken gestorben? Das ist der jansenistische Irrtum. Cornelius Jansens war Bischof von Ypern. Zwei Jahre nach seinem Tod, 1640, erschien sein Hauptwerk, in dem er es als eine Irrlehre bezeichnete, dass Jesus Christus schlechthin für alle Menschen gestorben sei und sein Blut vergossen habe (D 2005). Ähnliche Tendenzen finden wir heute bei den Lefebvristen, der »Priesterbruderschaft St. Pius X.«, die den Satz bei der Messe: »Esst (trinkt) *alle* davon« für eine Irrlehre hält. Die Meinung der Jansenisten, die das »Alle« verneinten, wurde schon im Jahre 1690 zurückgewiesen (D 2304ff.). Trotzdem scheint es heute so, dass in der katholischen Kirche das »Alle« eingeschränkt werden soll. Bei der Konsekration des Weines darf es nicht mehr heißen »für alle«, sondern nur »für viele« (Kongregation für den Gottesdienst und die Sakramentenspendung, 17.10.2006). D.h. nur die »Auserwählten«, die Katholiken, dürfen voll an der Eucharistiefeier teilnehmen. Wird nun die volle Teilnahme den evangelischen Christen verweigert, wird ihnen das Heilsgeschehen in der Form der Vergegenwärtigung verweigert. Damit wird der jansenistische Irrtum in der Katholischen Kirche praktiziert. Evangelische Christen sind nicht wert, voll an der Erlösungstat Jesu Christi Anteil zu haben. Gerade weil im katholischen Raum das Abendmahl als Gegenwart des Kreuzestodes gesehen wird, ist die Zurückweisung aller Nichtkatholiken eine Ungeheuerlichkeit. Kann man es als

»Verbrechen gegen die Menschlichkeit« bezeichnen? Sind Katholiken allein würdig, voll das Heil zu empfangen? Sprechen sie aber nicht vor der Kommunion: Herr, ich bin nicht würdig …? Sind aber nicht doch *alle* würdig, in Jesus Christus am Heilsgeschehen zu partizipieren? Das Recht jedes Menschen, Liebe zu erfahren in den Zeichen des Brotes und des Weines, der Hingabe Jesu Christi, ist unantastbar! Wer dagegen handelt, kreuzigt Jesus Christus nicht nur in den Symbolen, sondern in der praktischen Lieblosigkeit. In der Verweigerung der ökumenischen Gastfreundschaft wird wirklich der »Nerv« des Christentums, seine Mitte getroffen. Wenn die Mitte des Christentums die Liebe ist, wie Papst Benedikt XVI. sagt, dann ist durch die Ausgrenzung der Nichtkatholiken die christliche Mitte angetastet, verletzt, ja zerstört.

Nun geht es hier aber auch um noch etwas anderes, nämlich um die priesterliche Vollmacht, die besagt, dass nur »geweihte« Priester im Namen Christi handeln und die Abendmahlsfeier leiten können. Die Macht der Ordinierten ist unantastbar. Nicht der Mensch, sondern der »Gottgeweihte« ist das große Tabu, das kirchliche Hierarchen errichtet haben. Der Tridentinische Katechismus (1566) bringt gut zum Ausdruck, dass »die Bischöfe und Priester … die Person Gottes selbst auf Erden vertreten: So ist offenbar ihr Amt ein solches, dass man sich kein höheres ausdenken kann, daher sie mit Recht … Götter genannt werden, weil sie des unsterblichen Gottes Kraft und Hoheit bei uns vertreten … so stehen (sie) … allen übrigen an Würde weit voran; denn die Gewalt, sowohl den Leib und das Blut unseres Herrn zu verwandeln und zu opfern … übersteigt selbst die menschliche Vernunft und Fassungskraft, geschweige denn, dass etwas ihr Gleiches oder Ähnliches auf Erden gefunden werden könnte«.[12] Vor einer sol-

[12] Catechismus ex decreto Concilii Tridentini II,7.

chen Aussage steht man fassungslos, denn sie übersteigt wirklich jeden Verstand eines vernünftigen Menschen. Nun sind solche Lehräußerungen zwar nicht definiert, aber sie zeugen von einer unglaublichen Machtusurpation. Selbst das Trienter Konzil, das von der Einsetzung des Priesteramtes beim letzten Abendmahl spricht, definierte nicht die exklusive Konsekrationsvollmacht des Ordinierten. Da Jesus aber bei seinem Abschiedsmahl exegetisch sicher kein Priestertum eingesetzt hat, handelt es sich heute in der Katholischen Kirche um eine rechtliche Regelung, die als Unrecht angesehen werden kann. Es besteht kein Zweifel, dass die katholische Hierarchie heute darauf pocht, dass »Diener« der sakramentalen Eucharistie einzig und allein die geweihten Bischöfe und Priester sind. Die Priesterweihe ist die »unumgängliche Bedingung für eine gültige Eucharistiefeier« (Sacramentum caritatis, 2007, Nr. 23). Ähnliches hat 1983 das Schreiben der Glaubenskongregation »Über einige Fragen bezüglich des Dieners der Eucharistie« erklärt. Bemerkenswert ist jedoch, dass dieses Schreiben den Gottesdienst ohne Priester ins Auge fasst und meint, dass die Gläubigen auch dann »die Früchte des Sakraments« der Eucharistie empfangen können, nämlich Heil, Gnade und Liebe. Unser Heil aber ist Jesus Christus selbst. Wo also Menschen im Glauben versammelt sind und ohne geweihten Priester Abendmahl feiern, wird zwar formal kein Sakrament vollzogen, aber »die Früchte« des Altarsakramentes werden vermittelt, also die Gegenwart des Heiles, die Gegenwart Christi. Katholische Christen können demnach »ohne besonders geweihten Priester« nicht nur den Wortgottesdienst als Verkündigung der Frohbotschaft halten, sondern auch das eucharistische Mahl, in dem sie »Früchte des Sakraments« empfangen. Es wäre zu wünschen, dass diese Möglichkeit auch in katholischen Kirchen wahrgenommen würde. Es wäre ein Beitrag zur Überwindung eines magischen Eucharistieverständnisses.

Eine Remythisierung größeren Stils ist es jedoch, wenn in einigen Diözesen (z. B. Graz-Seckau) der sonntägliche Wortgottesdienst vom Kommunionempfang abgekoppelt werden soll, da sonst die Notwendigkeit eines Priesters bei der Eucharistiefeier verschleiert würde. Die Hierarchen können von ihrem Tabu nicht lassen, das sie aufgestellt und dessen sie sich bemächtigt haben. Lieber keine Eucharistiefeier, lieber Verweigerung des Abendmahls als Aufgabe bzw. Abgabe der »göttlichen« Vollmacht an die Gemeinschaft der Glaubenden.

4. Der lange Weg durch die Institution

Blickt man in die Kirchengeschichte, so ist diese eine Geschichte der Ausgrenzung und Abspaltung. Was ist das für ein kirchliches Selbstverständnis, das seine Identität durch Aussonderung gewinnt? Die von Abweichlern »gesäuberte« Kirche propagiert die »reine« Lehre. Und die Institution erfand immer neue, verfeinerte Methoden, um kritische Stimmen mundtot zu machen. Als die Kirche durch Kaiser Konstantin gesellschaftliche Macht erlangte, begannen ihre Konzilien mit dem Ausschlussverfahren. Nur zwei Konzilien gab es in der Kirchengeschichte, die keine Trennungslinien zogen, sondern integrieren wollten. Es war das Apostelkonzil (ca. 50), von dem wir gesprochen haben und das in seiner Weite unterschiedliche Religionen und Lebensweisen zuließ, und das 2. Vatikanische Konzil (1962–65), das ausdrücklich eine Besinnung auf das christliche Element in der Kirche sein wollte und keine ausschließenden Definitionen erließ, sondern verständigend und versöhnend wirkte. Es sollte ein Beitrag zur Beendigung des Konfessionalismus sein. Es kann aber nicht, wie Benedikt XVI. es tut, um die reaktionären Gruppen in die Katholische Kirche zu locken, auf ein »Pastoralkonzil« ohne Verbindlichkeit heruntergestuft werden, weil es nicht ausgrenzte. Alle anderen Konzilien in ihren Beschlüssen waren Ausgrenzungen Andersdenkender. Während man sich anfangs beim Konzil von Nikaia 325 um die Bedeutung Jesu Christi für die Glaubensgemeinschaft Gedanken machte, Arius (260–336) ausschloss und verfolgte, verfingen sich die weiteren Konzilien immer mehr im Spinnennetz theologischer Spekulationen, und man begann einen Ast nach dem anderen, der reiche Frucht für das Leben der Kirche brachte, abzusägen, so dass der »Weinstock«, der »Lebensbaum«, immer mehr zur Unkenntlichkeit verstümmelt wurde. Die Vielfalt wurde sukzessiv zerstört. Ob der übrig gebliebene Stumpf nochmals ausschlagen wird? Haben die abgesägten Äste des Lebensbaumes nicht auf anderem Territorium Wurzeln geschlagen und dort reiches Leben hervorgebracht? Sollte dies nicht Zeichen sein, dass der Pluralismus ein Reichtum ist und christliches Leben in seiner Vielfalt ermöglicht? Die Hüter kirchlicher Institutionen müssten erkennen, dass Ausschlussverfahren grundsätzlich unchristlich sind. Wer zudem die Eucharistie als Mittel zur Ausgrenzung umfunktioniert – keine Zulassung der Nichtkatholiken zur Eucharistie (Benedikt XVI., Sacramentum caritatis [!], 2007, Nr. 56)! –, missbraucht Jesus Christus selbst zum Ausschlussverfahren. Dabei geht es gar nicht um inhaltliche theologische Aussagen, sondern um das Prinzip, wer befugt ist, festzulegen, was für den Glauben notwendig ist und was nicht. Es erhebt sich der Machtanspruch der Institution, die die alleinige Entscheidungskompetenz beansprucht. Es ist der Institutionenfetischismus, der hier um sich greift. Wenn eine andere Glaubensgemeinschaft nicht die gleiche Kirchenstruktur hat, ist sie von der vollen Wahrheit abgefallen. »Die Institution der je eigenen Kirche bildet das Nadelöhr, in dem die ökumenischen Diskussionen stecken geblieben sind« (H. Häring). Dieses kirchliche Denken ist bestimmt vom Mythos, dass allein undemokratisch-hierarchische Institutionen das christliche Zusammenleben schützen und eine unverzichtbare Ordnungsmacht darstellen. Türen zuschlagen, Fenster zumauern, Schutzwälle hochziehen sind die Folge. Der nicht Gleichgeschaltete ist ein Abtrünniger. Wie anders verhielt sich Jesus! Jeder soll Heil in seiner Fülle erfahren, auch der, der nicht zu seiner Jüngerschar zählt (Mk 5,18f). Und wenn jemand die »Dämonen« austreibt, d. h. Menschen von negativen Kräften, von zweideutiger Existenz befreit, kann er dies im Namen Jesu tun, ohne zu seinem engsten Kreis zu gehören. Die Jünger regen sich auf und wollen solch einem »Missbrauch« des guten Namens Einhalt gebieten. Es ist so, als ob man ohne Weihe in der Jesusnachfolge eine »sakramentale« Handlung setzte. Jesus weist diese Haltung und Denkungsart der Jünger streng zurück (Mk 9,38f). Wer immer im Geist Jesu, im Geist der Liebe auf andere zugeht, kann heilend für diese wirken, ob er der Kirche angehört oder nicht. Sicher kann man einwenden, dass der Jüngerkreis keine Kirche war, aber soll die Kirche weniger als dieser sein, indem sie sich vor dem anderen verschließt, ihn nicht anders sein lässt und ihm daher Gastfreundschaft verweigert? Macht sie sich dann nicht selbst zur Sekte, die »verketzert«, verurteilt und die jesuanische Frohbotschaft mit Gewalt und Unterdrückung verwechselt? Die Kirche braucht Abweichler, kritische Stimmen, denn sie sind keine eigenmächtige Willkürerscheinung, sondern Ausdruck unterdrückter menschlicher Anliegen. Gerade das vom System Ausgeschlossene muss eingeklagt werden, damit konkrete menschliche Existenz nicht als Störfall gewertet, sondern auch der nichtbeachtete »Rest« eingeschlossen wird, wie es die jesuanische Botschaft fordert. »Ketzer« sind die »gefährliche Erinnerung« an Lebensmöglichkeiten und -weisen, die durch institutionelle Mechanismen unterdrückt werden. Unabgegoltene Werte der Menschheit werden eingefordert, damit auch Kirche nicht blind und eindimensional verkümmert. Es ist nicht abwegig, wenn Ernst Bloch meint, dass es das Beste am Christentum ist, dass es »Ketzer« hervorgebracht hat.[13] Nur leider hat die Kirche sie ausgeschieden und verbrannt, anstatt ihnen in der Glaubensgemeinschaft Raum zu gewähren. Nur wenige mit Zivilcourage gab es in der Kirche, die vor Verurteilungen warnten, wie sie in der Politik und in Herrschaftssystemen üblich sind. Eine Kirche, die Gemeinschaft mit Jesus Christus verweigert, verstößt gegen die Mensch-

[13] Bloch, E., Atheismus im Christentum, Frankfurt 1968, 15.

lichkeit. Diese ist das einzige Tabu für das Christentum. Der bereits zitierte Origenes war ein Mahner in der Kirche, doch nicht dem staatlichen Vorbild zu folgen, sondern Unterschiede zuzulassen. Er meinte, so wie es in der Medizin unterschiedliche Heilmethoden gibt, die von Arzt zu Arzt und von Patient zu Patient verschieden sein müssen, so muss es möglich sein, in der Kirche verschiedene Schriftinterpretationen und unterschiedliche Auslegungen der Frohbotschaft zuzulassen, wenn sie dadurch nicht zu einer Drohbotschaft mutiert. Ein Fortschritt in der Erkenntnis und Wahrheit ist nur zu erzielen, wenn verschiedene Ansichten dialogisch eingelöst und nicht unterdrückt werden. Auch wenn eine dialogische Wahrheitsverantwortung in der Kirche schwieriger ist als die Unterordnung unter ein Dekret, so muss sie doch gewagt werden.[14] Gilt dies nicht auch heute für die kirchlichen »Hirten und Oberhirten«? Ist die Vielfalt in der Kirche und der Kirchen nicht wie die Vielfalt der Kulturen wünschenswert? Bedeutet Pluralismus nicht Reichtum? Geben sich die Kirchen in ihrem abgrenzenden Konfessionalismus nicht selbst auf? Ein Blick ins Neue Testament zeigt uns, dass der Pluralismus zum Wesen des christlichen Glaubens gehört. Wenn wir das Neue Testament aufschlagen, finden wir gleich vier verschiedene Evangelien, die sich nicht harmonisieren lassen. Wie unterschiedlich sind auch die paulinischen, nachpaulinischen und johanneischen Briefe! Sie zeugen von ganz unterschiedlichen Strukturen der Glaubensgemeinschaft und Ortskirchen. Diese Vielfalt ist für das christliche Selbstverständnis entscheidend. In ihr ist eine antiideologische Speerspitze zu finden, die jeden Absolutheitsanspruch ausschließt. Die Verabsolutierung einer Ansicht oder einer Institution ist bereits Spaltung der Christenheit und gegen die biblische Botschaft. Toleranz ist kein allseits gepriese-

[14] Origenes, Contra Celsum 3, 12f.

nes Waschmittel, das alle Unterschiede ausbleicht, vielmehr die Haltung dem Andersdenkenden gegenüber, die mit ihm im Dialog auf gleicher Ebene bleibt. Die Vielfalt toleriert unterschiedliche Theologien, Institutionen, Symbolhandlungen und Lebensentscheidungen. Die Einheit geht dadurch nicht verloren, wenn nur der andere anders sein darf und im Dialog verharrt. Nur Spaltung macht den Dialog unmöglich, und in ihr wird die jesuanische Botschaft verraten. Die Kirchen bedürfen der Umkehr. Diese Transformation ist nur möglich, wenn sie das Herrschaftsprinzip verlassen und die historisch gewordenen Strukturen relativieren und nicht als unantastbar werten. Das Gehorsamsprinzip muss durch das dialogische Prinzip ersetzt werden. Wer sich auf einen echten Dialog einlässt, ermöglicht die kritische Befragung der bestehenden kirchlichen Institutionen, Lehren und Werte. Sie alle sind nicht absolut, sondern nur hilfreich, wenn sie auf die Menschen bezogen werden. Für eine absolutistische Monarchie bzw. Diktatur, wie es die Katholische Kirche, aber auch andere Kirchen sind, bedeutet das höchste Gefahr, da jedes Herrschaftssystem nur durch den Gehorsam der Untertanen Bestand hat. Nie hat Jesus jedoch zum Gehorsam aufgefordert, und als das Volk den Priestern gehorsam war, bedeutete dies das Todesurteil für Jesus. Wenn wir die in Deutschland geführte Auseinandersetzung um die Schwangerschaftsberatung betrachten, erfahren wir ähnliches. Viele Bischöfe waren der Meinung – und sind es bis heute – dass ungeborenes Leben gerettet wird, wenn kirchliche Beratung im Rahmen des Gesetzes stattfindet. Johannes Paul II. hat auf Betreiben Kardinal Ratzingers die Beratungsstellen, die eine Bescheinigung ausstellen durften, verboten, da sich Frauen hier trotzdem für einen Schwangerschaftsabbruch entscheiden können. Am Ende haben sich alle Bischöfe, wider besseres Wissen und Gewissen, der Anordnung von Rom gebeugt. Sie haben sich bewusst gegen ihr Gewissen für den Gehorsam und gegen das Leben des ungeborenen Kindes entschieden. Das muss man als eine »Kultur des Todes« brandmarken, die Gehorsam über Menschenleben setzt! Nicht der Gehorsam ist die »wahre Tugend«, vielmehr, den anderen in Liebe anzunehmen, auch wenn Vorgesetzte das Gegenteil verlangen. Duckmäusertum statt Zivilcourage wird durch Angst in der Kirche favorisiert. Der Schriftsteller Reinhold Schneider (1903–1958) sagt treffend: »Auf der Angst ruht die Macht, das Reich des Bösen … über die Angst hinaus vermag es seine Grenzen nicht auszudehnen.« So hat die Katholische Kirche durch Papst Pius IX., von Papst Johannes Paul II. »heilig« gesprochen, die Freiheit des Gewissens zur »absurden Wahnidee« erklärt. Leistet ein solches Selbstverständnis nicht auch allen politischen Diktaturen und einer Angstherrschaft Vorschub? Wenn Benedikt XVI. vom Dialog spricht, dann ist dies ein äquivoker Ausdruck. Dialog meint nach ihm nicht den Weg der Wahrheitsfindung, da sich die Hierarchie im Besitz der Wahrheit wähnt, sondern missionarisches Werben gegenüber den von der Wahrheit Abgewichenen. Nur wer sich im Gehorsam unterwirft, erlangt nach solchem Verständnis die Gewissheit des Heiles. Wahrheit existiert im Modus der Unterwerfung. Wer sich nicht im »Dialog« der kirchlichen Autorität unterwirft, verfehlt sein Leben. »Dem römischen Papst sich zu unterwerfen, ist für alle Menschen unbedingt zum Heil notwendig. Das erklären, behaupten, definieren und verkünden Wir«, so Papst Bonifaz VIII. 1302 (D 875). Diese Definition ist nie zurückgenommen worden. Welche ungeheure Anmaßung liegt darin! Aber der Machtanspruch geht noch weiter, denn es ist keinem Menschen erlaubt, über die hierarchische Spitze zu urteilen, so das 1. Vatikanische Konzil 1870 (D 3063). Nicht anders sprach 1915 Benedikt XV., den sich der jetzige Papst zum Vorbild erkor: »Der Papst ist der höchste Richter und Interpret des ewigen (göttlichen) Gesetzes.« Wozu braucht eine solche Kirche einen Dialog? Menschlicher Umgang mit Andersdenkenden wird zur reinen Gnade. Wer sich nicht unterwirft, wird sanktioniert. Leonardo Boff sagt richtig: »Das autoritäre System Kirche ist dazu verdammt, andere zu verdammen.«[15] Das Lehramt der Kirche ist *das* Tabu, dem das eigene Denken unterzuordnen ist. Ignatius von Loyola legt es in seinem Exerzitienbuch (Nr. 565) dar: »Ich glaube, dass das Weiße, das ich sehe, schwarz ist, wenn die hierarchische Kirche es so definiert.« Was ist das anderes als Kadavergehorsam? Eine imperiale Kirche lebt davon; mit der Botschaft Christi hat das nichts mehr zu tun. Zu all dem kommt noch die Anzeigepflicht gegen den Abweichler. 1184 im Edikt »Ad abolendam« von Papst Lucius II. wird die Pflicht zur Denunziation eingeführt, die das 4. Laterankonzil 1215 bestätigt hat. Ist das nur die mittelalterliche Kirche? Keineswegs. In der römischen Instruktion »Über einige Dinge bezüglich der heiligsten Eucharistie, die einzuhalten und zu vermeiden sind« (25.3.2004) wird eingeschärft, dass jeder, auch der »christgläubige Laie«, die Aufgabe hat, auch nur die »Wahrscheinlichkeit einer Straftat oder eines Missbrauchs« unverzüglich dem Bischof oder der Kongregation für die Glaubenslehre zu melden; es ist seine Pflicht und sein Recht (Nr. 178f, 183f). So soll das Denunziantentum gefördert und jede geringste Abweichung, und wenn sie auch nur die liturgische Praxis betrifft, dem Urteil des »Heiligen Stuhls« unterworfen werden. Die christliche Freiheit ist abhanden gekommen, sie wird durch straffe Maßregelungen ersetzt. Jeder muss zur Räson gebracht werden. Wo bleibt noch die befreiende Botschaft Jesu hörbar? Stehen wir hier nicht vor einem gewissenslosen Gehorsam dem Papst gegenüber, der über Menschen hinweggeht, auch wenn die Scheiterhaufen nicht mehr brennen, sondern sie »nur geistlich«, und leider oft auch materiell, ruiniert wer-

[15] Boff, L., Publik-Forum 10, 2005, 49.

den? Wer Menschen ausschließt, trennt sich von Jesus Christus. Die bestehende Kirche ist sich bewusst, dass ihre Macht auf dem Spiel steht, wenn nach der Berechtigung der Aussperrung gefragt wird. Das Gehorsamsprinzip verschlingt alles freie Denken und Handeln engagierter Christen. Solange sich die Kritik nur auf das Verhalten mancher Kirchenfürsten bezieht, die habsüchtig sind oder Kinder sexuell missbrauchen, wird sie hingenommen. Der Spaß jedoch hört dort auf, wo die faktisch bestehenden Strukturen der Kirche kritisch befragt werden. Menschen in der Kirche mögen fehlbar sein, die Kirche als Institution ist unfehlbar, unschuldig, makellos und rein, da sie »göttlichen Ursprungs« ist. Aber nicht nur Bischöfe und Priester, die schuldhaft Unheil anrichten, gefährden die Glaubensgemeinschaft, sondern die Herrschaftsstrukturen selbst zerstören das Glaubensleben, weil ihnen alles untergeordnet wird. Solche Systeme sind immer Ausgrenzungssysteme, die den Einzelnen einem allgemeinen Prinzip opfern. Spaltung und Unfriede sind die Folge. Daher sind diese Systeme für die Menschheit äußerst gefährlich. Kein Geringerer als Adolf Hitler lobte die katholische Gewaltherrschaft: »Etwas Großartigeres« als die »hierarchische Ordnung« der Katholischen Kirche hat es »bisher auf der Welt noch nicht gegeben«. »Ich habe vieles unmittelbar auf die Ordnung meiner Partei übertragen.«[16] Muss eine solche Aussage nicht zu denken geben? Bei allem guten Willen kann das Leben dort nicht glücken, wo Unfreiheit und Angst herrschen. Aber muss nicht eine Gemeinschaft zu Strafmaßnahmen greifen, da Freiheit missbraucht werden kann? Sicher ist auch der Missbrauch der Liebe möglich, aber ist nicht viel öfter in der Kirchengeschichte die Macht missbraucht worden? Glaubensgemeinschaft, die ihre Basis in der Freiheit eines Christenmenschen hat, die die befreiende Vollmacht

[16] Hitler, A., zit. nach Faber, R. (Hg.), Katholizismus in Geschichte und Gegenwart, Würzburg 2005, 16.

Christi lebt, kann nicht ausgrenzen. Nur »Verbrechen gegen die Menschlichkeit« sind der einzige Grund der Abgrenzung, weil der Mensch allein der Mittelpunkt des Christentums ist und seine Mitte ist die Liebe, weil Gott die Liebe ist, wie die erste Enzyklika Benedikt XVI. sagt. Anders ausgedrückt: Die Toleranz ist nur gegen die Intoleranz intolerant, weil diese menschliche Gemeinschaft grundlegend zerstört. Die bestehenden Herrschaftsstrukturen sind an sich intolerant, undemokratisch und notwendig menschenverachtend. Echter Dialog hingegen ist nie repressiv, sondern lässt den anderen in seiner Eigenart bestehen, ohne ihm die Gemeinschaft zu verweigern, ohne die Glaubensgemeinschaft abzubrechen. Kirchen beschädigen sich im innersten Wesen selbst, wenn sie ausschließen und nicht dialogbereit sind. Für Søren Kierkegaard (1813–1855) liegt der Grund darin, dass der Einzelne keine Kategorie für die Kirchen ist. Er zählt nur als Glied der Gemeinschaft. Er wird durch sie verzweckt. Der konkrete Mensch steht aber in Unmittelbarkeit und Gleichzeitigkeit mit Christus. Damit ein Mensch Christ wird, ist es notwendig, Einzelner zu werden. Das Neue Testament wendet sich an den konkreten Menschen und nicht an eine abstrakte Gemeinschaft oder gar Institution. Christentum ist »existentielle«, ist »Existenzmitteilung«. Erst wenn wir im Christlichen zu uns gefunden haben, sind wir gemeinschaftsfähig. Einschluss jedes Einzelnen ist Aufgabe der Verkündigung. Für Søren Kierkegaard sind die konfessionellen Differenzen und die Streitigkeiten zwischen den Kirchen völlig bedeutungslos, weil es in der Verkündigung Jesu nicht um Institutionen und allgemeine Lehren geht, sondern um den Einzelnen, der sich an der Existenzform Christi orientieren sollte. Christentum ist Menschwerdung und daher Selbstfindung. Daher ist das Christentum keine Buchreligion, sondern Jesus Christus selbst als vermittelte konkrete Person konstituiert es. Die Kirchen sind jedoch Christentum mit Preisnachlass, denn die Verantwortung bleibt nicht individuell, sondern wird an eine Institution delegiert. Sie ist der »Spottpreis« des christlichen Glaubens. Institutionelle Strukturen garantieren keine Nachfolge Christi. Die bestehenden Kirchen sind »morsche Gebäude der Heuchelei«, sie sind zur Unwahrhaftigkeit geworden, weil sie den Einzelnen glattbügeln oder ausschließen, wenn er sich nicht fügt. Kirchen sind daher auch keine wahren Glaubensgemeinschaften, weil sie das Konkrete als Konkretes nicht anerkennen, sondern es ins Allgemeine überführen wollen. Zudem sind die Kirchen veränderungsfeindlich und gerade deshalb unchristlich, weil sie so Menschen am Vollzug ihrer christlichen Existenz hindern. Søren Kierkegaard meint, dass der Ausverkauf des Christentums dort begann, wo die Kirche sich in die bestehende Ordnung einnistete und seit Konstantin zur herrschenden Religion wurde. Sie spiegelt dem Einzelnen vor, wenn er nur den Entscheidungen der Hierarchen gehorcht, sei er auf dem rechten Weg zum Heil. Das aber bedeutet, die Verantwortung abzuschieben, wogegen Jesus gerade den konkreten Einzelnen in diese ruft. Daher gibt es nach Søren Kierkegaard keinen ehrlichen Bischof oder Pfarrer, der ja das Geld dafür erhält, dass er die Botschaft Jesu verdreht. Wir sollen vor ihnen fliehen. Die Theologieprofessoren nennt er ein »Ungeziefer«, denn sie profitieren vom Tod Christi am Kreuz, und durch das abstrakte Lehrgebäude verbannen sie den existentiellen Vollzug aus der Kirche. Die institutionalisierten Kirchen sind eine Parodie auf die persönliche Entscheidung. Die bestehenden Kirchen haben daher für ihn keine Existenzberechtigung. Die Reformer in der Kirche sind Leute, die eine auftretende Feuersbrunst mit einer Gießkanne löschen wollen. Kirche als Gehorsam fordernde Institution schließt den konkreten Menschen in seiner Eigenverantwortung aus, die genau Jesus Christus fordert. Die kirchliche Hierarchie hat ein Prokrustesbett gebaut. Wer nicht in dieses Bett passt, wird entweder gestreckt, oder ihm werden die Beine abgehackt. Über den Tod des so Behandelten klagt die kirchliche Behörde, denn sie wollte konkrete Existenz doch nur »passend« machen. Die Schuld liegt beim Einzelnen. Genau diese Haltung tritt uns zu Jesu Zeit bei den Pharisäern entgegen.[17]

So wie die Kirche den einzelnen Menschen verletzt und oft zerstört, so verhält sie sich gegenüber der Gemeinschaft aller Menschen, die von Jesus Christus gerufen sind. Für den Befreiungstheologen Camillo Torres (1929–1966; ermordet) ist das Wesen des Christentums die Nächstenliebe. Ein Christ ist für ihn ein wirklich mitmenschlicher Mensch. Gegenüber der Nächstenliebe der Tat ist die Kirche zweitrangig, denn das Wesen des menschlichen Daseins besteht in der Liebe. »Ich entdeckte das Christentum als einen vollständig auf die Nächstenliebe konzentrierten Weg. Mir wurde klar, dass es sich lohnte, sich dieser Liebe in diesem Leben zu verpflichten. Ich wählte den Priesterberuf, um Diener der Menschheit zu werden.«[18] Die Anerkennung des Menschen durch den Menschen ist die christliche Voraussetzung für die Kirche, wie für Politik und Staat. Eine Kirche ist daher so viel wert, wie sie für die Gemeinschaft der Menschen einsteht. Es gilt hier das paulinische Kirchenverständnis: Christ und Glied am Leib Christi ist der, der sich an Jesus Christus orientiert und von ihm her zum Nutzen der Gemeinde lebt. Ziel der Kirche Christi muss es sein, die Gemeinschaft der Menschen zu suchen und alle in die Liebe zu integrieren. Dies ist nur möglich, wenn die Kirche selbst soziale Gerechtigkeit verwirklicht und sie vom Staat einfordert. Der Benachteiligte, Geächtete und Unterdrückte muss befreit werden. Die Kirche darf an allgemeinem Unterdrückungsmechanismus nicht teilnehmen.

[17] Vgl. Hasenhüttl, G., Christentum ohne Kirche, Aschaffenburg 1972, 57ff.

[18] Lüning, H., C. Torres, Priester und Guerillero, Hamburg 1969, 14.

Es darf aber nicht um Almosen, Spenden und um Wohltätigkeit gehen, sondern um gerechte soziale Strukturen. So wie in der Familie die Liebe zutiefst verletzt wird, wenn der Mann sich über die Frau als Oberhaupt aufspielt und »Weib und Kind« ihm zu gehorchen haben, so zerstört hierarchischer Machtanspruch, noch dazu im Namen Gottes, die Gemeinschaft Liebender, die die Kirche sein sollte. Im Verhältnis dazu ist für Camillo Torres die Sakramentenspendung zweitrangig. Er erkannte klar die Verfälschung der befreienden Botschaft Jesu, wenn in der Kirche eine feudalistische klerikale Struktur vorherrscht, wenn Kirche sich unantastbare Privilegien herausnimmt und mit der weltlichen Macht buhlt, wie er es konkret in Kolumbien erlebt hat. Aber nicht nur in Lateinamerika, sondern überall auf der Welt findet kirchlicherseits Ähnliches statt. So riskierte Camillo Torres den ersten Eklat: Er hielt eine Messe für alle beim Streik ermordeten Studenten, auch für die Kommunisten. Für ihn musste die Messfeier universal ausgerichtet sein, denn Jesus Christus ist für alle gestorben, und daher muss die Glaubensgemeinschaft für alle da sein. Kein Vollzug der Kirche, auch nicht die sakramentale Eucharistiefeier, darf zur Abgrenzung dienen. Seine erste Maßregelung erfolgte. Er wurde vom Kardinal seines Amtes als Studentenpfarrer enthoben. Er musste erkennen, dass die Kirche sich als eine Ordnungsinstitution begreift, die höchstens unwesentliche Reformen zubilligt, sich im Wesentlichen aber nicht für die Benachteiligten in ihren eigenen Reihen und in der Gesellschaft einsetzt. Geduld zu predigen, in Gottes Pläne nicht einzugreifen, Ordnung der Herrschenden zu respektieren, all das ist nur der Deckmantel, um an der Macht zu bleiben und keine Versöhnung mit den Ausgeschlossenen anstreben zu müssen. »Umkehr«, die Jesus als »Passierschein« für den Bereich Gottes verkündet, ist für die Kirche ein Fremdwort. Umkehr aber bedeutet auf lateinisch: revolvere – deutsch: Revolution. In einer wenn möglich friedlichen »Revolution« bzw. Transformation muss der Christ die Rechte und die Würde aller Menschen einklagen. Tut er es nicht, wie die Kirche, so wird er der Botschaft der Nächstenliebe untreu. Kein noch so gut funktionierendes religiöses System kann christlich die Knebelung der Unterlegenen dulden oder gar gutheißen. Die Vorrechte der Kirche und des Klerus werden fälschlich mit »Recht« verwechselt. Camillo Torres wusste, dass er mit dieser Kritik seine »Kirchlichkeit« aufs Spiel setzte. Zum zweiten Eklat kam es, als er auch noch forderte, dass die Kirche ihre Latifundien preisgeben solle. Als er vom Kardinal in Bogotà zum Widerruf aufgefordert wird, verweigert er ihn. »Ich fühle nach gründlichem Nachdenken über das Angebot einen tiefen Widerwillen, in der klerikalen Struktur unserer Kirche zu arbeiten.«[19] Für ihn dient die Kirche zwei Herren und hindert so das wahre Christsein. Die Amtskirche ist vor allem auf ihre Privilegien bedacht. Da er nach Auffassung der Kirchenleitung von der rechten Lehre der Kirche abgewichen sei und den unbedingten Gehorsam verweigert habe, wurde er all seiner Ämter enthoben. Camillo Torres erklärte sein Verhalten: »Wenn es Umstände gibt, die Menschen daran hindern, wahrhaft christlich zu leben, so ist es Aufgabe des Priesters, diese Umstände zu bekämpfen, selbst wenn es ihm die Möglichkeit nimmt, die Eucharistie zu feiern. Eucharistie kann ohne das Engagement des Christen nicht verstanden werden. In der gegenwärtigen Struktur der Kirche wurde es mir unmöglich gemacht, das Priesteramt weiter auszuüben … Es ist eine Beleidigung Christi, wenn die Eucharistie nicht gleichzeitig als Höhepunkt der … menschlichen Liebe gelebt wird.«[20] Muss man diesen Worten nicht zustimmen? Wenn auch beim heutigen Streit um die echte Ökumene die soziale Frage nicht im Vordergrund steht, ist

[19] Ders., 107f.
[20] Ders., 97, 115.

es doch zutiefst lieblos, evangelische Christen von der Eucharistie auszuschließen. Eucharistie ohne Liebe ist die schlimmste Verkehrung der christlichen Botschaft. Wer den Predigern der Lieblosigkeit im Namen des »Kirchenrechts« zustimmt, ist selbst vom Weg, der Christus ist, abgewichen. Camillo Torres tauscht die repressive Kirche gegen eine Glaubensgemeinschaft, die sich mit allen Menschen solidarisiert. Denn nur sie ist die Kirche Christi, wie sie der jesuanischen Verkündigung entspricht. Der Gehorsam gegen das Evangelium, die befreiende Botschaft, fordert den Ungehorsam gegen die Kirche, die sich in ihrer eigenen Macht verfängt. Ein angesehener Jesuit meinte dazu, dass es immer die »Ungehorsamen« waren, die das Überleben des Evangeliums ermöglichten. Für die christliche Freiheit setzte Camillo Torres sein Leben ein, denn Kirche ist nur, wenn sie keinen Menschen unterdrückt oder gar ausschließt. Da die Kirche heute die Macht zu töten nicht mehr besitzt, macht sie diejenigen mundtot, die sich für ein christliches Ethos einsetzen und alle zur Gemeinschaft der Glaubenden und Liebenden einladen.

Indem die Kirche ihre hierarchische Struktur fetischiert, hindert sie einerseits den Einzelnen, als Christ voll verantwortlich zu leben. Im geforderten Gehorsam wird die existentielle Entscheidung delegiert, und die Institution übernimmt die Verantwortung. Andererseits werden durch sie Menschen ausgeschlossen, und sie stellt sich so als eine Sekte dar. Sekte aber heißt, dass nur ein Teil der Menschen auserwählt ist. Dem anderen Teil wird der Zutritt verwehrt. Die hierarchische Kirche schreckt vor dem Größten, nämlich dem Dasein für alle, zurück und unterdrückt den Einzelnen, wenn er nicht in das Rechtskorsett passt, das die Machtkirche zur Pflicht gemacht hat. Hölderlin meint zu Recht, dass nur dort Gottes Wirklichkeit anwesend ist, wo Mensch und menschliche Gemeinschaft vor dem Größten nicht zurückschrecken und mit dem Kleinsten zufrieden sind (non coerceri maximo, contineri minimo, divinum est). Kirche muss universal sein, indem sie kein Ausschlussverfahren kennt, und muss auch das Kleinste, den Einzelnen, in seiner Freiheit schützen. Tut sie dies nicht, ist sie nicht Kirche Christi, sondern eine soziologische Macht, die Heil in Unheil wendet. Wenn Kirche Glaubensgemeinschaft und nicht ein Verein mit unumstößlichen Statuten sein will, muss sie gegenüber Andersdenkenden und Abweichlern tolerant und für jeden, der am Herrenmahl ernsthaft teilnehmen will, offen sein. Nur so wird die Abkapselung der Sondergruppe (der »besseren« Christen) gesprengt und christliche Wahrheit im Tun gefunden. Dazu gehört selbstverständlich der Dialog, weil er der einzige Ort der Wahrheitsfindung ist. Dies gilt ganz besonders für die Wahrheit, die wir in der konkreten Person Christi zu finden hoffen. Keine Anordnung von Oberen kann hier helfen, sondern allein die Bereitschaft, sich auf gleicher Ebene gemeinsam auf den Weg zu machen, zu suchen, um die Wahrheit des Lebens zu finden, die immer ein Beziehungsgeschehen ist. »Religiöse Wahrheiten sind also in ihrem Kernbestand Beziehungswahrheiten, darum kann man sie nicht losgelöst von den sich in diesen Wahrheiten auf ihrem Seinsgrund beruhenden Personen denken.«[21] Beziehung ist jedoch dort zerstört, wo Befehl und Gehorsam herrschen. Wo Gehorsam gefordert wird, herrscht die perverse Herr-Knecht-Beziehung. Machtgefälle und nicht Gemeinschaft in Solidarität ist dann angesagt. Das Aggressionspotential kann sich entfalten im inquisitorischen Verhalten, in der Vernichtung des Gegners. Ein Beispiel sehen wir bereits bei den Aposteln. Ein Dorf in Samaria verweigert ihnen die Unterkunft. Für diese Verruchten wollen sie Feuer vom Himmel herabschwören. Jesus tadelt sie hart (Lk 8,52ff.). Gewalt regiert auf der Welt. Ihr aber sollt das

[21] Spital, H.J. (Bischof), Trierer Forum 3, 1992, 19.

»Böse« durch das »Gute« überwinden. So soll Glaubensgemeinschaft, die auf der freien Entscheidung Einzelner beruht, modellhaft für eine gewaltlose Gesellschaftsordnung wirken. Sicher, niemand darf auf den Weg der befreienden Liebe gezwungen werden, aber nur der, der intolerant ist, der christliche Freiheit zerstört, schließt sich aus der Kirche Christi aus. Wo der Geist des Herrn ist, nur dort ist Freiheit (2Kor 3,17), denn Christus hat uns den Geist der Freiheit und nicht neuer Knechtschaft geschenkt, wie Kirchen es verlangen. Kirche ist in der Welt, ist für sie da und nicht für sich selbst, und sie ist daher auch keine Gruppe gleichgeschalteter Menschen. Konkrete Wahrheit des Lebens geht durch, aber nicht ohne Sanktionen verloren. Kaum eine kirchliche Gemeinschaft macht heute damit Ernst. Das Vertrauen auf unterdrückende Machtausübung ist größer als auf befreiende Liebe. Benedikt XVI. spricht in seiner ersten Enzyklika davon, dass die Kirche »Gemeinschaft der Liebe« sei. Wo aber ist das verwirklicht? Wo findet man die Erfahrung, dass die Liebe suchend und sich verschenkend ist? Schon Jesus meinte, dass die Worte, die die Pharisäer aussprechen, schön sind, aber ihren Taten nicht entsprechen. Daher verweist Jesus selbst immer wieder auf sein Tun! Wenn ihr meinen Worten schon nicht glauben wollt, dann schaut auf meine Taten! Wahrheit des Lebens ist nur im Vollzug. Daher kann sie nicht aufgezwungen werden, denn sobald sie als Zwang (in Angst) im Menschen existiert, ist sie zur Unwahrheit geworden. Erzwungene Wahrheit ist Heuchelei. »Die Anmaßung, das, was man selbst für die Wahrheit hält, anderen gewaltsam aufzuzwingen, bedeutet, dass dadurch die Würde des Menschen verletzt und schließlich Gott, dessen Abbild er ist, beleidigt wird.«[22] Verhält sich die Katholische Kirche nicht genauso? Nur wenn Theorie und Praxis übereinstimmen, Abgrenzung und

[22] Papst Benedikt XVI., Neujahrsbotschaft 1.1.2006, Nr. 9.

Zwang aufgehoben werden, ist ein Weg der Christen zueinander möglich, und alle Menschen sind eingeladen, am »Gastmahl« teilzunehmen. Der Ruf Jesu gilt genauso heute: Alle, die ihr voll Sorge und Ängste seid, kommt zu mir, ihr werdet Orientierung in eurem Leben finden. Nur wenn wir diesen Weg finden, nicht stehen bleiben, sondern veränderungsbereit sind, im Dialog miteinander immer wieder neu werden, ist Spaltung der Christen und auch der Menschheit überwindbar. Welcher Weg führt dorthin? – so fragte Thomas Jesus, und seine Antwort war: Ich bin der Weg. Wenn wir uns an der Existenzweise Christi ausrichten, haben wir *den* Weg zur Einheit in der Vielfalt menschlicher Lebensentwürfe gefunden. Faktisch haben alle Kirchen diesen Weg verlassen. So kam es zur Spaltung, zum Streit, ja zum gegenseitigen Hass. Die Ökumene sucht diesen zu überwinden. Das Zeitalter des Konfessionalismus muss endgültig vorbei sein.

5. Versöhnung statt Spaltung

Die Spaltungen sind der bereits früh entstandene Krebsschaden der Kirchen. Ausschlussmechanismen und Tabuisierungen von Lehrern und Institutionen kosteten viele Menschen das Leben. Die erste große Spaltung fand aber offiziell erst nach 1000 Jahren statt, als sich West- und Ostkirche (Orthodoxe Kirchen) 1054 trennten. Der römische Papst und der Patriarch von Konstantinopel exkommunizierten sich gegenseitig. Zwar war der äußere Grund der Streit um den Heiligen Geist, nämlich ob er vom Vater allein oder vom Vater und vom Sohn ausgeht, aber der wahre Grund lag im gegenseitigen Machtanspruch. Vom »Heiligen Geist« verlassen, bekämpften sie einander. Ein Versuch der Wiedervereinigung wurde im Konzil von Florenz (1439–1445) unternommen. Man beschloss sogar die Wiederaufnahme der Gemeinschaft. Nach wenigen Jahren zerbrach sie jedoch am gegenseitigen Anspruch der Vorherrschaft. 1870 vertiefte das Dogma der Unfehlbarkeit des Papstes den Graben zwischen den beiden Kirchen. Noch heute ist es das entscheidende Hindernis für eine Verständigung, da sich durch dieses Dogma der Papst zum Herrn über den Glauben aufschwingt. Zwar hoben Papst Paul VI. (1965) und Athenagoras, der Patriarch von Konstantinopel, gegenseitig offiziell die Exkommunikation auf, aber zu einer wirklichen Einheit kam es nicht. Ganz im Gegenteil vertiefte sich die Spaltung nach dem Zusammenbruch der Sowjetunion durch die provokative Errichtung katholischer Bistümer in Russland, die von der Ostkirche als Missionsanspruch der Katholischen Kirche gewertet wird. Auch das Verhalten der unierten Christen wird als eine Kampfansage empfunden. Das heißt jedoch nicht, dass die Haltung der wiedererstarkten Orthodoxen Kirche nicht auch wesentlich dazu beiträgt, eine Verständigung auszuschließen. Für sie ist die Papstkirche vom wahren Glauben abgefallen. So geschah es beispielhaft im Raum Novosibirsk, 2004, als eine katholische Frau in einer orthodoxen Kirche die Kommunion empfangen wollte. Der orthodoxe Priester sagte zu ihr: »Wenn du dem katholischen Glauben abschwörst, dann gebe ich dir die Kommunion.« Die Orthodoxie tabuisiert noch rigider als die Katholische Kirche die Eucharistie und ist höchstens in Todesgefahr gewillt, Katholiken zu diesem Sakrament zuzulassen. Die Kirchenordnung steht über den Belangen der Gläubigen. 2006 beim Türkeibesuch von Benedikt XVI. verweigerten er und der Patriarch von Konstantinopel (Istanbul) einander die eucharistische Gemeinschaft. Wenn dieser unchristliche Geist nicht aus dem Denken der Hierarchen ausgetrieben wird, kann es keine versöhnte Vielfalt unter den Konfessionen geben. Dies gilt ganz besonders für die zweite große Spaltung, unter der seit der Reformation im 16. Jh. die Christen leiden. Nachdem Kardinal Cajetan de Vio, von Papst Leo X. beauftragt, Luther nicht bewegen konnte, die 95 Thesen (1517) zurückzunehmen und die Disputation in Augsburg 1518 und in Leipzig 1519 mit Johannes Eck erfolglos blieben, verurteilte 1520 der Papst in der Bulle »Exurge Domine« Luther und exkommunizierte ihn 1521. Luther wollte keine neue Kirche gründen, sondern sein Anliegen war, das Evangelium in der Kirche zur Geltung zu bringen und Missstände abzuschaffen wie das Ablasswesen, das aus der armen Bevölkerung den letzten Groschen durch Vorspiegelung einer falschen Lehre erpresste. Bis heute ist die Exkommunikation Luthers nicht aufgehoben. Ihre Aufhebung ist aber die Bedingung eines ernsthaften Dialogs, der zur Einheit führen könnte. Sie ist eine grundlegende, minimale Forderung, damit eine Verständigung auf gleicher Ebene möglich ist. Eine Ökumene, die dies nicht als ersten Schritt leistet, kann keinen Erfolg haben. Das Konzil von Trient (1543–1563) besiegelte in seinen Dekreten die Kirchenspaltung bis heute. Um Versöhnung zu bewirken, müsste die Unantastbarkeit der Lehräußerungen überwunden und ihre unchristliche Wirkung erkannt werden.

Bis ins 19. Jh. suchten die Kirchen keinen Weg zur Versöhnung. Keine Kirche ließ die »Opfergaben« am Altar liegen, um sich vorher mit der Bruderkirche zu versöhnen, wie Jesus es gebot. Das 19. Jh. war bestimmt von kolonialen Eroberungen, denen die Missionierung der »Eingeborenen« folgte. Abgesehen von der Zerstörung der Kultur durch die Missionare – an eine »Inkulturation« wurde nicht gedacht – wollten die Missionsgesellschaften nicht als Konkurrenten auftreten. 1893 fand die 1. Konferenz des Parlaments der Weltreligionen in Chicago statt (die 2. Konferenz erst 1993). Sie war ein Vorzeichen der Ökumene. So kam es schließlich zur Weltmissionskonferenz in Edinburgh 1910. Das Datum ist die Geburtsstunde der ökumenischen Bewegung. Allerdings blieb die Katholische Kirche dieser Konferenz fern. Aus dieser Konferenz ging 1948 der Ökumenische Rat der Kirchen, heute mit Sitz in Genf, hervor. Er war bereits für 1937 geplant, konnte aber wegen der politischen Ereignisse und dem 2. Weltkrieg nicht umgesetzt werden. Damals schlossen sich ihm bereits 147 Kirchen aus 44 Ländern an. Der Ökumenische Rat der Kirchen versteht sich als eine »Gemeinschaft von Kirchen, die den Herrn Jesus Christus als Gott und Heiland bekennen«. Der Ökumenische Rat der Kirchen will ein Dialogforum für die christlichen Kirchen, aber keine »Überkirche« sein. 1961 wurde in Neu Delhi bei der Konferenz das Bekenntnis erweitert: »Der Ökumenische Rat der Kirchen ist eine Gemeinschaft von Kirchen, die den Herrn Jesus Christus als Gott und Heiland gemäß der Hl. Schrift zur Ehre Gottes des Vaters, des Sohnes und des Hl. Geistes bekennen.« Auf Grund der nun trinitarischen Formel traten im selben Jahr die Orthodoxen Kirchen dem Ökumenischen Rat der Kirchen bei. Wann tut diesen Schritt die Katholische Kirche? Muss die Unfehlbarkeit des Papstes ins Bekenntnis aufgenommen werden, damit die Katholische Kirche zur Versöhnung bereit ist? Ist dann aber nicht sogleich der interreligiöse Dialog zerbrochen, wenn eine Kirche meint, im Besitz der vollen Wahrheit zu sein? Die Katholische Kirche müsste ohne Wenn und Aber dem Ökumenischen Rat der Kirchen beitreten und so den Willen zu einem Dialog auf gleicher Ebene bekunden, in dem allein Wahrheit eingelöst werden kann.

1975 formulierte in Nairobi der Ökumenische Rat der Kirchen sein Ziel. Er will »zur sichtbaren Einheit in einem Glauben und der einen eucharistischen Gemeinschaft« führen. Sie ist das Zeichen der versöhnten Vielfalt. Heute umfasst der Ökumenische Rat der Kirchen 342 Kirchen und kirchliche Gemeinschaften aus 120 Ländern, fast 1 Milliarde Christen. Die Katholische Kirche mit annähernd derselben Mitgliederzahl entsendet offiziell nur Beobachter, obwohl auf unterer Ebene eine Mitarbeit stattfindet. Ziel der ökumenischen Bewegung ist es, den Frieden zwischen den Kirchen wiederherzustellen, so dass jedes Ausschlussverfahren beendet wird. Im vergangenen Jahrhundert also begann sich das Verhältnis der Kirchen zueinander zu ändern. Statt Verurteilung, Ablehnung und Hass, die 400 Jahre herrschten, versuchte man zaghaft miteinander ins Gespräch zu kommen. Die Erkenntnis verbreitete sich, dass nur ein Dialog im Geist Jesu Christi der Weg zur Versöhnung sein kann. Nicht Abbruch der Beziehung ist Zeichen des Glaubens an Jesus Christus, sondern Beziehungsaufnahme. Sie erst lässt den Glauben in der Liebe wirken.

In der Katholischen Kirche nahm 1959 (26./27.1.) durch Papst Johannes XXIII. die ökumenische Bewegung offiziell Gestalt an, als er das 2. Vatikanische Konzil einberief. Er erklärte, dass das Konzil nicht nur Selbstbesinnung der Katholischen Kirche und Stärkung des katholischen Gottesvolkes sein soll, »sondern auch eine Einladung an die getrennten Gemeinschaften … zur Wiedergewinnung der

Einheit, nach der heute so viele Herzen von allen Punkten der Erde aus sich sehnen«. Diese Einladung bewirkte die Teilnahme offizieller Konzilsbeobachter des Ökumenischen Rates der Kirchen. Sie sollten sich direkt über die Probleme der Einheit der Kirchen informieren können. Im Anschluss an das Konzil wurde 1965 von der Katholischen Kirche und dem Ökumenischen Rat der Kirchen ein Ausschuss aus sechs Mitgliedern der Katholischen Kirche und acht des Ökumenischen Rates der Kirchen gebildet, der die Möglichkeiten des Dialogs und der ökumenischen Zusammenarbeit ausloten sollte.

Es wäre ungerecht zu behaupten, dass im Zuge des 2. Vatikanischen Konzils (1962–65) nicht viel Positives in der ökumenischen Verständigung geschehen wäre. Die Bibellesung wurde jedem Christen empfohlen, und eine Gemeinschaftsübersetzung der Bibel entstand. Allerdings torpedierte 2001 eine römische Instruktion die Überarbeitung der Einheitsübersetzung, indem sie verlangte, die Übersetzung mit dem »Blick auf den gottesdienstlichen Gebrauch und die Tradition der katholischen Kirche« zu gestalten. Daraufhin stellte die Evangelische Kirche Deutschlands (EKD) die Mitarbeit ein. Immerhin aber blieb die bisherige Gemeinschaftsübersetzung im Gebrauch beider Kirchen. Wie anders verhielt sich jahrhundertelang die Leitung der Katholischen Kirche. Allein, ohne Führung durch einen Priester die Bibel zu lesen, war verboten. Als ich in Bolivien war, erfuhr ich, dass bis 1950 dieses Verbot in den Priesterseminaren Lateinamerikas galt. Vor dem 2. Vatikanischen Konzil durfte kein Katholik eine Bibel lesen, die nicht mit einem katholischen Kommentar versehen war, der ideologische Abweichungen verhindern und an die hierarchische Lesart binden sollte. Das 2. Vatikanische Konzil bewirkte auch das Ende der Konfessionsschulen. Die Mischehenfrage, die so viel Leid unter Ehepaaren verursachte, wurde nun neu geregelt. Der Zwang zur katholischen Kindererziehung wurde aufgehoben und ökumenische Trauungen wurden ermöglicht. Ökumenische Gottesdienste wurden gefördert und empfohlen. Allerdings werde diese heute wieder von Hierarchen verhindert. Ein beredtes Beispiel ist der Streit um den Pfingstmontag, der im Zeichen der Ökumene als Symbol der Einheit stehen sollte. Erfreulich war im Zuge der Ökumenischen Gebetswoche (2007), dass in St. Paul vor den Mauern in Rom ein evangelischer Abendmahlgottesdienst stattfinden konnte. Positiv auf die Ökumene wirkte sich auch 2007 die »Marburger Erklärung« über die wechselseitige Anerkennung der Taufe aus, die elf Kirchen unterzeichneten.

Der wichtigste Schritt des Konzils ist jedoch, dass andere Kirchen als Heilsgemeinschaften anerkannt wurden. Damit ist gemeint: Der einzelne evangelische Christ kann das Heil nicht, obwohl er nur evangelisch ist, finden, sondern gerade, weil er evangelisch ist. Die eigene Glaubensgemeinschaft hat Heilsbedeutung. Die Stellung der Katholischen Kirche zu den reformatorischen wurde dadurch radikal neu bestimmt. Unterschiedliche Glaubensgemeinschaften sind heilsrelevant. Die Aufbruchstimmung, die das 2. Vatikanische Konzil verursacht hatte, dauerte aber nicht lange. Schon in den 70er Jahren des vergangenen Jahrhunderts trat eine Stagnation der ökumenischen Gesinnung ein, wie die Würzburger Synode der Bistümer Deutschland (1975, 1976 veröffentlicht) beklagt: Es gibt »beunruhigende Zeichen der Erschlaffung des ökumenischen Willens«. Trotzdem kam es 1982 zur Konvergenzerklärung »Taufe, Eucharistie und Amt« der Kommission für Glauben und Kirchenverfassung (Faith and Order) des Ökumenischen Rates der Kirchen. Es ist die einzige Kommission in der auch die Katholische Kirche vertreten ist. In dieser gemeinsamen Erklärung werden die Übereinstimmungen und Unterschiede der Kirchen in diesen Fragen festgestellt. Von der Eucharistie heißt es: »Die Kirche bekennt Christi reale, lebendige und handelnde Gegenwart in der Eucharistie.« Alle stimmen darin überein, »dass Glaube erforderlich ist, um Leib und Blut Christi unterscheiden zu können«. Überdies hat die eucharistische Feier »immer mit der ganzen Kirche zu tun«[23], d. h. die *ganze* Kirche ist die Kirche Christi, die sich in einzelnen Kirchengemeinschaften verwirklichen kann. Die Katholizität der Eucharistie ist gestört, »so lange das Recht von getauften Gläubigen …, in einer Kirche am eucharistischen Mahl teilzunehmen, … von denen in Frage gestellt wird, die anderen eucharistischen Gemeinden angehören«.[24] Hier wird in zurückhaltender Wortwahl zum Ausdruck gebracht, dass dort, wo eine Kirche der anderen die Eucharistie verweigert, die Kirche Christi beschädigt und ihre allumfassende Bedeutung geleugnet wird. Außerdem wird erklärt: »Das Neue Testament sagt sehr wenig über die Ordnung der Eucharistie. Es gibt keine expliziten Belege für die Leitung der Eucharistie.«[25] »Das Neue Testament beschreibt nicht eine einheitliche Amtsstruktur, die als Modell oder bleibende Norm für jedes zukünftige Amt in der Kirche dienen könnte.«[26] Die Möglichkeit der Vielfalt der institutionellen Ausprägung des Amtes wird festgehalten und eine gegenseitige Anerkennung gewünscht, denn: »In der Geschichte der Kirche gab es Zeiten, in denen die Wahrheit des Evangeliums nur durch prophetische und charismatische Führer bewahrt werden konnte.«[27] Der Alleinvertretungsanspruch nur eines einzigen Amtsverständnisses sollte ausgeschlossen werden. Als Ziel wird die Aufnahme der Kirchengemeinschaft formuliert, so dass eine eucharistische Konze-

[23] Taufe, Eucharistie und Amt. Konvergenzerklärungen der Kommission für Glauben und Kirchenverfassung des Ökumenischen Rates der Kirchen. Frankfurt/Paderborn 1982, Kap. Eucharistie Nr. 13
[24] Dass., Nr. 19.
[25] Dass., Kap. Amt, Nr. 14.
[26] Dass., Nr. 19.
[27] Dass., Nr. 33.

lebration möglich wird. Die sogenannte »Eucharistische Liturgie von Lima« war ein praktischer Vorschlag hierzu. Ihre Verwirklichung in vollem Umfang steht allerdings bis heute aus, und katholischerseits wurde sie sogar ausdrücklich verboten. Die Institution selbst ist hier das Hindernis der Einheit und nicht theologische Unterschiede, die nur verschiedene Sichtweisen verraten, die die Einheit jedoch nicht gefährden.

Ein Jahr darauf, 1983, versuchten Karl Rahner und Heinrich Fries der Ökumene neuen Aufschwung zu geben.[28] Sie stellten acht Thesen auf, unter deren Voraussetzung Einigung der Konfessionen möglich erscheint. Zusammenfassend halten sie fest:

1. Die Kirchen verpflichten sich auf die Grundwahrheiten des Apostolischen Glaubensbekenntnisses. Es geht nicht um den Wortlaut, sondern um einen inhaltlichen Grundkonsens des christlichen Glaubens, um das Bekenntnis zu Jesus Christus.

2. Keine Kirche verwirft die verpflichtenden Lehraussagen der anderen und keine verpflichtet eine andere Kirche auf ihre eigenen Lehraussagen. Auf gegenseitige Verurteilung ist zu verzichten. Jede Kirche verpflichtet sich auf Toleranz und verzichtet auf Ausschlussverfahren.

3. Die Kirchen akzeptieren die unterschiedlichen kirchlichen Strukturen und erkennen ihre Vielfalt an, wie es neutestamentliche Praxis war.

4. Ebenfalls anerkennen sie den Petrusdienst, jedoch unter Wahrung der Eigenständigkeit der verschiedenen Kirchen. Die Kirchen in ihren unterschiedlichen Ausformungen verstehen sich als Teilkirchen der einen Kirche Christi.

5. Entsprechend einer alten Tradition wird ein allgemeines bischöfliches Amt angenommen. Die freie Bischofswahl muss aber garantiert sein.

---

[28] Rahner, K., Fries, H., Einigung der Kirchen – reale Möglichkeit?, Freiburg 1983.

6. Die Kirchen untereinander stehen in ständigem Dialog, ohne die Dominanz einer Teilkirche. Durch ihn werden die gegenseitigen Beziehungen gefestigt, ohne den Diskussionsfaden abreißen zu lassen.

7. Die bestehenden Ämter der jeweils anderen Kirche werden nicht in Frage gestellt. Um Gültigkeitsprobleme zu vermeiden, vereinbaren die Kirchen, in Zukunft die Ordination durch Gebet und Handauflegung zu erteilen.

8. Als Folge dieser Vereinbarungen besteht zwischen den Kirchen Kanzel- und Altargemeinschaft. Die Eucharistie wird zusammen gefeiert, so dass nicht nur eine ökumenische Gastfreundschaft existiert, sondern eine volle Interkommunion, die Konzelebration zulässt.

Die meisten Kirchen begrüßten diese Ausführungen, ihre Verwirklichung wurde real nicht in Angriff genommen. So stagniert seit fast 30 Jahren die Ökumene trotz guter theologischer Vorschläge.

Nach verschiedenen Vorarbeiten namhafter Theologen (H. Küng u. a.) begann man auch nach dem 2. Vatikanischen Konzil die Rechtfertigungsfrage zu erörtern. Sie ist am Beginn der Reformation die entscheidende theologische Frage, die zur Kirchenspaltung führte. Nach 30 Jahren eines intensiven Dialogs wurde 1999 (31.10.) der Durchbruch erzielt, so dass in Augsburg die Katholische Kirche und der Lutherische Weltbund die »Gemeinsame Erklärung zur Rechtsfertigungslehre« unterschrieben. 2006 trat der Weltbund der Methodisten dieser gemeinsamen Erklärung bei. Die erste entscheidende Feststellung besteht darin, dass beide Kirchen erklären, dass sie in den Grundwahrheiten übereinstimmen, so dass in der Rechtfertigungslehre ein Grundkonsens besteht. Bemerkenswert ist, dass zum ersten Mal mit Zustimmung der römischen Kirche ein differenzierter Konsens festgehalten wird, d. h. die Rechtfertigungslehre beider Kirchen ist zwar nicht identisch, aber sie ist nicht mehr kirchentrennend. Ein unterschiedliches Verständnis in dieser entscheidenden Frage ist möglich, ohne dass dieses zur Trennung der Kirchen führen müsste. Die Verschiedenheit theologischer Konzeptionen ist legitim und wird als solche von der anderen Kirche anerkannt. Ferner wurde erklärt, dass die damaligen gegenseitigen Verurteilungen heute die Partnerkirche nicht mehr treffen. Die vergangenen kirchentrennenden Gegensätze, die zum gegenseitigen Ausschluss führten, sind vorbei. Versöhnte Vielfalt ist unter den Kirchen möglich. Als Letztes wird auf die noch bestehenden Probleme, die nicht gelöst sind, hingewiesen. Diese sind die unterschiedlichen Ansichten vom Amt in der Kirche und den Sakramenten. Sie bleiben vorläufig noch bestehen. Hier geht es vor allem um die Frage der sogenannten »Gültigkeit« der Eucharistiefeier, die ohne hierarchisches Priesteramt katholischerseits in Frage gestellt wird. Daher fordern viele Theologen, dass eine Grundkonsenserklärung zum Verständnis und Vollzug des Herrenmahles folgen muss. Diese steht noch aus. Zur Zeit jedoch ist das Gegenteil der Fall. Gerade bei der Frage eucharistischer Gastfreundschaft werden die ökumenischen Schranken heruntergelassen. Sie aber ist der entscheidende Punkt der Ökumene. In ihr erfolgt der Übergang weitgehend rein theologischer Theorien und Ansichten zu einer echten ökumenischen Praxis, die nicht in Unverbindlichkeiten stecken bleibt. Beim 1. Ökumenischen Kirchentag (2003) nach 500 Jahren konfessioneller Trennung in Deutschland wollten die KirchenVolksBewegung »Wir sind Kirche«, die »Initiative Kirche von unten« sowie die gastgebende Gemeinde mit den beiden Gottesdiensten und durch die gegenseitige Einladung zum Herrenmahl ein Zeichen der ökumenischen Praxis setzen, die mit theologisch unhaltbaren Ausgrenzungen Schluss macht. Die geringe Öffnung in der »Charta Oecumenica«, die an diesem Kirchentag von der Katholischen, Orthodoxen und Lutherischen Kirche unterzeichnet wurde, war nur eine Absichtserklärung für die Zukunft ohne jede Verbindlichkeit. Die Eucharistie wurde jedoch als ein Abgrenzungsmittel missbraucht. In der Eucharistiegemeinschaft sehen die Amtsautoritäten der Katholischen Kirche ihre hierarchische Macht gefährdet. Eine letzte Bastion wird errichtet und mit allen Mitteln verteidigt. Die Mauern werden hochgezogen, die Fenster dicht und blind gemacht. Die Einigung der Kirchen ist abhängig vom katholischen Amtsverständnis. Nur wenn dieses andere Kirchen verbindlich annehmen, gibt es Versöhnung. Daher kam es zu den scharfen Reaktionen gegen die beiden Gottesdienste mit eucharistischer Gastfreundschaft. Das Hirtenwort der deutschen Bischöfe zum 40. Jahrestag der Liturgiekonstitution des 2. Vatikanischen Konzils (23.11.2003) unterstreicht die ablehnende Haltung der Hierarchen gegen eine sakramentale Ökumene: »Der Empfang der Sakramente setzt den katholischen Glauben voraus.« Würde diese Aussage mit aller Konsequenz ernst genommen, dann könnte ein evangelischer Pastor nicht einmal gültig taufen, geschweige denn das Abendmahl feiern, wenn er nicht »katholisch« glaubt. Würde der Begriff »katholisch« im Wortsinn »allumfassend« und nicht konfessionalistisch gebraucht, hätte die Aussage ihre Berechtigung. Gerade die Katholische Kirche ist jedoch nicht »allumfassend, allgemein«, sondern sich scharf abgrenzend. Kardinal Meisner unterstrich die Abgrenzungsmentalität und baute ein Feindbild auf[29], indem er erklärte, dass Protestanten keinesfalls in der Katholischen Kirche die Eucharistie empfangen dürfen, denn »damit ist der Lebensnerv der Kirche getroffen«, und nur »häretische« Theologen könnten gegenteilige Behauptungen aufstellen. Natürlich wird ein Fortschritt in der Ökumene durch eine solche Anmaßung unmöglich. Die Instruktion »Redemptionis Sacra-

[29] Meisner, Kardinal, Tagespost 2.7.2003, auch Weltjugendtag in Köln 2005.

mentum« der römischen Kongregation für den Gottesdienst und die Sakramentenordnung heben nochmals hervor: Katholische Spender spenden die Sakramente erlaubt nur katholischen Gläubigen; ebenso empfangen diese die Sakramente erlaubt nur von katholischen Spendern.[30] Der Hinweis auf das kirchliche Gesetzbuch (CIC can 844, § 4) mildert diese Vorschrift kaum ab, obwohl zwei wesentliche Ausnahmen gemacht werden: Die Todesgefahr (periculum mortis) und eine gewichtige Notwendigkeit (gravis necessitas). Diese wird sehr unterschiedlich interpretiert. Es kann z. B. für konfessionsverschiedene Ehepaare notwendig sein, dass sie gemeinsam zum Abendmahl gehen. Im Dekret meiner Suspendierung vom 4.12.2004 werden zwei Bedingungen genannt, unter denen ein evangelischer Christ die katholische Eucharistie empfangen darf: 1. Er kann einen evangelischen Spender nicht aufsuchen und 2. Er hat den katholischen Glauben bezüglich der Eucharistie. Darunter ist offenbar die Transsubstantiationslehre (Substanzverwandlung) zu verstehen. Diese beiden Bedingungen sind praktisch nie erfüllt. Kardinal Ratzinger, jetzt Benedikt XVI., selbst hielt sich nicht an seine eigene Vorschrift, denn beim Totenamt (8.4.2005) für Johannes Paul II. spendete er als Zelebrant in aller Öffentlichkeit Roger Schutz von Taizé, einem evangelischen Christen, die Kommunion. Schutz hätte ohne Zweifel einen protestantischen Pastor in Rom aufsuchen können, um das Abendmahl zu empfangen. Wie unterschiedlich sind doch die Maßstäbe, und wie willkürlich werden sie ausgelegt! Allerdings ließ Ratzinger als Papst Benedikt XVI. gegen eigenes Handeln bei seiner Amtseinführungsmesse (24.4.2005) verkünden, dass zur Kommunion nur die Katholiken eingeladen seien. Das Gleiche ließ er im August 2005 beim Welt-

[30] Instruktion »Redemptionis Sacramentum« über einige Dinge bezüglich der heiligsten Eucharistie, die einzuhalten und zu vermeiden sind. 25.3.2004, § 85.

jugendtag in vier Sprachen verkünden: »Das Brot des Herrn kann nur an römisch-katholisch Getaufte ausgeteilt werden«, was ihn nicht daran hinderte, sich im gleichen Atemzug als Diener der Einheit aller Christen zu bezeichnen. Stimmen hier die Worte mit den Taten überein? Kardinal Kasper spendete wissentlich beim Gedenkgottesdienst für Roger Schutz auch den Protestanten die Eucharistie. Was ist von all dem zu halten? Allerdings hat die 11. Weltbischofssynode (Oktober 2005) dem Papst 50 Thesen (propositiones) vorgelegt, die er mitveranlasst und gutgeheißen hat. Darin ist zu lesen, dass kein Nichtkatholik zum Empfang der Eucharistie zuzulassen ist, denn die Kommunion sei nicht nur eine »personale communio mit Jesus Christus, sondern vor allem die volle communio mit der Kirche« (prop. 41). Die Nichtkatholiken müssen »behutsam, aber deutlich« (prop. 35) darauf hingewiesen werden, dass sie in der Katholischen Kirche bei der Eucharistie nichts zu suchen haben; sie ist für sie tabu. Neben dem lieblosen Affront gegen andere Christen stellt sich die Frage, welche »communio« mit welcher Kirche damit gemeint ist? Da auch die evangelischen Christen zur Kirche Christi gehören, da sie Glieder an seinem Leib sind, kann diese nicht gemeint sein. Auch die Gemeinde aller an Jesus Christus Glaubender ist damit nicht getroffen, denn auch Nichtkatholiken stehen in voller Gemeinschaft mit ihr. Es kann daher nur von der katholischen Hierarchie die Rede sein, auf die evangelische Christen verpflichtet werden sollen. Auch ein Papst kann ungläubig sein. Sein Amt ist keine Glaubensgarantie, wohl aber ein Machtfaktor, der die Menschen aus der Institution ausschließen kann.

Bevor wir uns die Frage stellen, ob es einen Weg zum gemeinsamen Herrenmahl gibt, müssen wir klären, was zum Wesen jener Kirche gehört, die sich auf Jesus Christus berufen kann.

6. Vom Wesen der Kirche

Hat Jesus Christus wirklich eine hierarchische Kirche gewollt? Darauf ist exegetisch und dogmatisch klar mit Nein zu antworten. Jesus hat zu seinen Lebzeiten keine besonders geformte oder strukturierte Gemeinschaft beabsichtigt, auch nicht als gesonderte Glaubensgemeinschaft. Die Katholische Kirche selbst hat nie gewagt, verbindlich zu erklären, dass der historische Jesus eine Kirche gegründet hat. Die wichtigsten Argumente sind: 1. Jesus verkündete den Bereich Gottes, der uns nahe ist, sprach aber nicht von einer Kirche oder einer Sondergemeinschaft. 2. Jesus lebte in der Naherwartung und rechnete nicht mit einem langen geschichtlichen Zeitraum bis zum Entstehen der vollendeten Gottesherrschaft. Daher bestand keine Veranlassung, eine Gemeinschaft zu gründen. 3. Jesus wählte zwar die 12 und die 70 (72) Jünger aus. Diese Auswahl aber betraf keine Gemeindevorsteher, sondern ist symbolisch zu verstehen. Die 12, die nicht zu verwechseln sind mit den »Aposteln« (Paulus wäre dann schon der 13., und in der Schrift werden viele Apostel genannt, bis hin zur Apostolin Junia [Röm 16,7]) stehen für die Berufung des ganzes Volkes Israel, und die 70 (72) gibt die Zahl der damals bekannten Heidenvölker an. Mit diesen Zahlen ist keine Institution bezeichnet, sondern der universale Heilswille Christi. Allen Menschen ohne Ausnahme soll der Bereich des Heils offen stehen. Rassismus, Nationalismus und jede Diskriminierung eines Menschen oder einer Menschengruppe ist damit zurückgewiesen, und für niemanden ist die Heilswirklichkeit in Jesus Christus tabu. 4. In einer Rede Jesu an Petrus (Mt 16,18) kommt allerdings das Wort »Kirche« (ekklesia) vor. Die Exegeten sind sich einig, dass es eine spätere Gemeindebildung ist. Zudem ist das Wort an Petrus ein Verheißungswort, erst in der Zukunft wird es eine Kirche geben. Wegen des Wortspiels mit dem Petrusnamen (»Felsenwort«) nimmt man eine aramäisch sprechende Gemeinde an, die die spätere kirchliche Entwicklung als dem Willen Jesu entsprechend verstand. Ferner wird hier keine Institution oder gar eine Hierarchie begründet, sondern das Fundament der kirchlichen Gemeinschaft ist allein der Glaube, den Petrus bekennt. Das Matthäusevangelium lässt daher unmittelbar anschließend Jesus sagen, dass Petrus ein Satan ist (Mt 16,23), weil er Jesus vom Leidensweg abbringen will. Aber auf den »Satan« hat Jesus wohl keine Kirche aufbauen wollen! Petrus ist im Glauben der Fels (denn der Glaube kann Berge versetzen), im Unglauben der Stolperstein. Jeder der vermeintlichen Nachfolger Petri, der Päpste, ist in dieser Zweideutigkeit gehalten, Kirche ins Heil oder ins Unheil führen zu können. 5. Erst in der Mitte des 5. Jh. hat Papst Leo I. dieses Verheißungswort an Petrus hierarchisch-instutionell verstanden. Kein Bischof von Rom hatte sich zuvor auf dieses Bibelwort so bezogen, um daraus seine hierarchische Vormachtstellung abzuleiten.

All das besagt jedoch nicht, dass Kirche als Glaubensgemeinschaft nicht eine Folge jesuanischen Wirkens ist. Jesus in seiner befreienden Wirkung rief zur Nachfolge im Glauben auf und stiftete Mahlgemeinschaft, die die Menschen untereinander verband. In ihr kann Gottes Nähe erfahrbar werden. Noch Augustinus (354–430) versteht die Kirche in ihrem Wesen als eine »communio sanctorum«, als Gemeinschaft der durch Christus Geheiligten. So ist es durchaus richtig, dass sich Menschen nach Ostern zusammengefunden haben, die ihr Leben an Jesus Christus orientieren wollten. Und Alfred Loisy (1857–1940), Vater des Modernismus, d. h. der modernen Theologie, betont mit Recht, dass Jesus keine Kirche gegründet, sondern das Reich Gottes verkündet hat.[31] In den beiden Begriffen liegt jedoch kein Gegensatz, sondern eine notwendige historische Entwicklung: Wie ein Mensch sich vom Kind über die Pubertät zu einem Erwachsenen entwickelt, so muss sich die Glaubensgemeinschaft entwickeln, will sie sich selbst nicht zu Grunde richten. Sicher gibt es viele Fehlentwicklungen und Krankheiten, die in der Kirche zu überwinden sind. Wie Menschen sich auch unmenschlich gebärden, so die Kirche oft auch unchristlich. Aber die dauernde Transformation ist entscheidend dafür, dass christliches Leben sich manifestieren kann. Nur die Veränderung, die stete »Umkehr«, die Jesus fordert, ermöglicht die Identität. Der italienische Dichter Giuseppe Tomasi di Lampedusa (1896–1957) sagt: »Wenn wir wollen, dass alles so bleibt, wie es ist, müssen wir alles verändern.« Aus Jesu Verkündigung hat sich im Geschichtsprozess zu Recht Kirche entwickelt mit all ihren positiven wie negativen Seiten. Daher sprechen bereits die Kirchenväter nicht von einer Gründung der Kirche durch Jesus Christus, sondern davon, dass sie aus der durchstochenen Seite Jesu am Kreuz gleichsam geboren und durch das Wirken des Geistes am Pfingstfest konstituiert wurde (vgl. D 3328).

Damit Kirche überhaupt entstehen konnte, waren verschiedene geschichtliche Bedingungen notwendig. 1. Die Wiederkunft Christi wurde nicht mehr wie anfangs als unmittelbar bevorstehend angesehen. Die sogenannte Naherwartung wurde aufgegeben. So dachten die Gläubigen über die gemeinsamen Grundlagen des Zusammenlebens nach. 2. Das jüdische Volk bzw. Judentum als Ganzes lehnte die Botschaft Jesu ab; nur ein Teil fand in Jesus eine vom Gesetz befreiende Vollmacht. 3. Durch diese beiden Tatsachen, vor allem aber durch das Wirken des Paulus bezog man die Heidenvölker bei der Verkündigung des

[31] Loisy, A., L'Évangelie et l'Église. Bellevue 1903, 155: »Jésus annonçait le royaume, et c'est l'Église qui est venue.«

Evangeliums immer stärker ein. Juden und Heiden bildeten jetzt eine Glaubensgemeinschaft. Unabhängig von ihrer jeweils angestammten Religion pflegten sie Gemeinschaft und wurden Christen genannt. Die Menschen, die ihr Leben an Jesus Christus ausrichten wollten, bildeten die Kirche. Sie war Folge einer geschichtlichen Entwicklung, aber keine Institution. Die Aussage »Wir sind Kirche«, heute von der KirchenVolksBewegung aufgegriffen, war eine Selbstverständlichkeit. Dieses Grundverständnis ist nie ganz verloren gegangen. So konnte Pius XII. (1946) schreiben, dass alle Glaubenden die Kirche sind und nicht nur die Amtsträger. Es gilt: »Wir gehören nicht nur zur Kirche, wir sind die Kirche« (AAS 38, 1946; 143; 149). Den Gedanken hat das 2. Vatikanische Konzil aufgegriffen, aber nur zögerlich folgte ihm die Bischofssynode 1987 in Rom. Es heißt jedoch klar: Die Katholiken »sind die Kirche«. Nun ist den Menschen der Wunsch eigen, andere dominieren zu wollen. Bereits im Neuen Testament machen die Glaubenden diese Erfahrung, und es stellte sich die Strukturfrage, die die junge Gemeinde bewegte. Sollten bestimmte Christen in der Kirche eine beherrschende Stellung innehaben, die institutionell abgesichert ist? Schon das Matthäusevangelium (um 70), das oft hierarchisch missbraucht wird, spricht eine deutliche Sprache. Wegweiser und Lehrer ist Jesus Christus allein, niemand darf sich über den anderen aufspielen, denn alle Glaubenden sind Geschwister (Mt 23,7ff.). Eine geschwisterliche Kirche kennt kein Oben oder Unten, keine hierarchische Ordnung. Es ist die erste Grundregel, die den Umgang miteinander regeln sollte, wobei selbstverständlich auch unter Geschwistern Zwistigkeiten auftreten, die aber nicht durch einen Herrschaftsanspruch beigelegt werden sollten. Vor allem Paulus, der am häufigsten von der Kirche Gottes spricht, entfaltet im 1. Korintherbrief eine Lehre von der Kirche. Sie ist in der kleinsten Gemeinschaft von zwei oder drei Christen (anders als im Judentum; dort bilden erst zehn erwachsene Männer eine Gemeinde) genauso real wie in der Gesamtheit aller Glaubenden. Die Gesamtkirche als allgemeine, ist der konkreten, auch kleinsten Ortskirche nicht übergeordnet, sondern jede Glaubensgemeinschaft verwirklicht in sich die ganze Kirche. In der vielleicht ältesten Gemeinde in Jerusalem, in der Petrus und Jakobus lebten, gab es keine Sonderstellung oder gar eine Überordnung. Alle Gemeinden waren gleich wichtig. Zwischen allen Gemeinden und zwischen allen Glaubenden untereinander gab es nur eine Beziehung: die der Gleichheit. Sie ist die Grundlage für die Ermöglichung der Liebe. In der paulinischen Gemeinde zu Korinth meinten aber einige Christen, dass sie höher als andere stünden, dass sie bessere Begabungen, Charismen hätten und daher Führungsansprüche erheben könnten. Durch diese Haltung wird nach Paulus echte Beziehung zerstört. Mehr sein wollen als andere, konstituiert eine Gemeinschaft, in der Gott nicht anwesend ist. Wer groß sein will, der soll dienend für die anderen da sein, aber niemals herrschen. In der Glaubensgemeinschaft muss eine andere Spielregel herrschen, als sie im Staat üblich ist. Nicht Macht und Geld haben das Sagen, sondern der verstehende und liebende Umgang miteinander. Paulus spricht vom Brotbrechen und von der Eucharistiefeier, die von Solidarität getragen sein muss, die eine soziale Komponente hat, so dass ein Ungläubiger, der daran teilnimmt, erkennen kann, dass Gott mitten unter ihnen ist (vgl. 1Kor 14,25). Die Kirche ist daher eine Verhältnisbestimmung von Mensch zu Mensch. Wann ist sie richtig? Wenn die Beziehung untereinander so gelebt wird, dass bei aller Verschiedenheit und Vielfalt der Eigenschaften der Christen die Grundlage der Gleichheit und damit der Liebe gewahrt wird. Paulus verwendet das antike Bild des Leibes. Der »Leib« ist der Raum des Heiles, in dem jeder seine Funktion hat und jedes Glied zum Besten des Ganzen wirken soll. So sind die Glaubenden »Leib Christi«, in dem Gott erfahrbar wird. Das Bild soll die Zuordnung der Einzelnen zueinander klären. Wir sind alle, jeder auf seine Weise, Glied am Leib Christi, wie die Reben es am Weinstock sind. Keine Institution hält die Glieder zusammen, sondern allein die Orientierung an Jesus Christus. Dieser Leib Christi ist die Kirche Christi als Gemeinschaft aller Glaubenden. Schön sagt Benedikt XVI. am Weltjugendtag in Köln 2005: Die Kirche ist keine Kirche der Gebote und Verbote, sondern der Liebe. Genau das ist biblisch, paulinisch. Denn jede Beziehung in einer Lebensgemeinschaft ist verdorben, wenn der eine über den anderen herrscht und Druck auf ihn ausübt. Die Liebe ist ausgeschaltet, die Partnerschaft beendet. Jedes Verhältnis, das sich durch Befehl und Gehorsam, Herrschaft und Knechtschaft bestimmt, ist keine echte menschliche und schon gar nicht christliche Beziehung. In der Liebe werden die Unterschiede nicht aufgehoben, ganz im Gegenteil, jeder kann seine Fähigkeiten leben, wenn nur der andere *als* Anderer voll anerkannt wird, gleichwertig und gleichberechtigt ist. Paulus selbst, der als Autorität gilt, weil er sich von Christus her für menschliches Leben einsetzt, beansprucht keine Herrschaft über irgendeine Gemeinde. Er erliegt nicht der Versuchung der Machtausübung »im Namen Gottes«. Wir wollen nicht Herr eures Glaubens sein, sagt er, sondern wir sind eure Mithelfer in Freude (2Kor 1,24). Alle Begriffe, die eine Herrschaft (archē) oder eine Obrigkeit ausdrücken, verbannt er aus dem Kirchenverständnis. Selbstverständlich gibt es keine Hier-archē, keine heilige Herrschaft, sondern jede ist höchst unheilig. Freiheit in Geschwisterlichkeit ist der Auftrag Christi. Genau dies nennt man »Nächstenliebe«. Sie hört auf den anderen, nimmt ihn an ohne gehorsame Unterwerfung und bildet mit ihm eine Gemeinschaft, die auf Freiheit in Christus aufbaut und Glaube und Liebe immer neu weckt. Die Glaubensgemeinschaft ist herrschaftsfrei. Sie bedeutet teilen können, nicht nur materiell, sondern ebenso Freud und Leid. In guten und schlechten Tagen trägt das Band des Glaubens, der in der Liebe wirksam ist.

Nun ist das Interessante an dem paulinischen Kirchenverständnis: Gerade weil in der Gemeinde von Korinth Unordnung herrscht, verweist er auf die herrschaftsfreie Beziehung. Also, um Ordnung in der Gemeinschaft Glaubender zu schaffen, betont Paulus das Prinzip der Herrschaftsfreiheit und vertraut darauf, dass jeder im Geist Christi die Begabung und Fähigkeit des anderen respektiert und so alle für die Gemeinschaft ihr Charisma gebrauchen. Weil Paulus religiöse und politische Macht an seinem eigenen Leib zu spüren bekam, setzte er nicht auf Autoritäten als Ordnungsmacht und verzichtete auf Hierarchen oder andere Vorgesetzte. Gerade vom Verzicht auf Macht erwartet er, dass in der kirchlichen Gemeinschaft echte menschliche Beziehung zum Tragen kommt und alle perversen Machtgelüste zum Schweigen gebracht werden, damit Gott in menschlich-christlicher Gemeinschaft erfahren werden kann. Herrschaft und Macht bauen nicht auf, sondern zerstören die Liebe, die Glaubensgemeinschaft. Die christliche Freiheit wird verraten. Für Paulus ist das grundlegende kirchliche Strukturelement die Aufhebung der Herrschaft des Menschen über den Menschen und die Ermöglichung, dass jeder Glaubende von Christus her zum Nutzen der Gemeinde mit Charismen, die er empfangen hat, wirkt. Die Fähigkeiten und Gaben jedes Christen in liebender Beziehung zueinander sind die Ordnungsstruktur der Glaubensgemeinschaft. Paulus setzt seine Karte auf die Freiheit der Christen und nicht auf Machtstrukturen. In diesem Verständnis der Kirche steckt eine »revolutionäre« Kraft, die immer wieder an die Pforten der Machtkirche klopft und zu einer friedlichen »Revolution« und Transformation in der Kirche aufruft, wenn das herrschaftsfreie Grundprinzip verraten wird. Ein Machtwort eines Hierarchen in der Kirche mag bequem sein und vordergründig leichter »Ordnung« schaffen, ist jedoch unchristlich und weltlichen Systemen angepasst. Gerade das paulinische herrschaftsfreie Kirchenbild könnte ein Beispiel für eine Umstrukturierung der Gesellschaftsordnung sein, in der mehr »Gerechtigkeit vor Gottes Angesicht« sichtbar wird, »damit ihr Hoffnung habt«. In den heutigen Kirchen ist dieses Verständnis von Glaubensgemeinschaft kaum zu erkennen. Sicher kann es sich dabei nicht um eine inhaltliche Wiederholung der urgemeindlichen Struktur handeln, wohl aber um eine grundlegende Erkenntnis echter menschlicher Beziehung, die heute genauso aktuell ist und sich auf vielfältige Weise realisieren kann. Dies zeigt die Jerusalemer Urgemeinde, wie sie die Apostelgeschichte schildert. Während Paulus nichts von Institutionen hält, weil er darin immer die Gefahr eines Machtmissbrauches sieht – »Macht und Machtmissbrauch sind siamesische Zwillinge« (Montesquieu 1689–1755) –, meinte man in Jerusalem das Gemeindeleben anders regeln zu sollen. Der erste Konfliktfall war Anlass für institutionelle Fragen. Wie bekannt, lebten die ersten Christen weiterhin ihre vorgegebene jüdische Religion, die jedoch durch die jesuanische befreiende Vollmacht relativiert war. Nun schlossen sich auch hellenistische Juden der Jesusbewegung an, die von sich aus bereits dem Tempelkult kritisch gegenüberstanden. Diese Anhänger Jesu wurden von der öffentlichen Unterstützung, der »Armenpflege« ausgeschlossen. Unter den Christen kam es wegen ihrer Benachteiligung zu Streitigkeiten. Daher bestellte die Urgemeinde sieben Männer, analog zu jüdischen Ortsvorstehern, die für diese Christen sorgen sollten. So begann die Glaubensgemeinschaft erste soziologisch-religiöse Strukturen zu entwickeln. Wegen der Ausgrenzung gewisser Judenchristen und später der Heidenchristen durch vorgegebene religiöse Institutionen wurden institutionelle Elemente in die Kirche eingebracht, die dazu dienten, die Abgrenzungen zu überwinden. Später und bis heute hat sich kirchliche Institution genau ins Gegenteil verwandelt. Je mehr sich die Anhänger Jesu von der jüdischen Gemeinde entfernten, was durch ihre Verfolgung bedingt war, wie die Steinigung des Stephanus bezeugt, umso mehr suchte man die Glaubensgemeinschaft zu ordnen und ihr eine eigene Struktur zu geben. So wird berichtet, dass ebenfalls nach jüdischem Vorbild Presbyter bestellt wurden, die bei Meinungsverschiedenheiten eine Art »Schiedsgericht« darstellten. Die sogenannte »Ältestenordnung« entstand. Aus einer historisch-sozialen und nur indirekt religiösen Notsituation gab sich die Kirche eine institutionelle Hilfsstruktur, vergleichbar etwa mit einer Notstandsgesetzgebung. Hilfsfunktionen dienen jedoch nur dazu, Probleme zu lösen. Sie sind wie ein Gipsverband für eine Wunde, um die sie zur Heilung gelegt werden. Wird diese vorläufige Dienstfunktion nicht gesehen, werden aus dem Gipsverband hierarchische Gips- oder gar Betonköpfe, die in der Kirche größten Schaden anrichten. Menschliche Institutionen in der Kirche haben nur dann eine Funktion, wenn sie für die Glaubensgemeinschaft hilfreich sind. Niemals gehören sie zum Wesen der Kirche. Treffend sagte dazu Kardinal Ratzinger: »Kirchliche Institutionen … drohen sich als das Wesentliche auszugeben, und sie verstellen so den Blick zum wirklich Wesentlichen. Dann müssen sie immer wieder wie überflüssig gewordene Gerüste abgetragen werden … damit der lebendige Herr sichtbar werde.«[32] Er nennt dies einen dauernden »Befreiungsakt« in der Kirche. Dies gilt nicht nur für die jüdische Presbyterialstruktur, die mit dem Priesteramt noch gar nichts zu tun hatte, sondern ebenso für die spätere, in der griechischen Welt eingeführte Episkopalstruktur. Die Epis-

[32] Ratzinger, J., Zur Gemeinschaft gerufen. Kirche heute verstehen, Freiburg 1991, 133. 138.

kopen waren ursprünglich Finanzbeamte, und dieses weltliche System schien kirchlicherseits brauchbar zu sein. Dass sich bis heute dort ein Machtpotential ausbreitet, wo das Geld ist, spüren wir alle in Wirtschaft und Kirche. Auf vielfältige Weise werden in den heutigen Kirchen denen die finanziellen Mittel entzogen, die sich unbotmäßig verhalten. Solange das Geld das Sagen hat, wird sich in der Kirche kaum etwas ändern. Die Aufhebung der Kirchensteuer in den deutschsprachigen Ländern wäre ein kleiner Schritt, der zu einer Neubesinnung auf christliche Werte beitragen würde. Die Hierarchen würden gebändigt, wenn die Finanzverwaltung von »Laien« durchgeführt würde, die das glaubende Volk wählt. In der Geschichte der Kirche wurde ferner die Macht durch das römisch-kaiserliche Vorbild weiter ausgebildet. Der Zusammenbruch des Weströmischen Reiches förderte die extrem monarchische Struktur der Kirche, der Pontifex maximus wurde in ihr geschaffen. Das hierarchische Prinzip gipfelte in der Alleinherrschaft des Papstes. Treffend bezieht Kardinal Ratzinger warnend dazu Stellung: »Monokratie, Alleinherrschaft einer Person ist immer gefährlich. Selbst wenn die betreffende Person aus hoher sittlicher Verantwortung heraus handelt, kann sie sich in Einseitigkeit verlieren und erstarren.«[33] Besser kann man wohl das hierarchische Papsttum nicht kritisieren. Wäre jetzt nicht Selbstkritik geboten? Durch die Machtergreifung der Hierarchie in der Kirche wurde aus der Communio eine Zwei-Klassen-Gesellschaft: Die Hierarchen, Kleriker und die sogenannten Laien, denen ihre christliche Freiheit genommen wurde. Kritik und freie Meinungsäußerung sind bis heute in der Katholischen Kirche verpönt. Im Gegensatz dazu hat das 2. Vatikanische Konzil darauf hingewiesen, dass nicht die weltlichen Herrschaftsverhältnisse Vorbild der Kirche sind, sondern der

[33] Ders., Wesen und Aufgabe der Theologie, Freiburg 1993, 75.

Dreieinige Gott; er ist »Vorbild und Urbild« (UR 2) der kirchlichen Gemeinschaft (LG 4). Hier wird zaghaft versucht, den Communio-Gemeinschaftsgedanken in der Kirche wiederzubeleben. Denn in Gott gibt es keine Hierarchie. Vater, Sohn und Heiliger Geist sind auf gleicher Ebene. Diese Beziehungswirklichkeit, die Gottes Wirklichkeit ist, konstituiert das Wesen der Kirche. »Mit Recht kann der Begriff ›communio‹ als *die* ekklesiologische Leitidee des Konzils angesehen werden.«[34] Zudem wird darauf hingewiesen, dass dort, wo es nur Hierarchie gibt, die Kirche »nicht wirklich gegründet« ist (AG 21). Die Konsequenz daraus ist, dass bei einer Konferenz, bei der nur Bischöfe anwesend sind, keine Kirchenversammlung stattfindet und das Wirken des Heiligen Geistes nicht zu erwarten ist. Sicher ist, dass die historisch gewordenen hierarchischen Strukturen ein menschliches (LG 8) und oft auch unmenschliches Element in der Kirche sind, das reformierbar und auch transformierbar ist und sein muss. Nur wenn sie gläubiger Existenz hilfreich sind, können sie als Hilfsstrukturen wirken, haben aber niemals Selbstzweck. Als Aufsichtsbehörde unterdrückt sie den gelebten Glauben und richtet sich gegen die biblische Botschaft. Gerade im Kontext demokratischer Entwicklung verlangt das Gottesvolk mit Recht echte Mitbestimmung. Schon Thomas von Aquin war der Meinung, dass jeder gläubige Christ einen Glaubenssinn (instinctus fidei) hat, durch den er beurteilen kann, ob das, was ein Hierarch sagt, wirklich Glaubensausdruck und -wahrheit ist oder nicht. Wage also, deinen Glaubensverstand zu gebrauchen, er steht über jedem Gehorsamsakt, denn er ist geistgewirkt! Der letzte absolutistisch regierende Herrscher der zivilisierten Welt, der meint »von Gottes Gnaden« sein Amt inne zu haben, ist der Souverän des Vatikanstaates, der Papst. Der Hierarch ist das

[34] Kehl, M., Die Kirche. Eine katholische Ekklesiologie, Würzburg 1992, 51f.

handelnde Subjekt in der Kirche, das Volk hingegen das Objekt. All das hat mit einer christlichen Glaubensgemeinschaft kaum noch etwas zu tun. Das Argument, dass der Kirche demokratische Elemente wesensfremd seien, denn über Glaubenswahrheiten könne man nicht abstimmen, greift nicht. Es ist richtig, dass durch einen Mehrheitsentscheid nichts wahr oder falsch wird, denn Glaubenswahrheit ist nur im gelebten Vollzug, sonst ist sie nicht. Aber über Glaubenssymbole, also Glaubensausdrücke, wurde fast immer abgestimmt, so wie man es über Verkehrsregeln macht, damit ein Konsens herrscht und kein Mensch zu Schaden kommt. Alle Konzilien, in denen Glaubensaussagen formuliert wurden, bildeten ein mehr oder weniger freies Diskussionsforum, an dessen Ende eine Abstimmung stand. Allerdings hat nur die Mehrheit der Hierarchen, die oft noch durch die Autorität des Papstes manipuliert wurden, schließlich entschieden. So wurde der Glaubensausdruck monopolisiert und die Mehrheit der Hierarchen stand einem dummen Volk gegenüber, dem die »Wahrheit« beizubringen war. Wie anders ist die Botschaft Jesu, in der jede Herrschaft des Menschen über den Menschen ausgeschlossen wird, jeder Glaubende gleichberechtigt mitbeteiligt am Leben und an der Gestaltung der Glaubensgemeinschaft ist. Wenn man unter Demokratie allerdings eine Volks*herrschaft* versteht, dann ist die Kirche auch diese nicht, darf aber noch viel weniger eine Monarchie sein. Herrschaft soll aus ihr nach Christi Willen verbannt sein. Sie soll Gemeinschaft von Brüdern und Schwestern sein, in der der Unterschied der Herkunft, des Geschlechts oder der gesellschaftlichen Stellung keine Rolle spielt. Die in der Taufe bzw. im Bekenntnis zu Jesus Christus gründende Gleichheit aller vor Gott müsste auch in den Strukturen ihren Ausdruck finden. Kirche ist kein religiöser »Obrigkeitsstaat«, der von den Glaubenden die Mentalität der Untertanen fordern darf, wie Heinrich Mann in seinem Roman

»Der Untertan« schildert. Dies ist ein pervertiertes Menschenbild, in dem die einen zum Gehorchen, die anderen zum Befehlen da sind. Gerade beim Abschiedsmahl Jesu zeigt er uns, wie Menschen sich als Christen verhalten sollen. Johannes ersetzt in seinem Evangelium den Bericht von der Eucharistie durch die Fußwaschung. Nicht, dass er etwas gegen das eucharistische Mahl gehabt hätte, sondern weil es nur in der Praxis der Liebe als deren Ausdruck Bestand hat. Johannes Paul II. nimmt im Schreiben »Mane nobiscum Domine«[35] ausdrücklich darauf Bezug, dass der »Sinn der Eucharistie« die Fußwaschung ist, und erklärt, »dass eine Feier der Eucharistie nicht zulässig ist, wenn in ihr nicht die in konkreten Teilen mit den Ärmsten bezeugte Nächstenliebe aufleuchtet«. Kein Christ kann Christus »danken«, wenn er ein Peiniger anderer Menschen ist. Ohne Liebe keine wahre Eucharistiefeier! Niemand darf sich als »Herr« über sie und andere aufspielen. Jesus versteht sich als Herr und Meister, und das zu Recht, und gerade als solcher wäscht er symbolhaft allen Aposteln die Füße. Wenn auch heute Bischöfe diese Symbolhandlung am Gründonnerstag vollziehen, dann geschieht im Symbol oft das Gegenteil der Lebenswirklichkeit. Jesus sagt zu Petrus ausdrücklich, dass er ihm nur die Füße waschen will, damit er sieht, dass es in der Glaubensgemeinschaft nur um einen liebenden Dienst geht. Hierarchen aber verwechseln allzu leicht die Füße mit dem Kopf. Den Gläubigen »waschen sie den Kopf« und nicht die Füße, was das heutige Unglück in der Katholischen Kirche ist. Nur ein Weg zurück, zum Ursprung hin, kann helfen. Die tabuisierte Macht der Hierarchie muss sich zu Gunsten einer dialogischen Gemeinschaft auflösen. Wo die Güte und die Liebe ist, da ist Gott, aber auch nur da! Wie leicht wäre dann auch der Weg zur gegenseitigen Verständigung der Christen.

[35] Papst Johannes Paul II. Apostolische Schreiben zum Jahr der Eucharistie »Mane nobiscum Domine«, 7.10.2004, Nr. 28.

Die Gewährung der Gastfreundschaft würde zur Selbstverständlichkeit werden, wenn Herrschaftsansprüche nicht den Weg versperrten.

Vom biblischen Kirchenverständnis her gibt es daher keine unüberbrückbaren Hindernisse auf dem Weg zu einem gemeinsamen Herrenmahl, zur offenen Gastfreundschaft unter den Christen. Das biblische offene Konzept der Glaubensgemeinschaft mit verschiedenen kirchlichen Strukturen muss der Leitfaden der Beziehung unter den christlichen Gemeinden sein.

7. Ein Weg zum gemeinsamen Herrenmahl?

Die heutige Auseinandersetzung um die Eucharistiefeier bzw. das gemeinsame Abendmahl hat eine fast 40-jährige ökumenische Vorgeschichte.

Beim ökumenischen Pfingsttreffen in Augsburg (3. bis 5.6.1971) wurde die zentrale ökumenische Frage nach der eucharistischen Gastfreundschaft gestellt. »Wir fordern Kirchenleitungen ... auf, gemeinsame Abendmahlsgottesdienste bzw. Eucharistiefeiern für die ökumenischen Gruppen ... zuzulassen und als einen Weg zur größeren Einheit zu empfehlen ... Die ... Kirchenleitungen werden gebeten, ihre Glieder gegenseitig zu einer offenen Kommunion zuzulassen.« Ebenso forderte die Würzburger Synode (1971–75) die Bischöfe auf, alle Möglichkeiten wahrzunehmen, um anderen Christen den Zutritt zur Eucharistie zu ermöglichen. Einen ersten großen Schritt stellt bis heute das Straßburger Modell von 1972 dar. Die Initiative kam von dem bekannten französischen Lutherischen Theologen Gérard Siegwalt, der einen offenen Brief an den Straßburger Bischof Léon Arthur Elchinger schrieb, in dem er den sehnlichen Wunsch äußerte, eine offene eucharistische Gemeinschaft zu ermöglichen. Nach fast dreijähriger Beratung veröffentlichte der Bischof seine Weisungen über die eucharistische Gastfreundschaft. Er erwähnt, dass bereits konfessionsverschiedene Ehepaare und ökumenisch engagierte Christen »heimlich« diese Gastfreundschaft pflegen. Heute ist dies nicht nur in Frankreich, sondern in vielen anderen Ländern üblich, wenn es auch häufig von Bischöfen nicht gewünscht wird. Bischof Elchinger wollte damals diese »Heimlichkeit« beenden. Ihm ging es dabei um eine eucharistische Gastfreundschaft, d.h. offene Kommunion, nicht jedoch um eine Konzelebration bzw. Interzelebration oder Interkommunion, die er beim damaligen Stand der ökumenischen Diskussion für nicht angebracht hielt. Diese drei wichtigen Begriffe sind erklärungsbedürftig.

Die Konzelebration bedeutet, dass Amtsträger verschiedener Konfessionen bei gelegentlichen Zusammenkünften wechselseitig den eucharistischen Gottesdienst leiten. Z. B. spricht in diesem Fall der katholische Priester die Brotworte, der evangelische Pastor die Weinworte oder umgekehrt. Nach Ansicht Johannes Paul II. in der Enzyklika »Ecclesia de Eucharistia« ist dies heute »in keinem Fall statthaft«. Die Interzelebration meint im Wesentlichen das gleiche. Verschiedene getrennte Kirchen erlauben den Geistlichen die gegenseitige Leitung des Herrenmahls.

Davon unterscheidet sich die Interkommunion. Sie ist die generelle gegenseitige Zulassung zweier oder mehrerer Kirchen von Mitgliedern der jeweils anderen Konfession zur eigenen Eucharistiefeier. Die Voraussetzung dafür ist eine wechselseitige Vereinbarung der Kirchen. Eine solche existiert z. B. zwischen der Evangelischen Kirche Deutschlands (EKD) und der Altkatholischen Kirche sowie der Kirche von England. Ein derartiges Übereinkommen erschien Johannes Paul II. als »unmöglich«, so lange nicht »die sichtbaren Bande der kirchlichen Gemeinschaft vollständig geknüpft sind«.

Von all dem hebt sich die »offene Kommunion« bzw. die eucharistische Gastfreundschaft (eucharistic hospitality, hospitalité eucharistique) ab. Diese fand beim 1. Ökumenischen Kirchentag (2003) statt. Christen anderer Konfessionen werden, wenigstens in Ausnahmefällen bzw. zu besonderen Anlässen, zur Abendmahlsgemeinschaft eingeladen. Demjenigen, der beim Gottesdienst anwesend ist und Gemeinschaft mit Jesus Christus haben möchte, steht der Empfang der Eucharistie offen. Diese gegenseitige Zulassung setzt keine offizielle Abmachung zwischen den Kirchen voraus. Sie ist jedoch getragen von dem Gedanken, dass Jesus Christus niemanden ausschloss, der zu ihm kommen wollte, und dass dadurch Versöhnung und Verständigung in Einheit ermöglicht wird. Stillschweigend wird dies heute in der Katholischen Kirche häufig praktiziert.

Bischof Elchinger setzte sich vehement für diese Gastfreundschaft ein und argumentierte: 1. Die Eucharistie ist für alle da, weil Jesus Christus die getrennten Menschen und erst recht Christen vereinigt. 2. Auch die anderen Christen gehören zum Leib Christi und haben Anteil an ihm, da sie zu seinen Gliedern gehören. Die logische Folge war für ihn die gegenseitige Zulassung zum Herrenmahl. Auch der katholische Part, etwa im Fall einer Mischehe, kann am evangelischen Abendmahl teilnehmen. Diese Aussage verteidigte er innerkirchlich damit, dass dadurch weder die Kirchen noch ihre jeweilige Abendmahlsfeier als »gleichbedeutend« angesehen werden müssen. Die Unterschiede werden dadurch nicht verwischt. Die christliche Botschaft bedeutet Einschluss und nicht Ausschluss.

Es ist charakteristisch, dass die französischen Bischöfe stillschweigend dieses Modell akzeptierten, die deutschen Bischöfe jedoch sofort Alarm schlugen. Kardinal Jäger von Paderborn, der damalige Vorsitzende der Ökumenischen Kommission der deutschen Bischöfe, intervenierte in Rom. Er erklärte, dass das Straßburger Modell »Unordnung« in die Kirche brächte und daher abgelehnt werden müsse. Rom aber gab Bischof Elchinger recht, und Kardinal Willebrands, der damalige Vorsitzende des päpstlichen Einheitssekretariats, schrieb, dass er hoffe, dass diese »Richtlinien« für die Gläubigen reiche Früchte tragen. Kardinal Šeper, der damalige Präfekt der Glaubenskongregation, äußerte sich auf Grund dieser Intervention ebenfalls und erklärte, dass es ein Gewissensentscheid sei, sich an diese »Richtlinien« zu halten. Wer jedoch meine, dass sie nicht dem kirchlichen Gesetzbuch (CIC) entsprächen, müsse zugestehen, dass sie nicht gegen ein Gesetz verstoßen. Sie sind höchstens als Ausnahmen »extra normam« (außerhalb der Normen, aber nicht gegen sie) anzusehen. Auf Grund dieser Entscheidung hat sich Kardinal Jäger genötigt gesehen, sich bei seinem Amtskollegen wegen seiner Intervention zu entschuldigen.

Der Nachfolger von Elchinger, Joseph Doré, hat diese »Eucharistische Gastfreundschaft« bestätigt, ja ausgeweitet. Bei einer charismatischen ökumenischen Versammlung in Plobsheim (16.7.2000) nahmen etwa 600 Christen unterschiedlichster Denominationen am katholischen Gottesdienst teil und empfingen die Kommunion. Im selben Jahr (30.7.2000) fand in Straßburg die 32. Konferenz der Internationalen Ökumenischen Gemeinschaft (IEF) mit 300 Teilnehmern statt. Bei der katholischen Eucharistiefeier im Straßburger Münster kommunizierten Anglikaner, Altkatholiken, Orthodoxe, Lutheraner, Reformierte, Freikirchler u. a. Sie alle waren eingeladen. Zwei Jahre darauf (30.7.2002) fand wieder bei der Konferenz der Internationalen Ökumenischen Gemeinschaft im anglikanischen Dom zu Lincoln eine katholische Messfeier statt. Sie war die erste seit 470 Jahren. Der anglikanische Bischof von Lincoln nahm in vollem Ornat und mit Bischofsstab am Gottesdienst teil und empfing die Kommunion. 30 ordinierte Männer und Frauen nahmen teil: Anglikaner, Altkatholiken, Lutheraner, Reformierte, Methodisten, Baptisten, Böhmische Brüder usw. Sie alle nahmen im Altarraum Platz und empfingen die Eucharistie in ihrer liturgischen Kleidung. Diese ökumenische Praxis erlebte ich selbst in der evangelischen Stiftskirche in Tübingen, als ich noch Assistent bei Professor Küng war und die Mitglieder der Katholisch-Theologischen Fakultät, ich selbst eingeschlossen, in unseren liturgischen Gewändern das evangelische Abendmahl empfingen. Nach dem 2. Vatikanischen Konzil lebte die Hoffnung, dass die gegenseitige Teilnahme am Herrenmahl Zeichen ökumenischer Verständigung ist. Bei allem Wenn und Aber praktizierte auch Papst Johannes Paul II. fallweise diese ökumenische Gastfreundschaft, indem er z. B. 2003 Tony Blair, aber auch viele andere nichtkatholische Christen wie Harding Mayer, Protestantische Brüder von Taizé und, wie der ehemalige Bundesverfassungsrichter und Romano-Guardini-Preisträger (2004) Ernst-Wolfgang Böckenförde berichtet, »alle Teilnehmer – ohne Unterschied der Konfession« in seine Privatkapelle zur vollen Eucharistiefeier einlud.

Im Licht der Geschichte all dieser Verständigungsversuche und Ereignisse ist es umso beschämender, dass sich die deutschen Bischöfe beim 1. Ökumenischen Kirchentag (2003), der unter dem Motto »Ihr sollt ein Segen sein« stand, nicht zum »Segen« der Christenheit wirkten und sich beim Herrenmahl von allen anderen Konfessionen abtrennten. Ein trauriges Bild war es, dass Kardinal Sterzinsky von Berlin und der evangelische Bischof Wolfgang Huber (damaliger EKD-Ratspräses) jeweils ihre eigenen Abendmahls- bzw. Eucharistiefeier hielten. Erst darauf fanden sie sich auch zu einem ökumenischen Wortgottesdienst zusammen, bei dem Bischof Huber predigen durfte. Kardinal Lehmann und Manfred Kock (früherer EKD-Ratspräses), weit entfernt, ein gemeinsames Herrenmahl zu feiern, fanden nicht einmal den Mut, eine durchaus unproblematische gemeinsame Agape zu feiern. Ja, bei einem katholischen Gottesdienst wurde ausdrücklich betont, dass nur Katholiken zur Kommunion eingeladen sind. Für die anwesenden Altkatholiken war dies unfassbar.

All das wiegt noch schwerer, da Johannes Paul II. bereits in seiner Enzyklika »Ut unum sint« die eucharistische Gastfreundschaft als »Grund zur Freude«[36] bezeichnete. In seiner Enzyklika »Ecclesia de Eucharistia« ging er noch einen wesentlichen Schritt weiter und erklärte ausdrücklich, dass »keine Zurückhaltung« geboten ist »hinsichtlich der

[36] Ders., Enzyklika »Ut unum sint«, 25.5.1995, Nr. 46.

Spendung der Eucharistie unter besonderen Umständen und gegenüber einzelnen Personen, die zu Kirchen oder kirchlichen Gemeinschaften gehören, die nicht in der vollen Gemeinschaft mit der Katholischen Kirche stehen«.[37] Selbst also den Christen, deren Gemeinschaft von der Katholischen Kirche nicht als Kirche anerkannt wird, soll der Empfang der Kommunion offen stehen. Außerdem kann niemand ernsthaft bezweifeln, dass der 1. Ökumenische Kirchentag ein solch »besonderer Umstand« war. Ebenfalls wurden nur die einzelnen anwesenden Christen beim ökumenischen Gottesdienst eingeladen, die das »geistliche Bedürfnis« hatten – wie die Enzyklika formuliert –, die Eucharistie zu empfangen. Der Wunsch, Gemeinschaft mit Jesus Christus zu haben, war bei ihnen offenkundig. Die deutschen Bischöfe verwehrten diese Gemeinschaft und nutzten die Gelegenheit nicht, die Versöhnung der Kirchen voranzubringen. Johannes Paul II. geht in diesem Passus der Enzyklika weit über den kirchlichen Codex (can 844, § 4) hinaus, der auch, wie wir gesehen haben, in weitem Sinne interpretiert werden kann.[38] Ferner ist im Schreiben Johannes Paul II. zum Jahr der Eucharistie »Mane nobiscum Domine« zu lesen, dass die »Kultur der Eucharistie« eine »Kultur des Dialogs« sein müsste, der die »Gesellschaft zu mehr Gerechtigkeit und Brüderlichkeit« führt und Frieden stiftet.[39] Außerdem betont er, dass »die Eucharistie die *Quelle* der kirchlichen Einheit ist«[40], d. h. sie ist der Weg zur Verständigung der Konfessionen und nicht erst das Ziel, wie Bischöfe behaupten, denn Jesus sagt, dass er der *Weg* ist. Zugleich ist die Eucharistie »ein *Projekt der Solidarität* für die gesamte Menschheit«[41]. Wer kann diesen Aussagen in ihrer Offenheit nicht zustimmen? Und doch, nach dem

[37] Ders., Enzyklika »Ecclesia de Eucharistia«, 17.4.2003, Nr. 45.
[38] Demel, S., Gemeinsam zum Tisch des Herrn, 2003.
[39] Siehe Anmerkung 35, Nr. 26f.
[40] Ders., Nr. 21.
[41] Ders., Nr. 27.

römischen Dekret gegen mein Verhalten beim 1. Ökumenischen Kirchentag, das Johannes Pauls Paul II. approbierte, interpretierte ich diese Aussagen und Fakten in »abwegiger und irriger Weise«. Offenbar ist das alles nicht so gemeint, wie es gesagt wird. Wie kann man solchen Worten noch trauen, oder sind es janusköpfige Aussagen?

Kurz vor dem 1. Ökumenischen Kirchentag hatten die drei Ökumenischen Institute in Straßburg (Prof. Biemele), Tübingen (Prof. Hilberath) und Bensheim (Prof. Plathow) Thesen zur eucharistischen Gastfreundschaft veröffentlicht und darin erklärt: Abendmahlsgemeinschaft ist möglich.[42]

1. Es wird ausgeführt, dass nicht die Zulassung getaufter Christen zum gemeinsamen Abendmahl begründungsbedürftig ist, sondern seine Verweigerung. Die Einheit der Christen besteht in der einen Taufe und im Glauben an Jesus Christus. »Das, was uns verbindet, ist viel stärker als das, was uns trennt.«[43] Daher ist zu fragen, ob institutionelle Strukturen, wie das Amtsverständnis, wirklich kirchentrennend sein müssen. Zudem geht die Einheit der Kirche Christi aller konfessionellen Trennung voraus. Nicht die »offene«, sondern die »geschlossene« Kommunion bedarf einer Rechtfertigung. Das Wirken Gottes in der Kirche realisiert eucharistische Gemeinschaft. Daher soll *»eine offene eucharistische Gastfreundschaft als Regelfall ökumenischer Praxis«* gelten.[44] Bereits 1970 schrieb der heutige Kardinal Kasper in der Zeitschrift Publik: »Die eigentliche Irregularität sind nicht solche offenen Kommunionfeiern, sondern die Spaltung und gegenseitige Exkommunikation der Kirchen. Die nicht positiv genug zu würdigende Funktion einzelner Gruppen, welche hier vorpreschen, ist es, dass sie

[42] Centre d'Études Oecuménique (Strasbourg), Institut für Ökumenische Forschung (Tübingen), Konfessionskundliches Institut (Bensheim) Hg., Abendmahlsgemeinschaft ist möglich. Thesen zur Eucharistischen Gastfreundschaft, Frankfurt 2003.

[43] Siehe Anmerkung 36, Nr. 20.

[44] Siehe Anmerkung 42, 16.

den Kirchen den Skandal ihrer Trennung der Einheit immer wieder vor Augen führen und dafür sorgen, dass wir uns nicht bequem mit dem Status quo abfinden. Deshalb können einzelne gemeinsame Eucharistiefeiern, wenn sie in christlicher Verantwortung begangen werden, ein Zeichen der Hoffnung sein, dass die trennenden Gräben aus der Vergangenheit durch gemeinsame Anstrengung überwunden werden können, indem sie sich alle im Glauben an den einen Herrn um den einen Tisch versammeln, um das Brot zu teilen, und sich zu einem Leib verbinden lassen.«

2. Ferner stellen die Ökumenischen Institute fest, dass es ein Widerspruch ist, von gelebter Ökumene zu sprechen und das Herrenmahl zu verweigern. Es ist so, wie wenn Nachbarn nach einem Streit zwar wieder über den Gartenzaun hinweg miteinander sprechen, aber in keiner Weise bereit sind, einander einmal zum Abendessen einzuladen; eine echte Gemeinsamkeit wird so nie begründet werden. Überdies wird durch den bei der Feier der Eucharistie errichteten Stacheldraht die Glaubwürdigkeit der christlichen Botschaft geschmälert, ein nachchristliches Europa gefördert und die Religion in die Privatsphäre gedrängt. Das Argument ist auch nicht schlüssig: Man könne doch nicht am Sonntag gemeinsam Gottesdienst feiern und unter der Woche getrennten Religionsunterricht erteilen. Ökumene ist sicher nur dann wirklich ernst gemeint, wenn auch in diesem Bereich eine Kooperation erfolgt, wie es bereits in manchen Schulen geschieht. Lebendige Ökumene darf sich nicht nur im gemeinsamen Vater-Unser-Gebet und in manchen caritativen Tätigkeiten erschöpfen, sondern muss die christliche Mitte mit allem Respekt vor dem Andersdenken erfassen. Die Eucharistie ist ja als Gegenwart Christi die gemeinsame Lebensquelle.

3. Außerdem gibt es nach offizieller Lehre der Kirche und nach dem kirchlichen Gesetzbuch (CIC) die Ausnah-

meregelung. Wenn wirklich die Eucharistiegemeinschaft und die Kirchengemeinschaft (sprich Konfessionsgemeinschaft) unabdingbar zusammengehören, wie ist dann eine ausnahmsweise Zulassung doch möglich? Kardinal Lehmann behauptet: »Dies (= die Einheit: Herrenmahl und Kircheneinheit) ist aber ein so fundamentaler, konstitutiver Zusammenhang, dass er nicht zerrissen werden darf.«[45] Die französische Bischofskonferenz betont hingegen in ihrer Verlautbarung vom 14.3.1983, dass evangelische Christen unter bestimmten Voraussetzungen zur katholischen Eucharistie *eingeladen* werden können. Die evangelisch-lutherische Kirche ist darin noch offener, indem jedem getauften Christen der Zugang zum Tisch des Herrn ermöglicht werden soll, »der im Vertrauen auf Christi verheißendes Wort hinzutritt«.[46] Viele katholische Bischöfe und Bischofskonferenzen in den verschiedenen Erdteilen schließen die eucharistische Gastfreundschaft nicht aus. Die deutsche Bischofskonferenz aber mauert. Das »Direktorium zur Ausführung der Prinzipien und Normen über den Ökumenismus« von 1993 spricht sogar davon, dass die Zulassung von Nichtkatholiken zur Eucharistie unter bestimmten Bedingungen *empfohlen* wird. All diese Ausnahmen können nur damit begründet werden, dass offene Kommunion und Einheit in der Konfession nicht identisch sind. Tisch- und konfessionelle Kirchengemeinschaft sind klar zu unterscheiden, sie sind nicht deckungsgleich. Weil die Eucharistie heilsrelevant für den Empfänger ist, kann sie einem anderen Christen nicht verweigert werden. Menschen würden sich zum Richter über das Heil anderer aufschwingen. Jeder Hierarch wird vor Gott am Mitchristen schuldig, wenn er eucharistische Gemeinschaft verhindert.

[45] Lehmann, K., Einheit der Kirche und Gemeinschaft im Herrenmahl. Zur neueren ökumenischen Diskussion von Eucharistie- und Kirchengemeinschaft, Bonn 2000, Kap. 7.

[46] Zit. n. Anmerkung 42, 24.

4. Auch im katholischen Verständnis wird jeder gültig Getaufte im biblischen Sinne in den Leib Christi integriert. Der eine Glaube an Jesus Christus konstituiert den einen Leib, der Christus ist. So lehrt das 2. Vatikanische Konzil: »Wer an Christus glaubt und in rechter Weise die Taufe empfangen hat, steht dadurch in einer gewissen, wenn auch nicht vollkommenen Gemeinschaft mit der Katholischen Kirche« (UR 2). Da diese Christen sind, werden sie mit Recht »als Brüder im Herrn« (UR 3) anerkannt. Kann diese Geschwisterlichkeit beim Herrenmahl enden? Gerade bei ihm wird Leib Christi je neu gegenwärtig. Der »Leib Christi« geht weit über die römisch-katholische Konfession hinaus. »Die formelle Kirchengemeinschaft einer Konfessionskirche und der Leib Christi (sind) nicht identisch.«[47] In der Eucharistie wird zeichenhaft dieser »Leib Christi« gegenwärtig. Die Tischgemeinschaft zu verweigern, bedeutet das Tischtuch zu zerschneiden und den Leib Christi auseinanderzureißen. Mit welchem Recht verweigert eine Kirche den Vollzug der Gegenwart des Leibes Christi im Herrenmahl denen, die doch zu diesem einen Leib gehören?

5. Eine Kirche, wie immer sie sich versteht, steht niemals über dem Herrenmahl, sondern dient ihm. Jesus Christus konstituiert das eucharistische Gastmahl. Keine Konfession verfügt über den Tisch des Herrn. Allein durch Jesus Christus gibt es das Abendmahl. Immer wieder wird ein zentrales Argument gegen die eucharistische Tischgemeinschaft angeführt: Zuerst müsse die Kirchengemeinschaft bestehen, erst dann wäre die Tischgemeinschaft möglich. Hier wird die Kirche Christi exklusiv mit einer Konfession identifiziert, und diese Identifikation wird für ein Machtmonopol missbraucht. So ist im Dekret, das mich verurteilt, zu lesen, dass schon die Frage, die ich gestellt habe: »Wie kann ich jemandem, der zum Leib Christi gehört, den Leib

[47] Ebd., 38.

Christi verweigern?« eine »irrige Lehrmeinung« und »unrichtige katholische Ekklesiologie« bezeugen. Aber selbst der fundamentalistische Hirtenbrief (23.11.2003) der deutschen Bischöfe zur Liturgiekonstitution des 2. Vatikanischen Konzils betont: »Wir sind vom Herrn eingeladen.« Keine Konfessionskirche lädt also ein! Johannes Paul II. lehrt in seiner erwähnten Eucharistieenzyklika, dass die Kirche von der Eucharistie lebt und in ihr ihre Quelle besitzt und nicht umgekehrt. Ebenso schafft die Eucharistie die Gemeinschaft. Benedikt XVI. (Sacramentum caritatis, 2007) spricht davon, dass die Eucharistie kausal den Ursprung der Kirche bedingt (Nr. 14). Kirche wird durch Jesus Christus als ihre Existenzgrundlage konstituiert, sie ist das Abgeleitete und hat keinen Sinn in sich. Sie sollte das Licht Jesu Christi widerspiegeln und nicht Finsternis verbreiten. Keine Kirche kann sich daher zur Herrin über die Eucharistie aufschwingen. Immer wieder wird ein schillernder Kirchenbegriff verwendet, um alte Machtpositionen aufrecht erhalten zu können. Schlagen wir den Catechismus Romanus, den Tridentinischen Katechismus von 1566 auf und befragen ihn nach der Kirchengemeinschaft, dann heißt es dort: Kirche ist die Gemeinschaft der Glaubenden, die auf der Erde verstreut leben (X,2). Diese Aussage geht bereits auf den Bischof von Karthago, Cyprian (ca. 200–258) zurück. Wo Menschen sich vertrauend an Jesus Christus orientieren, d. h. glauben, da ist Kirchengemeinschaft gegeben. Das Schreiben des »Päpstlichen Rates für die Gesetzestexte« (13.3.2006) unterstreicht dies: »Der rechtlich-verwaltungsmäßige Akt eines Austritts aus der Kirche (= Katholische Kirche) konstituiert nicht *per se* einen formalen Akt des Abfalls, wie er vom Codex verstanden wird, denn es ist möglich, dass dennoch der Wille vorhanden sein könnte, in der Gemeinschaft des Glaubens zu bleiben« (Nr. 3). D. h., wer der Institution der Katholischen Kirche den Rücken kehrt, kann trotzdem weiter in der Glaubensgemeinschaft bleiben, seine »Zugehörigkeit zum Leib Christi« (Nr. 7) steht nicht in Frage, und er kann daher auch in der Katholischen Kirche die Eucharistie empfangen. Also, allein die Glaubensgemeinschaft kann Voraussetzung der Tischgemeinschaft sein. Was bedeutet in diesem Kontext die Forderung der Kircheneinheit, die der Eucharistiegemeinschaft vorausgehen müsse? Die Katholische Kirche verlangt zuerst die Anerkennung ihrer hierarchischen Institution. Genau darin liegt der entscheidende Punkt.

Darum sagen die erwähnten Ökumenischen Institute in ihren beiden abschließenden Thesen, dass die Abendmahlsgemeinschaft weiter reicht als die Kirchengemeinschaft: Sie geht über den kirchlichen Institutionalismus hinaus. Eine Kirchengemeinschaft, die sich von der Verkündigung der Frohbotschaft her versteht, ist an keine bestimmte geschichtliche Ausgestaltung der Kirche gebunden. Das entspricht genau den Lehräußerungen des 2. Vatikanischen Konzils in der Kirchenkonstitution (LG 8), wo es heißt, dass die hierarchische Institution und Struktur ein *menschliches* und kein göttliches Element in der Kirche ist. Wer Kirche jedoch auf ein menschliches Element aufbaut, der hat auf Sand gebaut. Genau das aber geschah in der Erklärung der Glaubenskongregation »Dominus Jesus«[48]: »Der Herr Jesus, der einzige Erlöser, hat nicht eine bloße Gemeinschaft von Gläubigen gestiftet.«[49] Damit erklärte Kardinal Ratzinger die Kirchendefinition des Tridentinischen Katechismus für unzureichend, denn auf Grund der apostolischen Sukzession besteht eine unlösbare Kontinuität »zwischen der von Christus gestifteten und der Katholischen Kirche«. Daher besteht »die Kirche Christi trotz der Spaltungen der Christen voll nur in der Katholischen Kir-

[48] Kongregation für die Glaubenslehre, Erklärung »Dominus Jesus« über die Einzigkeit und die Heilsuniversalität Jesu Christi und der Kirche. 6.8.2000.

[49] Ebd., Nr. 16.

che«. Die Glaubensgemeinschaften, die die apostolische Sukzession anerkennen und die daher gültig Eucharistie feiern, jedoch nur den Primat des Bischofs von Rom nicht annehmen, sind echte Teilkirchen, und in diesen Kirchen ist die Kirche Christi gegenwärtig. Die christlichen Gemeinschaften, die den gültigen Episkopat nicht bewahrt haben »sind nicht Kirchen im eigentlichen Sinn«.[50] Noch deutlicher vertritt Benedikt XVI. im Schreiben »Antwort auf Fragen zu einigen Aspekten bezüglich der Lehre über die Kirche« (2007) diese Meinung: Nur in der Katholischen Kirche verwirklicht sich die Kirche Christi! Damit wird allen Kirchen, die aus der Reformation hervorgegangen sind, das »Kirche-Sein« abgesprochen. Das Existenzrecht als Kirche wird ihnen verweigert. So wie unter Staaten, die einander das Existenzrecht bestreiten, kein echter Dialog möglich ist, so auch nicht unter Kirchen. Diese Verweigerung des Existenzrechts ist eine ungeheure Anmaßung, die sich weder theologisch noch biblisch rechtfertigen lässt, zumal biblisch Jesus keine Kirche gestiftet hat. Trotzdem wird zugestanden, dass durch die Taufe auch die evangelischen Christen Christus eingegliedert werden. Gehören sie also doch zum Leib Christi? Wenn man willkürlich die Kirche durch die Hierarchie definiert, dann schließt freilich eine solche Definition alle anderen Kirchen vom »Kirche-Sein« aus. In einem Interview zu »Dominus Jesus« schien der jetzige Papst die Aussagen etwas abzuschwächen. Er erklärt: »Das Sein der Kirche als solches reicht viel weiter als die römisch-katholische Kirche.«[51] Können nun doch auch die protestantischen Kirchen Kirchen sein? In diesen Glaubensgemeinschaften »ereignet sich Kirche«.[52] Wie ist dies mit dem Schreiben des Papstes von 2007 zu verein-

[50] Ebd.

[51] Ratzinger, J., »Es scheint mir absurd, was unsere lutherischen Freunde wollen«, in: Frankfurter Allgemeine Zeitung, 22.9.2000, 51.

[52] Ebd.

baren? Entscheidend ist jedoch, dass sie nach römischem Maßstab keine wirklich »gültige« Eucharistie feiern. Aber selbst dann, wenn man diese Behauptung annimmt, gibt es keinen Grund, die evangelischen Christen nicht zum »gültigen« Herrenmahl einzuladen. Diese Gemeinschaft der Gläubigen wird allein durch die Hierarchie verhindert. Sie grenzt ab und aus und missbraucht dazu die eucharistischen Symbole. Da das Argument: Kirchengemeinschaft nur durch Anerkennung der katholischen Hierarchie, zu schwach, ja unhaltbar ist, wird hierarchischer Anspruch durch die apostolische »Sukzession« begründet.

8. Zur Frage des Amtes und der Sukzession

Unter Sukzession (successio apostolica) ist die ununterbrochene Nachfolge der Apostel bis zu den heutigen Bischöfen zu verstehen. Sie geschieht durch Handauflegung und Gebet. Diese Sukzessionskette begründet nach offiziellen katholischen Verlautbarungen die Gültigkeit der Eucharistie. Neben dem Bischof darf nur ein von ihm gültig geweihter Priester der Eucharistiefeier vorstehen, weil nur er die echte »Verwandlungsgewalt« von Brot und Wein in den Leib Christi besitzt. Mit Ausnahme der Orthodoxen Kirchen spricht die Katholische Kirche fast allen anderen Kirchen die vollgültige Herrenmahlsfeier ab. Dadurch wird die Amtsfrage zum entscheidenden Hindernis für die Ökumene. Das Amt erhält eine göttliche Aura und ist unantastbar, tabuisiert. Diese zentrale Annahme einer apostolischen Sukzession, der ununterbrochenen Kette von Jesus zu den heutigen Bischöfen, ist historisch nicht nachweisbar. Außerdem sind uns, wie wir gesehen haben, im Neuen Testament sehr unterschiedliche Kirchenmodelle überliefert. Für das johanneische Schrifttum ist das Kriterium der »wahren« Kirche ihr Bleiben in der Wahrheit. Die Wahrheit aber ist kein Besitz, sondern das Offenbarwerden Gottes unter den Gläubigen. Da in Jesus Christus die Einheit und Verständigung der Menschen untereinander hergestellt werden soll, kann Wahrheit nur im Modus der Einheit existieren. Sie wird daher nicht durch Kult, Tradition oder gar einem Bischofsamt hergestellt, sondern allein durch die geschwisterliche Liebe. Sie ist gemeinschaftsstiftend. Sie ist die Grundstruktur der Kirche. Alle anderen »Hilfsstrukturen« führen eher vom Zentrum der Glaubensgemeinschaft weg, als dass sie förderlich sind. Auch den Pastoralbriefen (ca. Ende 1. bis Mitte 2. Jh.) ist der Sukzessionsgedanke fremd. Jedoch wird ein Kirchenmodell favorisiert, das weder paulinisch-charismatisch noch institutionell-hierarchisch ist, sondern ins Zentrum des Kirchenverständnisses rückt die »reine Lehre«. Nicht die Bischöfe stellen die Kirche dar, sondern ihre Aufgabe ist es, die apostolische »Hinterlassenschaft« (1Tim 6,20; 2Tim 1,12.14) unverletzbar weiterzugeben. Das Traditionsprinzip wird in diesem Gemeinden als wesentlich eingeführt. Jede Diskussion über die »wahre Lehre« wird ausgeschlossen, die Kirche ist die Hüterin der genau bekannten Überlieferung und damit der Wahrheit. Gegenüber allen anderen biblischen Zeugnissen, für die nur der Mensch in seiner Liebe zum Nächsten das »Prinzip der Unantastbarkeit« ist, wird hier zum ersten Mal die Wahrheit objektiviert und die »Lehre« um der Besitzstandswahrung willen tabuisiert. In nachbiblischer Zeit bringt vor allem der bedeutende apostolische Kirchenvater Ignatius von Antiochien (Anfang 2. Jh.) einen neuen Gedanken in seine Kirchengemeinde ein. Für ihn ist die »reine Lehre« kein Kirchenbesitz, sondern sie ist ein lebendiger Mensch, Jesus Christus selbst. So kann er die Liebe der Christen untereinander »Bischof« nennen. Er meinte jedoch, dass der Bischof selbst die Aufgabe hat, Christus der Gemeinde zu bringen, er ist ein »Christopherus«. Er ist in »mystischer« Einheit mit Christus verbunden, er ist das Band der Einheit und Liebe. Daher dürfen die Sakramente, aber ganz besonders die Eucharistiefeier, die ein Liebesmahl ist, nicht ohne Bischof gefeiert werden.[53] Die Kirchen und ihr Leben werden durch den Bischof, der die Rolle Christi übernimmt, konstituiert. Er bewirkt die Einheit der Christenheit und schützt daher vor Irrlehren. Es wäre aber ein Missverständnis, wenn man darin eine rechtlich-soziologische Verfasstheit der Kirche erblickte, vielmehr soll die Kirche Abbild der Liebe Christi sein, die im Bischof sichtbar werden soll. Eine solche Überhöhung einer Gemeindefunktion ist

[53] Siehe Anmerkung 5, hier: Brief an die Smyrnäer 8,1 und Brief an die Trallianer 2,2.

äußerst problematisch. Es bedurfte nur einer kleinen Gedankenverschiebung, und das Bischofsamt wurde als die wesentliche Institution der Kirche angesehen. Damit wurde die Hierarchie zum Wesen der Kirche. Aber noch immer existierte der Sukzessionsgedanke nicht. Erst am Ende des 2. Jh. erfindet ihn Irenäus von Lyon († 202). Er sucht ein Verfahren, das ihm erlaubt, gnostische Bischöfe aus der Kirche auszuschließen. Nach seiner Meinung halten Irrgläubige an der Tradition fest und haben echte Bischöfe. Ein neues Prinzip muss her. Es ist die Sukzession, die ihn zum Vater des katholischen Dogmatismus machte. Woran erkennt man den echten Bischof? Zeigt mir eure Bischofslisten, die bis zu den Aposteln reichen, und ihr seid wahre Bischöfe! Nun erkennt er, dass es schwierig zu beweisen ist, dass er selbst als Bischof von Lyon auf die Apostel zurückgeht. Da fällt ihm ein Trick ein: »Weil es aber zu weitläufig wäre, in einem Werk wie dem vorliegenden, die apostolische Nachfolge aller Kirchen aufzuzählen, so werde ich nur die apostolische Tradition und Glaubenspredigt der größten und ältesten und allbekannten Kirche, die von den beiden ruhmreichen Aposteln Petrus und Paulus zu Rom gegründet und gebaut ist, darlegen, wie sie durch die Nachfolge ihrer Bischöfe bis auf unsere Tage gekommen ist. So widerlegen wir alle, die, wie auch immer, aus Eigenliebe und Ruhmsucht oder Blindheit oder Missverstand Konventikel gründen. Mit der römischen Kirche nämlich muss wegen ihres besonderen Vorranges jede Kirche übereinstimmen, das heißt die Gläubigen von allerwärts, denn in ihr ist immer die apostolische Tradition bewahrt, von denen, die von allen Seiten kommen.«[54] Damit ist klar: Zwar haben wir keine aufzeigbare Liste der verschiedenen Bischofsstühle, die bis auf die Apostel zurückgeht, wir haben aber *eine* Liste, nämlich die des Bischofs von Rom.

[54] Irenäus von Lyon, Contra Haereses III, 3,2.

Diese Nachfolgerliste ist perfekt. Wer also mit dem Papst Gemeinschaft hält, der steht in der Sukzession, alle anderen nicht. Würde dieser Gedanke ganz konsequent durchgehalten, dann gäbe es auch in den Orthodoxen Kirchen keine wirkliche Sukzession, also auch keine gültige Bischofsweihe. »Gültige« Weihen gäbe es nur in Kirchen, die mit der römischen volle Kirchengemeinschaft halten. So ist verständlich, dass Rom willkürlich Weihen anerkennen oder aberkennen kann, wie es z. B. mit der Anglikanischen Kirche geschah, als plötzlich (1896) ihre Weihen für ungültig erklärt wurden, wenn auch schon vorher Zweifel bestanden. Leo XIII. erklärte »dass die im anglikanischen Ritus vollzogenen Weihen völlig ungültig und gänzlich nichtig *waren* und sind« (D 3319). Diese Behauptung wird also auch rückwirkend aufgestellt und damit die rechte Eucharistiefeier ausgeschlossen. Bei Irenäus war sein neues Prinzip eine Kampfansage, um andersdenkende Bischöfe auszuschließen, hier wird eine ganze Kirchengemeinschaft verurteilt, wie es allerdings zuvor bereits mit den anderen reformatorischen Kirchen geschehen war. Biblisch lässt sich dies alles nicht begründen. Dazu kommt, dass Kardinal Kasper schon vor mehr als 30 Jahren festgestellt hat, dass es im Mittelalter und noch bis ins 18. Jh. Priesterweihen gab, die nicht von Bischöfen, sondern von Priestern gespendet wurden und die Rom anerkannt hat. Eine solche »Ordination« gibt es auch in den evangelischen Kirchen. Mit welchem Recht erkennt Rom sie nicht an? Es ist eine Machtfrage, zumal das Amt und die Eucharistie als untrennbar verbunden gehalten werden. In der Kirche, der der Papst die Sukzession abspricht, gibt es keine wahre und gültige Feier des Herrenmahls. Rom bestimmt, wo und was gültig oder ungültig ist. Kirchenrechtlich mag das einen Sinn ergeben, jedoch von der Glaubenslehre her gesehen ist es unhaltbar. Die ganze Diskussion um diese fiktive Sukzession ist weitgehend falsch und irreführend;

denn eine historisch-lineare Nachfolge kann Gegenwart Christi nicht begründen oder gar garantieren. Der Tisch des Herrn in der Gemeinde kann nicht abhängig sein von einer Nachfolgerregelung. Sie ist wie eine Abwandlung der Erbmonarchie, die ihr Recht von der Blaublütigkeit herleitet. Bei dem Sukzessionsgedanken muss gleichsam der Vorgänger dem Nachfolger durch Handauflegung sein Erbgut übermitteln und ihn befähigen, sein Amt auszuüben. Solange diese Sukzession als Tabu gehütet wird, wird eine Kirchengemeinschaft verunmöglicht und der Tisch des Herrn gespalten.

In der jesuanischen Botschaft finden wir nicht die Spur einer solchen Zwei-Klassen-Gesellschaft, die durch dieses Amtsverständnis bewirkt wird. Im Neuen Testament gibt es keinen Priester. Nur Jesus gilt im Hebräerbrief als der Hohe Priester, der mit seinem Blut alle Opfer aufgehoben hat. Wenn eine Beauftragung eines Christen zu einem Dienst erwähnt wird, geschieht diese unter Gebet und Handauflegung, die unserem heutigen Handschlag entspricht, um eine Abmachung zu festigen. Das Wort Priester taucht für ein kirchliches Amt erstmals im 3. Jh. auf. Damit erlischt die geschwisterliche Kirche. Aber erst im 5. Jh. entwickelt sich ein sogenannter Priester-Bischof-Stand. Die sogenannte »Weihe« war auch dann noch eine reine Gemeindefunktion, und selbst die erworbene Machtposition war noch kein Besitzstand. Erst im hohen Mittelalter wurde die Weihe zum individuellen Besitz, der nicht enteignet werden konnte. Das Ökumenische Konzil von Chalkedon (451) verurteilte das Besitzdenken. »Niemand darf auf absolute Weise ordiniert werden, weder zum Priester noch zum Diakon … Wenn ihm nicht auf deutliche Weise eine örtliche Gemeinde zugewiesen ist … das hochheilige Konzil (beschließt), dass seine Handauflegung null und nichtig ist, … dass er daher bei keiner einzigen Gelegenheit Funktionen ausüben darf« (can 6; PG 104, 558). Das Gleiche gilt auch für die, die sich mit Geld die Weihe erkauft haben (D 304), sie ist ungültig, auch wenn der rechte Ritus vollzogen wurde. Das Konzil lehrt also »unfehlbar«, dass niemand absolut, d. h. ohne Bezug zu einer ganz konkreten Gemeinde geweiht werden darf. Eine solche Weihe ist nicht nur unerlaubt, sondern vollständig ungültig; sie hat nicht wirklich stattgefunden. Diese definitorische Aussage ist nie zurückgezogen worden. Man kann daher nicht zu Unrecht schließen, dass fast alle Priesterweihen in der heutigen Katholischen Kirche ungültig sind. Wenn sie also per definitionem nicht gültig sind, wie kann dann die Hierarchie auf eine solche Weihe als Bedingung der Gültigkeit der Eucharistie pochen? Auch ein Erwerb eines »unauslöschlichen Merkmals« durch die Weihe ist frühkirchlich nicht zu erkennen. Vielmehr wird ein Christ durch die Glaubensgemeinschaft per Wahl für einen klar umrissenen Dienst in der Kirche bestellt. Dies fällt in die Kategorie der »Hilfsstrukturen« in der Gemeinde, die sinnvoll sein können. Zwar betont das 2. Vatikanische Konzil die »wahre Gleichheit« und das »gemeinsame Priestertum« aller Christen, es bleibt aber zweideutig und doppelzüngig (LG 10). Deutlich aber wird das Kompendium »Katechismus der Katholischen Kirche« von Papst Benedikt XVI. verfasst und 2005 veröffentlicht. »Das einzige Priestertum Christi wird durch das amtliche Priestertum gegenwärtig gemacht.«[55] »Die geweihten Priester sprechen und handeln bei der Ausübung ihres heiligen Dienstamtes nicht in eigener Autorität und auch nicht auf Grund einer Beauftragung oder Delegation durch die Gemeinschaft, sondern in der Person Christi, des Hauptes, und im Namen der Kirche. Darum unterscheidet sich das Amtspriestertum dem Wesen und nicht bloß dem Grade nach vom gemeinsamen Priestertum der Gläubigen, für dessen Dienst es von Christus eingesetzt

[55] Katechismus der Katholischen Kirche, Kompendium, Bonn 2005, Nr. 324.

wurde.«[56] Und noch deutlicher gegen jeden exegetischen Befund: Jesus Christus hat beim Abendmahl das Priestertum des neuen Bundes gegründet (Sacramentum caritatis, 2007, Nr. 23). Priester und einfache Christen werden gegenübergestellt. Der Priester hat eine Vollmacht, die sich von der Autorität Christi herleitet.[57] Das Priestertum ist »von Gottes Gnaden«, daher hat das Volk kein Mitbestimmungsrecht. Der Priester steht dem Gottesvolk gegenüber auf der Seite Christi und hat das Sagen. Abgesehen davon, dass diese Behauptungen durch keine Bibelstelle belegt werden können – gerade das Gegenteil ist der Fall –, versteigt sich der jetzige Papst, Joseph Ratzinger, zu der Behauptung, dass diese Trennung des Priesters und a fortiori des Bischofs vom gläubigen Volk und damit seine Suprematie »Ausdruck der Exteriorität der Gnade«[58] sei. Die »Gnade« wird nun zum Herrschaftsprinzip. Eine solche Sicht des »Priesteramtes« hat mit der christlichen Botschaft nichts zu tun. Es ist tiefstes Heidentum. Wenn die Glaubenden den Christusleib bilden, dann gibt es kein »Gegenüber«, es sei denn jedes »Glied«, jede Funktion, die aus der Gemeinschaft hervorgeht, nennt man ein »Gegenüber«. Hier wird aber eine Macht über die Gemeinde beansprucht. Nur ein dialogisches Verhalten in gegenseitiger Achtung vor der christlichen Freiheit des anderen entspricht der Botschaft Jesu. Jeder wirkt auf seine Weise von Christus her zum Wohl der Gemeinschaft. Die Aufteilung in Herrschaft und Untertan, in Befehl und Gehorsam ist der Spaltpilz in der christlichen Gemeinschaft. Er zerstört das Vertrauen und führt zur Beschädigung der Kirche Christi. Wenn man vom »Handeln in der Person Christi« sprechen kann, so gilt das nicht nur für den Priesterstand, sondern für die ganze Ge-

56 Dass., Nr. 336.
57 Dass., vgl. Nr. 323.
58 Ratzinger, J., Vom Wesen des Priestertums, L'Osservatore Romano 1990, 45, 7-9.

meinde der Glaubenden. Sie handelt in der Person Christi für die Welt. Alle haben die Vollmacht, die frohe Botschaft zu verkünden und im Gedächtnis an Jesus Christus das Herrenmahl zu feiern. Ein Priester ist kein »Mittler« zwischen Gott und Mensch, keiner, der göttliche Gnaden austeilt, sondern er steht in der Gemeinde und ist für sie im Dienst am Evangelium und an der gemeinsamen Eucharistie da. Jedes Amt kann nur Funktion und Charisma in der Gemeinschaft sein. Insofern ist auch niemand von der Kirchengemeinschaft delegiert, sondern jeder Christ hat eine unmittelbare Vollmacht, die Befreiungserfahrung in Jesus Christus weiterzutragen. Wenn man von einem »Priester- und Bischofsamt« sprechen will, dann kann es nur Dienst in der Gemeinde und nicht Macht über sie sein, durch das Leitung und Koordination geschieht, niemals aber Herrschaft über die Glaubensgemeinschaft. Jeder Christ hat ein »Amt« in der Kirche, und es ist als gegenseitiger Dienst am Ganzen auszuführen. Heute wird in der Katholischen Kirche jedoch danach gefragt, was kann ein Priester, was andere Gläubige nicht können? In diesem Zusammenhang wird eine besondere »Sukzession« ins Spiel gebracht. Das besondere »Können«, die besondere Macht besteht in der »Verwandlung« bei der Eucharistiefeier und der Sündenvergebung. Es gibt keinen einzigen biblischen oder urkirchlichen Beleg, dass das eucharistische Einsetzungsgebet den Episkopen (Bischöfen) vorbehalten war, ganz abgesehen davon, dass es keine Priesterweihe gab. Freilich auch der »Laie« war damit nicht beauftragt, da dieser Begriff ein Anachronismus ist. Die Zwei-Klassen-Gesellschaft aus Klerikern und Laien existierte noch nicht in der Kirche. Sehr wohl aber war das »Subjekt« der Danksagung, der Eucharistie, die ganze Kirche. Wer immer das Dankgebet sprach, die Person war niemals entscheidend, sondern es war der Dank und auch die Vollmacht der ganzen anwesenden Gemeinschaft. Sie wurde nicht aus dem Vollzug der Vergegenwärtigung Jesu Christi ausgeschlossen, und kein »Priester« war dafür unersetzbar. Wollte man von einer apostolischen Sukzession sprechen, dann steht die ganze Kirche mit allen ihren Gliedern in dieser apostolischen Nachfolge und nicht nur die Priesterklasse. Die »Priesterweihe« als sakramentale Symbolhandlung kann kein Besitzanspruch mit exklusiven Vollmachten sein, sondern ist ein Zeichen für die Gemeinden, dass dieser konkrete Mensch sich ganz besonders für den Dienst an der Glaubensgemeinschaft einsetzen möchte. Zugleich soll sie ein Hinweis sein, dass Christen füreinander dasein sollten. Jesus Christus ist der Mensch für andere, und das Christentum orientiert sich an der Existenzform dieses Menschen. Daher hat keine Lehre, kein Dogma, kein Buch das letzte Wort, nichts von alledem ist unersetzlich, nur der lebendige Mensch ist es. Das soll der Priester bezeugen. Im Menschen Jesus Christus können wir die Erfahrung Gottes machen und zwar so, dass allein der Mensch selbst unersetzlich und unantastbar ist. Genau dies unterscheidet das Christentum von vielen anderen Religionen, die eben nicht als Zentrum die Liebe kennen. In der Metapher der Menschwerdung Gottes wird die Nächstenliebe und Solidarität grundlegend. Kein starres System ist der Maßstab, sondern Jesus Christus, ein lebendiger Mensch, der in der Liebe stärker als der Tod ist. Der Mensch in seiner Person stellt den absoluten Wert dar. Priestersein heißt nicht, den Gläubigen gegenüberstehen, heißt nicht, eine geheimnisvolle Macht besitzen, Gottes Gegenwart in der Eucharistie »herzuzaubern«, sondern für den unersetzlichen Menschen einzustehen und zu bezeugen, dass der Mensch in Angst und Not nicht alleingelassen ist. In Jesus Christus ist Gottes Wirklichkeit für ihn da. Solche Menschen braucht jede Gemeinde und jeder Mensch, um zu erkennen, worauf es im Leben wirklich ankommt. Jeder Getaufte hat sich diesem »Programm« verschrieben und steht so in der »apostolischen

Sukzession«. Sie auf eine historische Kette von Amtsträgern zu reduzieren, ist der falsche Ansatz, weil er die Heilszusage und -hoffnung zu einem Besitzstand einer Berufsgruppe macht, der bewahrt werden muss. Das Heil und die Heilsmöglichkeit werden vergegenständlicht. Geht man jedoch davon aus, dass nicht die Reihe der Nachfolger Heilswirklichkeit garantiert, sondern das Wirken Jesu Christi in der Glaubensgemeinschaft, und zwar heute und jetzt je neu, dann wird Jesu Wirklichkeit nicht als Vergangenheit, sondern als Gegenwart verstanden. Die Glaubenden stehen in einer »Unmittelbarkeit« zu ihm. Niemand, kein Hierarch, darf sich als Vermittler des Heiles aufspielen. Gerade weil Jesus Christus heute Sinn des Lebens vermitteln kann, gibt es keinen Vermittler, und sei er ein Papst. Das Konstrukt einer besonderen Sukzession mit ihren Ansprüchen bricht wie ein Kartenhaus in sich zusammen, und der Weg wird frei für eine Gemeinschaft der Kirchen.

Nun wurde aber im Lauf der Geschichte die rechte Eucharistiefeier nicht nur mit der Ordination verbunden. Der ordinierte Priester sollte noch weiter tabuisiert werden. Dazu eignete sich ganz besonders die geschlechtliche Enthaltsamkeit. Für einfache Gläubige genügte es, den Empfang des Abendmahls mit dem Nüchternheitsgebot zu verknüpfen, um die unantastbare Bedeutsamkeit der Eucharistie zu betonen. In meiner Jugend gab es noch Eheleute, die es nicht wagten, nach dem Geschlechtsverkehr zur Kommunion zu gehen.

Als im hohen Mittelalter, wie wir gesehen haben, das Priesteramt zu einem Besitzstand wurde, wurde die Hierarchie als eigene Struktur der Kirche etabliert und zum »göttlichen Element« in ihr. Ein Zeichen dafür war und ist der Zölibat. Wenn es auch immer in der Katholischen Kirche verheiratete Priester gegeben hat und gibt (z. B. in der unierten Ostkirche, evangelische Pastoren, die katholisch geworden sind und ihre Ehe weiterführen dürfen), war doch die Ehelosigkeit ein Symbol für eine einmalige, herausragende Berufung, die sich in der Sexualfeindlichkeit niederschlug. Nachdem Männer geweiht wurden, losgelöst von jeder Gemeindefunktion, zeigte sich die »Göttlichkeit« dieses Standes in einer besonderen Lebensweise. Eucharistie, Macht und Sexualität wurden miteinander verbunden und aus dem gewöhnlichen Lebenszusammenhang herausgenommen. Das Zölibatsgesetz wurde 1139 auf dem 2. Laterankonzil beschlossen; es besteht heute in einem kirchlichen Versprechen, nicht zu heiraten (CIC can 277 § 1), und ist kein Gelübde. Die Bewertung des Körpers als minderwertig und das Misstrauen gegen die Lust hat freilich eine lange abendländische Tradition, die vom Platonismus herrührt. Körper und Geist werden als Widerspruch verstanden. Ein »Geistlicher« kann seinen Leib nur als hinderlich empfinden, da nach Platon die Seele durch den Körper in einem Gefängnis eingeschlossen ist. Diese Körperfeindlichkeit wird heute in der Katholischen Kirche vor allem in der mafiosen Vereinigung »Opus Dei« praktiziert. Der 2002 »heilig« gesprochene Gründer Josemaría Escrivá de Balaguer (1902–1975) lehrt: Wenn du begriffen hast, dass der Leib dein Feind ist, warum fasst du ihn so weich an? Er ist dein »verräterischer Feind«.[59] »Dem Körper muss man etwas weniger geben als notwendig. Sonst übt er Verrat.«[60] Er verbindet Priester und Eucharistie mit der Missachtung der Körperlichkeit. Kann so ein »Heiliger« sprechen? Benedikt XVI. versucht in seiner ersten Enzyklika diese platonische Tradition zu überwinden: »Wenn der Mensch nur Geist sein will und den Leib sozusagen als bloß animalisches Erbe abtun möchte, verlieren Geist und Leib ihre Würde.«[61] Trotzdem geißelt er nur die rein kör-

[59] Der Weg, Köln 1984, Nr. 226.
[60] Ders., Nr. 196.
[61] Papst Benedikt XVI, Enzyklika »Deus caritas est«, 25.12.2005, veröffentlicht 25.1.2006, Nr. 5.

perliche Liebe, die den Menschen zur Sache degradiert. Ist aber die rein geistige Liebe nicht genauso zu verurteilen, da sie den Egoismus der Menschen in Vorspiegelung der Gottesliebe fördert? Kein Wort davon, weil dann der Zölibat zur Disposition stünde. Ein weiterer Grund, Kult und Sexualität als Gegensätze zu bestimmen, ist die alttestamentliche Tradition. Es sind die kultischen Reinheitsvorschriften. Beischlaf galt als unrein. Daher durfte der alttestamentliche Priester vor seinem Tempeldienst keine Frau berühren. Dieser Gedanke schlich sich ins kirchliche Priesterverständnis ein. Im Gegensatz zur Ostkirche begannen die Priester des Westens täglich die Eucharistie zu feiern, denn sie war auch ein lukratives Geschäft. Wegen der »lex continentiae« (PL 54, 1204) wurde bereits Ende des 4. Jh., in der Nacht vor dem Eucharistieempfang der sexuelle Umgang verboten. Als Folge davon musste der verheiratete Priester permanente Enthaltsamkeit üben. Er war zum Zölibat verurteilt. Der Priester muss rein sein, sich seiner Ehefrau enthalten und am besten nicht mit ihr zusammenleben. Trotz des Kampfes gegen die Priesterehe im Zusammenhang mit der cluniazensischen Reform bestimmte Papst Leo IX. (1049–1054 = Trennungsjahr der Ostkirche!) im Brief an Parmenianus: »Wir erklären deutlich, dass kein Bischof, Presbyter, Diakon oder Subdiakon die religiösen Verpflichtungen zum Vorwand nehmen darf, um sich der Fürsorgepflicht für seine Ehefrau zu entziehen.« Er wollte der Habgier der Kleriker Einhalt gebieten, forderte jedoch die Enthaltsamkeit. Einen dritten Ursprung hat die zölibatäre Existenzweise im heidnischen Priestertum. Einerseits gab es die Tempelprostitution, die den Bordellen einen religiösen Anstrich verlieh, zugleich aber auch einen Schutz für diese Frauen darstellte, andererseits kannte man strengste Enthaltsamkeit, wie etwa bei den Vestalinnen, die das »heilige Feuer« hüteten, vergleichbar mit dem »ewigen Licht« in den katholischen Kirchen. Unter Todesstrafe war ihnen der Geschlechtsverkehr verboten, denn das heilige Feuer würde dadurch verunreinigt. Auch dieser Gedanke hat bei der Entwicklung des katholischen zölibatären Priestertums Pate gestanden.

Zwar kennt auch das Neue Testament die Ehelosigkeit (Mt 19,12; Lk 14,26), und Paulus meint, dass sie ein Charisma ist (1Kor 7,7) und daher der Ehe vorzuziehen sei. Der Grund dafür ist jedoch die Naherwartung des Gottesreiches. Um der nahen Ankunft »des Gottesreiches willen« hat das Zeugen von Kindern keinen Sinn mehr. Die Wiederkunft Christi steht bevor. Sobald sich aber der Naherwartungsgedanke als Irrtum herausgestellt und aufgelöst hatte, verlangten die Pastoralbriefe des Neuen Testaments verheiratete Amtsträger. Wer soll wohl der Kirche vorstehen können, wenn er nicht als besonnener Familienvater zeigen kann, dass er in seiner eigenen Familie gut und liebevoll mit Menschen umgeht (1Tim 3)? Von Petrus, dem ersten »Papst«, wissen wir sicher, dass er verheiratet war (Mt 8,14) und seine Frau ihn auf seinen Missionsreisen begleitete (1Kor 9,5). Fast alle Apostel und Jünger Jesu waren verheiratet, und nie erhob Jesus die Forderung, sie müssten sich von ihren Frauen trennen, gar um des Herrenmahls willen! Nachdem im 2. Vatikanischen Konzil das »Reinheitsgebot« weitgehend übergangen wurde, schlug die Begründung des Zölibatsgesetzes im vergangenen Jahrhundert Kapriolen. Das Naherwartungsargument, das einzig biblische, war längst unbrauchbar geworden. Durch viele Jahrhunderte bis in die Neuzeit wurde die körperliche Liebe kirchlicherseits mit der Sünde in Verbindung gebracht. Daher muss der Priester ehelos leben, denn für die eucharistische Wandlung muss er ganz rein sein. Bereits Hieronymus (4. Jh.) lehrte: »omnes coitus immundus« – jeder Geschlechtsverkehr, auch der in der Ehe, macht unrein. Nur die Enthaltsamkeit bewahrt den Priesterstand vor der Sünde. Da sich in der Moderne das Menschenbild gewandelt hat, war diese Begründung nicht mehr möglich. Der kultische Opfer- und Reinheitsgedanke funktionierte nicht mehr. Darauf erfanden die Hierarchen das Argument, die Ehelosigkeit sei ein Zeichen »eschatologischer Existenz«, da im »Himmel« nicht mehr geheiratet werde (Lk 20,34ff.). Dieser Gedanke wurde aber ebenfalls weitgehend wieder fallen gelassen, weil die Priester doch nicht gut als »Engel auf Erden« betrachtet werden konnten. 1983 suchte das kirchliche Gesetzbuch (CIC) eine neue Begründung für das Zölibatsgesetz. Der ehelose Priester könne leichter »mit ungeteiltem Herzen Christus anhangen« und so Gott und den Menschen besser dienen. Was ist das für ein Menschenbild! Die Frau wird zutiefst abgewertet und erscheint als Hindernis für das Wirken des Priesters. Sicher, der Rückhalt, den ein Priester durch eine Frau erfahren kann, macht ihn weniger manipulierbar durch hierarchische Vorgesetzte. Im Kirchenrecht wird die Frau zur Verführerin, die Jesus verdrängt. Christus und die Frau teilen sich das »Priesterherz«. Ohne Zweifel können Menschen anderen schaden, und der Verzicht auf Ehe mag für manche eine gute Gabe sein, wenn dadurch Menschen besser geholfen wird. Als Gesetz und als eine Kopplung mit der Berufung zu einem »Vorsteher« in der Gemeinde ist es ein Unrecht. Ein ungerechtes Gesetz ist aber kein Gesetz! – so lautet ein Rechtsgrundsatz. Für das Priesteramt sind nicht Frauen, sondern Eigenschaften wie Herrschsucht, Unterdrückung, Machtanspruch, Raffgier usw. schädlich und schändlich. Dass gerade in der zwischenmenschlichen Beziehung Gotteserfahrung möglich ist, wird überhaupt nicht gesehen. Der Mensch ist kein geschlossenes Subjekt, sondern Beziehungswesen. Treffend lehrt Benedikt XVI: »Die Liebe zwischen Mann und Frau (erscheint) als der Urtypus von Liebe schlechthin«[62] und »der Mensch [ist] gleichsam

[62] Ders., Nr. 2.

unvollständig«, so dass »er nur im Miteinander von Mann und Frau ›ganz‹ wird«.[63] Wie lässt sich dann der Zölibat begründen? Die Hierarchen sind nach dem Papstwort nur halbe Menschen und werden am eigenen Menschsein gehindert. Ob manche Unmenschlichkeit daher rührt? Mann und Frau ergänzen sich und gelangen so vor Gott zu einem vollen Menschsein. Nicht eine eingebildete Beziehung zwischen meiner »Seele« und »Gott« ist entscheidend, die oft nur autistische Selbstsucht ist, sondern die reale Beziehung von Mensch zu Mensch. Seit Menschen in Jesus Christus Erfahrung Gottes gemacht haben, gilt, was Johannes schreibt: »Wer den Menschen nicht liebt, den er sieht, kann Gott nicht lieben, den er nicht sieht.« (1Joh 4,20) Gerade wenn man einem Menschen sein »Herz« schenkt und ihn ganz bejaht, wird Gottes Wirklichkeit erfahren. Wir sehen also, ein irriges Menschenbild und ein jüdisch-heidnisches Priesterbild verbanden sich in der Katholischen Kirche und führten die »Geweihten« zur Verpflichtung der Ehelosigkeit. Unterschwellig schwingt aber auch heute noch in der Argumentationsweise der Reinheitsgedanke mit. Obwohl immer wieder von der Aufwertung der Frau gesprochen wird, bleibt sie in der Katholischen Kirche von den hierarchischen Ämtern ausgeschlossen. Wie in vielen heidnischen religiösen Vorstellungen ist die menstruierende Frau unrein und kann keinen göttlich-priesterlichen Dienst vollziehen. Die mythische Angst vor Blut ist eine Ursache. Vordergründig werden als Gründe des Ausschlusses der Frau vom hierarchischen Lehr- und Priesteramt Gottes Wille, die Tradition und Jesu Tun angegeben, denn er habe nur Männer zu Aposteln bestellt. Theologisch sind diese Gründe längst entkräftet.[64] Trotzdem legte Papst Johannes Paul II. 1994 in seinem Schreiben »Über die nur Männern vorbehaltene Priesterweihe« fest: »Damit also je-

[63] Ders., Nr. 11.
[64] Hasenhüttl, G., Glaube ohne Mythos, Bd. II, Mainz 2001, 533ff.

der Zweifel bezüglich der betreffenden Angelegenheit, die die göttliche Verfassung der Kirche selbst betrifft, beseitigt wird, erkläre ich kraft meines Amts …, dass die Kirche keine Vollmacht hat, Frauen die Priesterweihe zu spenden, und dass sich alle Gläubigen der Kirche endgültig an diese Entscheidung zu halten haben.« Und Kardinal Ratzinger kommentierte 1995: »In diesem Fall bekundet ein Akt des ordentlichen päpstlichen Lehramtes, der in sich selbst nicht unfehlbar ist, den unfehlbaren Charakter der Darlegung einer Lehre, die die Kirche schon besitzt.«[65] Die Unhaltbarkeit dieser Aussagen geht schon daraus hervor, dass die Verfassung der Kirche, die Institution also, nicht »göttlich« ist, wie das 2. Vatikanische Konzil lehrt. Da das Priestertum überhaupt erst im 3. Jh. entstand, liegt ein unfehlbarer Irrtum dieser Behauptung zu Grunde. Beherrscht eine mythische Angst vor der Frau noch immer das Denken alter, patriarchalisch eingestellter Kirchenmänner? Seit Benedikt XVI. werden nicht nur die »unreinen« Frauen diskriminiert, sondern auch die Männer, die homosexuelle Tendenzen und Neigungen (!) nicht vor der Ordination längst überwunden haben.[66] Warum sollen Homosexuelle nicht genauso wie Heterosexuelle für andere Menschen da sein können und die Liebe Christi bezeugen? Es geht nicht um eine gleichgeschlechtliche Partnerschaft, die, wie jede Partnerschaft, für den Priester ausgeschlossen ist, sondern um etwa 10 % aller Männer, die sich zu ihresgleichen hingezogen fühlen. Sie haben eben eine »unreine« bzw. »unnatürliche« Neigung, die nicht »gottgewollt« sei. So sind auch diese zu diskriminieren und von der »heiligen« Herrschaft, Hierarchie, fernzuhalten. Dies alles wird mit der Feier der Eucharistie in Verbindung gebracht.

---

[65] Ratzinger, J., L'Osservatore Romano 47, 24.11.1995.

[66] Kongregation für das katholische Bildungswesen, Instruktion über Kriterien zur Berufungsklärung von Personen mit homosexuellen Tendenzen im Hinblick auf ihre Zulassung für das Priesterseminar und zu den heiligen Weihen, 4.11.2005, veröffentlicht 29.11.2005.

Nur ein »reiner« Mann soll als Priester der Eucharistiefeier vorstehen, weil nur einem solchen die Würde zukommt, Brot und Wein in Leib und Blut Christi zu verwandeln. Wer nicht anerkennt, dass zur »Verwandlung« ein Priester notwendig ist, der auch in der »apostolischen Nachfolge« steht, ist vom Abendmahl ausgeschlossen, weil es das »unantastbar« Heiligste ist. Wenn auch dadurch die Anerkennung der evangelischen Abendmahlsfeier fast unmöglich erscheint, ist damit noch nicht die Ablehnung der ökumenischen Gastfreundschaft verständlich, insofern die Einladung ein katholischer Priester ausspricht. Auch ein Protestant kann nach katholischem Kirchenrecht gültig die Eucharistie in der Katholischen Kirche empfangen. Warum darf er es aber doch nicht, auch wenn er es möchte? Alle theologischen Argumente, die wir vorgetragen haben, sind nicht überzeugend und nur vorgeschützt. Letztlich geht es um den uneingeschränkten Machtanspruch der Hierarchie: Du darfst es nicht, weil wir es nicht wollen. Es gefährdet die Herrschaft der kirchlichen Amtsträger und ihre Manipulationsmöglichkeiten. Ungehorsam in dieser »wichtigen« Angelegenheit muss bestraft werden. Auch wenn dieser beim 1. Ökumenischen Kirchentag keineswegs eindeutig vorlag, so sollte doch ein Exempel statuiert werden. So werden von den Bischöfen und der Glaubenskongregation die höchsten Strafmaßnahmen ergriffen, wenn evangelische Christen zum Herrenmahl eingeladen werden. Man ist ein »Straftäter«, der sein Amt »schwerwiegend missbraucht«, wie es im Dekret gegen mich heißt.

Wer den blinden Gehorsam, der hier gefordert wird, nicht leistet, ist dem Bischof gegenüber »illoyal«. Ob durch einen solchen gewissenslosen Gehorsam Menschen anderer Konfessionen zu Schaden kommen, interessiert die Kirchenfürsten nicht. Wahre Loyalität besteht hingegen gerade in kritischer Auseinandersetzung, so wie Paulus dem Petrus ins Angesicht widerstanden hat. Loyalität müsste von den Hierarchen gefordert sein, indem *sie* auf das Gottesvolk hören!

Bezüglich des kirchlichen Gehorsams schrieb Karl Rahner (1904–1984) in seinen Schriften zur Theologie: »Ein kritisches Verhältnis zur Amtskirche (ist) noch einmal kirchlich … Ebenso ist die buchstäbliche Exekution eines Befehls von oben nicht die oberste Maxime der Kirchlichkeit und des kirchliches Gehorsams.«[67] Reine Befehlsempfänger sind keine Christen, die Verantwortung tragen, sondern Menschen, die ihre Verantwortung auf die Vorgesetzten abschieben. Jesus Christus war den religiösen Behörden nicht gehorsam, und in der Apostelgeschichte heißt es, dass man Gott mehr gehorchen solle als den Menschen (Apg 5,29). Die Liebe steht über dem Gehorsam. Ein Vorbild ist Jeanne d'Arc (1410/12–1431, die 1456 rehabilitiert und 1920 von Papst Benedikt XV. heilig gesprochen wurde). Eine Meute von Hierarchen und Theologen stürzte sich auf sie und machte ihr den Häresieprozess. Sie berief sich auf ihre innere Stimme, die sie als Gotteserfahrung deutete. Durch Bedrängnis und Folter wurde sie schwach und unterwarf sich zuerst im Gehorsam den Hierarchen, obwohl ihr keine Irrlehre nachgewiesen werden konnte. Sie sollte bereuen, dass sie für Recht und Gerechtigkeit eingetreten war. Nach langer Überlegung überwand sie sich, und um ihrer Berufung treu zu bleiben, widerrief sie ihre gehorsame Unterwerfung. Für ihren Gerechtigkeitssinn wurde sie bei lebendigem Leibe auf dem Scheiterhaufen verbrannt. Der Text ihrer Verurteilung ist überaus einprägsam. Er ist ein Zeugnis des unchristlichen Verhaltens der katholischen Hierarchen, die »göttliche Weihen« empfangen haben: »Wann immer der Irrglaube mit seinem verpestenden Gift ein Glied der Kirche ansteckt und in ein Glied des Satans verwandelt, so muss man mit brennen-

[67] Rahner, K., Schriften zur Theologie, Band 15, Zürich/Köln 1982, 393ff.

dem Eifer verhindern, dass die gefährliche Ansteckung auch auf die anderen Teile des mystischen Leibes Christi übergreife … Darum erklären Wir … Euch, Johanna … als Abtrünnige, Götzendienerin, Teufelsbeschwörerin … So erklären Wir Euch erneut der Exkommunikation verfallen, die Ihr mit der Rückfälligkeit in Eure früheren Irrtümer und Ketzerei auf Euch geladen habt. Mit diesem Urteilen erklären Wir, die Wir über Euch zu richten haben, dass Ihr wie ein brandiges Glied aus der Einheit der Kirche ausgestoßen und von ihrem Leibe weggerissen werdet, damit Ihr die anderen Glieder nicht ansteckt – und dass Ihr dem weltlichen Arm ausgeliefert werdet.«[68] Wäre sie nicht »ungehorsam« gewesen, wäre sie nie eine »Heilige« geworden. Von dem Wort Jesu: »Richtet nicht, damit ihr nicht gerichtet werdet« (Mt 7,1) schien die kirchliche Behörde nichts gehört zu haben. Die Macht und die Ideologie stehen über den Menschen. Dazu kommt auch heute noch die Vorstellung der »teuflischen« Besessenheit, die Menschen in den Strudel eines mythischen Abgrunds reißt, wie es bei Anneliese Michel 1976 geschehen ist und ihren Tod bedeutete. So gab es unter Johannes Paul II. 30 000 »Teufelsaustreibungen«, und Papst Benedikt XVI. lobte die Einrichtung eines Kurses für Exorzismus in Rom, der auch für Deutschland aktuell sei. Die hierarchische Macht bedient sich der »teuflischen«. Menschliches Leben ist nur lebenswert, wenn es sich der hierarchischen Macht in der Kirche beugt. Nicht so radikal, aber nicht weniger bedrückend ging man mit der heiligen Hildegard von Bingen (1098–1179) um. Sie hatte einen exkommunizierten Edelmann auf dem Klosterfriedhof am Rupertsberg in »geweihter Erde« begraben. Der Bischof von Mainz verlangte von ihr, dass er ausgegraben und auf den Schindacker geworfen wird, weil er exkommuniziert war. Hildegard schrieb darauf dem Bischof, dass

[68] Der Prozeß Jeanne d'Arc, München 1961, 94f.

sie seiner Aufforderung nicht nachkommen werde, denn die Gerechtigkeit stehe über dem Gehorsam. Darauf verhängte der Bischof das Interdikt – es entspricht der Suspendierung eines Priesters und bedeutet, dass kein Sakrament mehr gespendet werden darf. Da Hildegard Oberin war, wurde dadurch das ganze Kloster, also alle Nonnen, von jeder sakramentalen Handlung ausgeschlossen. Hildegard blieb bis zu ihrem Tod dem Grundsatz treu. Und Benedikt XVI. lobte (13.6.2006 im Fernsehinterview) ihre Haltung, indem er wörtlich sagte: »Denken wir an Hildegard von Bingen, die kraftvoll protestiert hat gegen Bischöfe und Papst.« Ihr Biograph, der Mönch Gottfried Theoderich, umschrieb ihre Haltung: »Es brannte in ihrer Brust eine Liebe, die keinen Menschen ausschloss.« Ganz allgemein gilt der Satz: »Es ist besser, ein Gesetz zu brechen, als ein Herz.« (E. Drewermann)

Hat die Haltung der Hierarchen nur im Geringsten etwas mit der christlichen Frohbotschaft zu tun, wenn sie einen evangelischen Christen, der am Herrenmahl teilnehmen will, ausschließen? Wird er nicht wie ein »brandiges Glied« am Leib Christi behandelt oder wenigstens zu einem Christen zweiter Klasse gestempelt und degradiert? Darf ein Priester der Forderung eines Bischofs, Gastfreundschaft zu verweigern, nachgeben? Es wäre ein unethischer und ganz und gar unchristlicher blinder Gehorsam, den zu leisten niemand bereit sein darf, der seinem Gewissen, das sich an der jesuanischen Verkündigung orientiert, folgt. Für mich hatte die Verweigerung des Gehorsams konkret die Folge, dass mir per Dekret von Bischof Marx am 3.1.2006 auch die kirchliche Lehrerlaubnis (nihil obstat) entzogen wurde, da ich im »Dissens zur kirchlichen Autorität« stünde und ich mich nicht in Loyalität seinem unantastbaren Befehl unterworfen habe.

9. Was ist zu tun?

Menschen, Staaten und Religionen errichten Mauern und Stachelzäune, um sich abzugrenzen, Güter mit anderen nicht teilen zu müssen und ihre Ideologie anderen aufzwingen zu können. Unaufgebbare Positionen werden konstruiert, teils in »gutem Glauben«, teils, um Macht und Besitz zu erhalten. Statt des Menschen wird alles Mögliche und Unmögliche absolut gesetzt. Lehre, Dogmen, Macht und Besitz zählen, Solidarität und Liebe werden klein geschrieben. Wäre es nicht ein Zeichen gegen diese Inhumanität, wenn eine Glaubensgemeinschaft sich nicht abschließt und nichts anderes tabuisierte als die Liebe zum Nächsten, ja auch zum Feind? Werden dann aber nicht alle Grenzen verwischt? Was unter »Abgrenzung« verstanden wird, ist sehr unterschiedlich. Die eine Abgrenzung geschieht durch Ausschluss, Verurteilung und Unterdrückung, sie ist zutiefst unchristlich. Der nicht brav Gehorsame wird verketzert und »unschädlich« gemacht. Die andere geschieht durch das positive Wirken für andere, d.h. durch Einladung zu einem christlichen Leben, durch Vermittlung der Frohbotschaft, durch Bezeugung und Hinweis auf Jesus Christus, auf seine Lebensform. »Abgrenzung« geschieht durch die Suche nach dem Einzelnen, wenn er auf Holzwegen geht, wie Jesus in den Gleichnissen von dem verlorenen Geldstück oder Schaf erzählt. Auch der Feind wird nicht ausgegrenzt. Durch diese Verhaltensänderung geschieht die *Abgrenzung gegen alles unmenschliche Verhalten*, was Menschen einander antun. Das Böse wird nur durch das Gute überwunden. Abgrenzung also nicht durch das Aufstellen von Tabus, sondern durch Abbau der Grenzen, die Menschen oft im Namen eines Gottes, einer Rasse oder eines Geschlechts errichtet haben. So wie Gott nicht durch die Mangelhaftigkeit der Menschen, der Gesellschaft und der Welt erkannt wird – hierbei ist Gott nur eine Projektion des unglücklichen Bewusstseins –, so wird Gott verstehbar durch das Positive im Menschen, in gesellschaftlich-zwischenmenschlichen Beziehungen und in der Welt. Es ist die Güte, die Liebe, die Freundschaft und Solidarität. Nur so wird das erfahrbar und erfahren, was Christen Gott nennen. Die Eucharistie ist ein Zeichen dieser Erfahrung und soll zugleich ihre Vermittlung sein.

Die offene Kommunion, die Einladung aller Menschen guten Willens zur Nähe Christi, könnte ein Zeichen eines wahrhaft ökumenischen Neuanfangs sein, ohne dass Unterschiede überspielt würden. Blicken wir auf das Selbstverständnis der Katholischen und Evangelischen Kirche, müsste, bei aller Differenz, ein Konsens in der Verständigung bei der Abendmahlsfeier möglich sein, zumal die meisten Bischöfe und Theologen der Meinung sind, dass das Verständnis der Eucharistie für die Kirchenspaltung kein trennender Grund ist. Bereits 1959 stellte Karl Rahner wie die drei zitierten Ökumenischen Institute fest, dass Abendmahlsgemeinschaft möglich ist. Letztere plädierten sogar für eine Interkommunion. Der Würzburger Altbischof Paul-Werner Scheele wies darauf hin: »Über das Verständnis der Eucharistie gibt es inzwischen einen weitgehenden Konsens.«[69] Der italienische Bischof Luigi Betazzi fragt: »Wäre es nicht denkbar … (dass) alle diejenigen gemeinsam kommunizierten, die glauben, dass der Herr wahrhaft gegenwärtig ist?«[70] Kann man mehr von einem evangelischen Christen verlangen als von einem katholischen Erstkommunikanten? Völlig unangebracht ist es, wenn ein Christ anderer Konfession theologische Feinheiten und Spitzfindigkeiten bejahen muss, um zum Tisch des Herrn herantreten zu dürfen. Auch Kardinal Lehmann stell-

---

[69] Scheele, P.-W., Süddeutsche Zeitung, 28.2.2003.

[70] Betazzi, L., Das 2. Vaticanum, Pfingsten unserer Zeit, Würzburg 2002, 38.

te schon 1986 fest: »Angesichts (der) gemeinsamen Glaubensüberzeugung von der wahren und wirklichen Gegenwart des Herrn in der Eucharistie sind die verbleibenden ... unterschiedlichen Akzentsetzungen ... nicht mehr kirchentrennend ... die Verwerfungssätze ... sind gegenstandslos geworden.«[71] Man muss sich schon verwundert fragen, woher kommt dann am 1. Ökumenischen Kirchentag die Ablehnung der Hierarchen und die ganze Aggressivität gegen die »offene Kommunion«? Der Grund dafür kann nur die Tabuisierung der institutionell abgesicherten Macht und das Bestehen auf blindem Gehorsam sein. Die Verfügungsgewalt über die »Herstellung« der Eucharistie scheint in Gefahr zu sein und zu entgleiten. Kann wirklich den evangelischen Ordinierten katholischerseits die Vergegenwärtigung Jesu Christi im Abendmahl abgesprochen werden? Gegen die Aussagen von Kardinal Meisner (Köln) bezeichnete Papst Benedikt XVI. als eines der wichtigsten Ergebnisse des ökumenischen Dialogs, »dass die Frage nach der Eucharistie nicht auf das Problem der ›Gültigkeit‹ eingeengt werden darf. Auch eine am Sukzessionsbegriff orientierte Theologie ... muss keineswegs Heil schaffende Gegenwart des Herrn im evangelischen Abendmahl leugnen.«[72] Warum darf dann aber ein Katholik nicht dieses »Heil« bei einer protestantischen Abendmahlsfeier ergreifen, wie Priester Kroll es beim 1. Ökumenischen Kirchentag tat und bestraft wurde? Warum wird diese Heilsmöglichkeit den katholischen Christen verwehrt? Ist es nicht doch wieder der alleinige Gültigkeitsanspruch, den die katholisch-hierarchische Institution für sich in Anspruch nimmt? All diese Tabuisierungen müssen ein Ende finden, damit Verständigung und Versöhnung auf gleicher Ebene möglich werden. Durch eine Aufnahme gegenseitiger eu-

[71] Lehmann, K., (Hg.), Dokumente: Lehrverurteilungen – kirchentrennend?, Freiburg/Göttingen 1986, 122.

[72] Ratzinger, J., Una Sancta 48, 1993, 348f.

charistischer Beziehung oder zumindest einer eucharistischen Gastfreundschaft werden keineswegs die unterschiedlichen Perspektiven verwischt, sondern gerade in der Unterschiedenheit ist Einheit möglich. Wer eine Beziehung zu einem Freund hat, lässt ihn, den anderen, anders sein, aber gerade das bereichert die Freundschaft. Miteinander und nicht gegeneinander da sein, ist der christliche Auftrag. Nicht mitzuhassen, mitzulieben, sind wir da, sagt Antigone. Bereits Paulus meinte, dass nicht die Gemeinsamkeit das eucharistische Essen »unwürdig« macht, sondern die Verachtung bzw. Geringschätzung des anderen. Johannes Paul II. zitiert in seiner Eucharistie-Enzyklika Paulus, der zwei Gründe für eine unwürdige Herrenmahlsfeier erwähnt[73]: Die Spaltung in der Kirche und die Gleichgültigkeit den Armen gegenüber. Die Eucharistie wird Lügen gestraft, wenn Spaltungen, d. h. Ausschlussverfahren, vorgenommen und die Benachteiligten des Lebens unsolidarisch behandelt werden. Wenn die Beziehungen unter den Glaubensgemeinschaften abgebrochen werden und die einen hungern, während die anderen satt sind, dann wird die Eucharistie unmenschlich. Wer das Zeichen der Eucharistie setzt, das Zeichen der Gemeinschaft, der Versöhnung, des Friedens und der solidarischen Liebe ist, aber zugleich andere verurteilt, missachtet und daher spaltet, der schließt sich selbst aus und spaltet sich selbst, indem er im Symbol Tischgemeinschaft in Liebe bejaht, im Leben, Denken und Tun jedoch verneint. Treffend sagt Benedikt XVI. in seiner ersten Enzyklika »Deus caritas est«: »Eucharistie, die nicht praktisches Liebeshandeln wird, ist in sich fragmentiert.«[74] Das Symbol wird auf diese Weise zum Diabol. Die Gottesliebe ist nur wahr, wenn sie Nächstenliebe ist. Beim Herrenmahl kann unter uns Christi Wirklichkeit, Gotteserfahrung möglich werden. Aber dies

[73] Siehe Anmerkung 37, Nr. 20.
[74] Ebd., 61, Nr. 14.

geschieht nur, wenn die Worte, die der Priester bei jeder Messe spricht, wirklich ernst genommen werden: »Nehmet und esset (trinket) *alle* davon.« »Alle« sind nicht nur Katholiken, sondern eben jeder, der mit Christus Gemeinschaft haben will. Sonst würden die jesuanischen Worte zur Lüge. Leider wurde ich durch das Dekret gegen mich eines »Besseren« belehrt. 45 Jahre meines Priesterseins dachte ich, dass »Alle« eben »Alle« sind. Mitnichten. Dieses Wort so zu interpretieren, stelle bereits »ein lehrmäßiges Defizit« dar. Um so erstaunlicher liest man plötzlich in der Enzyklika »Gott ist die Liebe«: »Ich kann Christus nicht allein für mich haben, ich kann ihm zugehören nur in der Gemeinschaft mit allen, die die Seinigen geworden sind oder werden sollen. Die Kommunion zieht mich aus mir heraus zu ihm hin und damit zugleich in die Einheit mit allen Christen.«[75] Also: Jetzt sind es doch wieder alle Christen! Zugleich teilt die Presse mit, dass die offizielle Katholische Kirche die Evangelische Kirche aufgefordert habe, die Katholiken nicht mehr zum evangelischen Abendmahl einzuladen. Was gilt nun? Ist das nicht eine höchst zwiespältige, ja janusköpfige Haltung? Und doch ist die christliche Botschaft so klar: Die Eucharistie will jede Spaltung beseitigen. Sie ist Zeichen dafür, dass alle Menschen in Jesus Christus angenommen sind. Ausnahmen gibt es nicht, und kein Mensch darf zurückgewiesen werden, denn der Tisch des Herrn ist für die Menschen da, nicht umgekehrt, und darf niemals tabuisiert werden. Wer also mit Christus Gemeinschaft haben will, ein Liebender sein möchte und die eucharistischen Symbole von gewöhnlichem Brot und Wein unterscheidet, der ist zum Herrenmahl eingeladen. Alle sind einzuladen, denn es ist so, »dass Christus jeden Einzelnen von uns empfängt«.[76] So hat die Teilnahme am eucharistischen Mahl zudem eine »einheitsstiftende Wir-

[75] Ebd., 61, Nr. 14.
[76] Ebd., 61, Nr. 22.

kung«.[77] Das Herrenmahl also bewirkt, dass die Einheit unter den Christen hergestellt werden kann und nicht umgekehrt! Es ist sicher nicht akzeptabel, wenn jemand ohne ernste Absicht zum Tisch des Herrn tritt und keinen Unterschied zu einem Frühschoppen oder Abendessen macht. Wie ist nun diese »Unterscheidung« zu verstehen? Man kann es sich so vorstellen: Wenn ein Freund seiner Freundin in einem Blumengeschäft rote Rosen kauft, so sind diese zunächst nichts anderes als Rosen. Sie sind ein ganz normales Naturprodukt. Wenn er dann aber zu seiner Freundin geht und ihr diesen Rosenstrauß schenkt, erhält dieser eine neue Qualität. Er ist nun wirklich, real in seiner »Substanz« verändert, verwandelt. Wie immer die Freundin darauf reagieren mag, ob sie die Rosen freudig annimmt oder entrüstet zurückweist, es sind keine gewöhnlichen Rosen mehr, sondern in diesem Symbol wird ganz real die Liebe des Freundes angenommen oder zurückgestoßen. So sind auch Brot und Wein reale Symbole für die Gegenwart Christi, für die Liebe, die zwischen den Menschen Wirklichkeit werden soll. Von der personalen Beziehung kann nicht abgesehen werden. So spricht auch Kardinal Ratzinger von einer »personalen Gegenwart«. »Der Herr ist nicht anwesend wie eine naturale Sache, sondern auf personale Weise und in der Zuordnung auf Personen hin … Dass solches Dasein keinen selbstverständlichen naturalen Charakter hat, bedeutet positiv, dass es zu verstehen ist von der Weise her, in der Liebe allein anwesend sein kann als freies Sichgewähren und Sichschenken.«[78] Haben hier evangelische und katholische Christen nicht doch ganz ähnliche Vorstellungen? Wo liegt der Grund einer Trennung oder gar Verweigerung? Soll uns nicht der ge-

[77] Ebd., 61, Nr. 23.

[78] Ratzinger, J., Das Problem der Transsubstantiation und die Frage nach dem Sinn der Eucharistiefeier, Theologische Quartalschrift 147, 1967, 154.

meinsame Tisch des Herrn, die »verwandelten Symbole«, »verwandeln«, unser Leben verwandeln und zur Aussöhnung führen? Sicher, für das katholische Verständnis hat der »Rosenstrauß« auch nach der Übergabe Bedeutung, und die Freundin wird ihn nicht gleich, nachdem der Freund gegangen ist, in den Mülleimer werfen. So ist gerade die Eucharistie auch *bleibendes* Zeichen der Versöhnung und nicht der Trennung. Wenn wir bei unserem Beispiel bleiben, dann lautet freilich nicht die Frage: Wie oft hast du Blumen gebracht?, sondern: Wie hast du dich deiner Freundin gegenüber verhalten? Daher heißt nicht die Lebensfrage: Wie oft habt ihr gemeinsam das Abendmahl gefeiert?, sondern: Was ihr dem Geringsten getan habt, das habt ihr mir getan (Mt 25). In der Eucharistie soll genau diese Liebe und Solidarität zum Ausdruck gebracht werden. Wer aber trennt und abspaltet, der verweigert sich Jesus Christus selbst. Offene, eucharistische Gastfreundschaft ist geboten, wollen sich die Kirchen nicht selbst von der Gegenwart Christi ausschließen. Evangelische Kirchen strecken die Hand aus, die Katholische Kirche sollte sie ergreifen. Weigert sie sich, beschädigt sie sich selbst und ist das Gegenteil eines »Zeichens der Liebe unter den Völkern«. Bei der Ankündigung des Konzils 1959 hat Papst Johannes XXIII. im Hinblick auf die Ökumene gesagt: »Wir wollen nicht wissen, wer Unrecht hatte, wir wollen nicht wissen, wer Recht hatte, wir möchten nur sagen: Wir wollen uns miteinander versöhnen.« Versöhnung geschieht beim gemeinsamen Tisch des Herrn. Er ist möglich und geboten; so können die Menschen sehen, »wie sie einander lieben«.

Ein zweiter bescheidener Schritt wäre, wenn die Aussagen des 2. Vatikanischen Konzils endlich ernst genommen würden. Es erklärte, dass die Katholische Kirche nur *eine* Verwirklichung der Kirche Christi ist. Der Anspruch auf das Heilsmonopol wurde fallen gelassen. Die Identifikation der

Kirche Christi mit der Katholischen Kirche hat das Konzil ausdrücklich abgelehnt. Kardinal Kasper kommentiert: »Die erste wichtige Grundentscheidung des Konzils war eine Selbstunterscheidung. Das Konzil hält zwar daran fest, dass die Kirche Christi in der Katholischen Kirche subsistiert, d. h. konkret wirklich ist; aber die Katholische Kirche setzt sich nicht mit der Kirche Christi identisch (LG 8; UR 3). Damit ist Spielraum für andere Kirchen und Kirchengemeinschaften, in denen die eine Kirche Jesu Christi in unterschiedlichen Graden wirklich ist.«[79] Nun darf man aber auch nicht glauben, dass die Katholische Kirche die beste Verwirklichung der Kirche Christi sei. Auch dies hat das 2. Vatikanische Konzil strikt abgelehnt. Es war vorgeschlagen, der Formulierung, dass die Kirche Christi in der Katholischen verwirklicht (subsistit in) sei, hinzuzufügen »auf vollkommene Weise« (integro modo) oder gar »auf Grund göttlichen Rechts« (iure divino). Diese Formeln wurden verworfen, »damit (wurde) die Frage nach dem Verhältnis der einen Kirche zu den vielen Kirchen bewusst offen gelassen. Damit ist wiederum eine Entwicklung von unabsehbarer Tragweite möglich geworden.«[80] Da die Katholische Kirche nicht die »beste« Kirche ist – dies wurde ausdrücklich ausgeschlossen! –, kann sie sich auch nicht über die anderen erheben, auch nicht mit Hilfe des Sukzessionsgedankens. Selbst wenn Kirchen andere Struktu-

---

[79] Kasper, W., Kirchengemeinschaft als ökumenischer Leitbegriff, Theologische Revue 98, 2002, 7.

[80] Lexikon für Theologie und Kirche, Konzilsband I, Kommentar, 1966, 174. Allerdings wurde 2007 vom Vatikan bewusst das 2. Vatikanische Konzil gegen seine Intention interpretiert. Das »subsistit in« (= Kirche Christi wird *auch* verwirklicht in der Katholischen Kirche) wird nun zu einem »est«: Nur in der Katholischen Kirche verwirklicht sich Kirche Christi. Die »Fülle der Gnade und Wahrheit« ist allein der Katholischen Kirche anvertraut (Kardinal Kasper, Vorsitzender des Sekretariats für die Einheit der Christen, stimmte dieser Umdeutung bei der ökumenischen Versammlung in Sibiu [5.9.2007] ausdrücklich zu).

ren besitzen, sich anders als Glaubensgemeinschaft verstehen, können sie genauso gut oder sogar besser Kirche Christi verwirklichen als die Katholische. Also: Kirche Christi ist keine Hierarchie, sondern geschwisterliche Gemeinschaft von Kirchen. Kirche Christi ist keine geschlossene Gesellschaft, sondern offene Gemeinschaft von Konfessionen. Kirche Christi ist keine Unterdrückungsmacht, sondern Gemeinschaft liebender Menschen. Andere Kirchen können daher auf unterschiedliche Weise Christi Willen verwirklichen. Auf verschiedene Weise spricht jesuanische Botschaft Menschen an. Richtig sagt Kardinal Meisner: Nur »ein totalitäres Regime lebt von der Gleichschaltung«. Und Kardinal Ratzinger meint treffend (14.6.2003): »Die Konfessionen sollen einander im ehrlich ringenden Dialog immer wieder korrigieren und von Einseitigkeit befreien! … In der Unterschiedenheit sollen wir einander annehmen lernen.« Genau dies gilt für die versöhnte Abendmahlsfeier. Darum war der ehemalige Bundespräsident Johannes Rau (1931–2006) auch so entsetzt und konnte die Strafmaßnahmen gegen die eucharistische Gastfreundschaft nicht verstehen. Ihm brachte das allerdings den Tadel von Kardinal Lehmann ein. Gerade das Kirchenverständnis des 2. Vatikanischen Konzils ist eine Einladung zur gemeinsamen Eucharistiefeier, da sich durch sie die Kirchen über ihre eigenen Grenzen hinweg in Christus begegnen. Das Ziel der Ökumene kann daher nicht die Uniformität sein, nicht die totalitäre Kirche, nicht die organisatorische Kircheneinheit, sondern *allein* die Kirchengemeinschaft. Ein Weg dazu ist die »offene Kommunion«, die Einladung zum Herrenmahl ohne Tabus. Eine gegenseitige Anerkennung der Kirchen als echte Glaubensgemeinschaften und Kirchen folgt daraus, ist möglich und notwendig. Das letzte falsche Tabu wäre gebrochen, der Konfessionalismus fände ein Ende, und Christen würden für die Nichtchristen glaubwürdig werden. Sicher, jede Kirche, jede Gemeinschaft verfehlt auch die frohe Botschaft Christi, aber im Dialog, der nicht hohl bleibt, kann Wahrheit des Lebens gefunden werden. Im gemeinsamen Zeichen von Brot und Wein kann sie erfahren werden. Dann werden auch Strukturen in den Kirchen entstehen, die für alle hilfreich sind. Eine solche Gemeinschaft der Kirchen wird zur Vermenschlichung der Gesellschaft beitragen. Wie Jesus die »Selbstüberwindung« empfiehlt, so gilt: Kirchen, überwindet euch selbst, um Gemeinschaft glaubender, hoffender und liebender Menschen zu werden.

In der Praxis bedeutet dies: Evangelische und katholische Christen sollen ihrem Gewissen und der vorbildhaften Handlung von Kardinal Ratzinger und Roger Schutz folgen und gemeinsam am Herrenmahl teilnehmen. Hierarchische Maßnahmen sollen sie nicht zurückschrecken lassen, sondern im Gegenteil, dem Auftrag Jesu Christi folgend, dazu veranlassen, verstärkt ökumenische Gastfreundschaft zu pflegen. Schon so oft hat in der Katholischen Kirche die Praxis der Glaubenden eine Änderung der Haltung kirchlicher Vorgesetzen und eine Veränderung im kirchlichen Gesetzbuch bewirkt, wie z. B. bei der Abschaffung des Index der verbotenen Bücher 1966. Christus hat die Trennmauern zwischen Juden und Heiden niedergerissen (Eph 2,14). Wir folgen ihm nach, wenn wir, evangelische und katholische Christen, ökumenische Gastfreundschaft verwirklichen.

Am 2. Ökumenischen Kirchentag, 2010 in München, der unter dem Motto steht: »Damit ihr Hoffnung habt«, wird sich leider zeigen, dass die Kirchen es mit der Ökumene nicht ernst meinen, da die Gastfreundschaft weiterhin verweigert bleibt. Kardinal Kasper, dessen Auftrag es wäre, die Einheit der Christen zu fördern, sagte wörtlich (2006) im Hinblick auf den 2. Ökumenischen Kirchentag: »Es darf auf keinen Fall zu solchen unangenehmen Dingen kommen, wie es in Berlin der Fall war.« Und er meinte damit die ökumenische Gastfreundschaft. Kardinal Lehmann wird nicht müde zu betonen (z. B. FAZ 26.5.2007), dass die gemeinsame Abendmahlsfeier »eine unreife Frucht« sei. Überdies hat der evangelische Bischof Friedrich von München dem Papst 2006 beim Deutschlandbesuch nicht widersprochen, als dieser der evangelischen Kirche das Kirche-Sein abgesprochen hat und sie nur als »eine Gemeinschaft, die aus der Reformation hervorgegangen ist« bezeichnete. Nicht einmal eine »*Glaubens*gemeinschaft« ist sie! Leider macht die evangelische Kirche den Eindruck, als ließe sie sich wie ein Tanzbär am Nasenring von der katholischen Hierarchie vorführen, und als wäre sie dankbar, wenn sie ab und zu Honig zu schlecken bekommt. So ist Ökumene nicht möglich. Es wäre besser, wenn keine ökumenische Versöhnung vorgespielt würde, vielmehr jede Kirche bei ihrem Schuldbekenntnis bliebe, die Einheit zerstört zu haben und dem Auftrag der Liebe Christi nicht gerecht zu werden. Dürfen wir trotzdem mit Paulus hoffen wider alle Hoffnung (Röm 4,18)?

Abkürzungen

Die Abkürzungen der Bibelstellen entsprechen den üblichen Bibelausgaben

AAS	=	Acta Apostolicae Sedis
AG	=	Ad Gentes, Dekret über die Missionstätigkeit der Kirche des 2. Vatikanischen Konzils
CIC	=	Codex iuris canonici (kirchliches Gesetzbuch)
D	=	H. Denzinger, Kompendium der Glaubensbekenntnisse und kirchlichen Lehrentscheidungen, Freiburg 1991
LG	=	Lumen Gentium, Dogmatische Konstitution über die Kirche des 2. Vatikanischen Konzils
PG	=	Patrologiae cursus completus (series graeca), Paris 1857 ff.
PL	=	Patrologiae cursus completus (series latina), Paris 1844 ff.
UR	=	Unitatis redintegratio, Dekret über den Ökumenismus des 2. Vatikanischen Konzils

ANHANG: DOKUMENTATION

01.07.2003	Ankündigung der Suspendierung vom Priesteramt, wenn ich nicht bereue
15.07.2003	Mein Schreiben an Bischof Marx
17.07.2003	Suspendierung vom Priesteramt
18.07.2003	Mein Rekurs an Papst Johannes Paul II.
23.03.2004	Schreiben von Pfarrer E. Bertel als meinem Anwalt an den Sekretär der Glaubenskongregation Erzbischof Amato
03.06.2004	Bestätigung der Suspendierung durch Kardinal Ratzinger (datiert: 24.04.2004)
04.06.2004	Erneuter Rekurs
04.06.2004	Pressemitteilung
29.06.2004	Schreiben von Pfarrer E. Bertel an Kardinal Ratzinger
04.12.2004	Endgültige Suspendierung durch die Glaubenskongregation, approbiert durch Papst Johannes Paul II. (datiert: 12.11.2004)
05.12.2004	Pressemitteilung
03.01.2006	Entzug der kirchlichen Lehrerlaubnis (datiert: 02.01.2006)
16.01.2006	Mein Rekurs an Papst Benedikt XVI.

29.04.2006	Bestätigung des Entzugs der kirchlichen Lehrerlaubnis durch Kardinal Levada (datiert: 22.04.2006) sowie die vom Sekretariat der Deutschen Bischofskonferenz übermittelte Stellungnahme der Glaubenskongregation zum Kommunionempfang von Frère Roger Schutz (vom 04.10.2005)
02.05.2006	Erneuter Rekurs
19.06.2006	Endgültige Bestätigung des Entzugs der kirchlichen Lehrerlaubnis durch die Glaubenskongregation, approbiert durch Papst Benedikt XVI. (datiert: 02.06.2006)
22.06.2006	Mein Schreiben an Papst Benedikt XVI.
15.11.2006	Antwort vom Staatssekretariat des Vatikan
08.04.2009	Mein Schreiben an Bischof Ackermann
18.09.2009	Mein 2. Schreiben an Bischof Ackermann
20.10.2009	Antwortschreiben von Bischof Ackermann
05.11.2009	Meine Antwort an Bischof Ackermann

Am 29.5.2003 leitete ich in Zusammenhang mit dem 1. Ökumenischen Kirchentag in Berlin einen ökumenischen Gottesdienst mit Eucharistiefeier nach katholischem Ritus und »offener Kommunion«.

Mit dem Schreiben vom 5.6.2003 von Kardinal Sterzinsky, Erzbischof von Berlin, das ich am 10.6.2003 erhielt, forderte er mich auf, zu einem Verhör am 18.6.2003, 17 Uhr in sein Büro zu kommen. Am 10.6.2003 antwortete ich ihm, dass zwar mein Handeln allgemein bekannt sei, ich aber gerne schriftlich oder mündlich mit ihm in einen Dialog eintrete. Daraufhin brach er jeden Kontakt zu mir ab.

Ohne dass Bischof R. Marx nur in irgendeiner Form versuchte, mit mir in Kontakt zu treten, stand am 2.7.2003 um 8 Uhr früh ein Bote des Bischofs an der Tür der Kirche St. Elisabeth, Saarbrücken, wo ich die Messe gefeiert hatte, und fragte mich nach meinem Namen. Darauf übergab er mir folgendes Schreiben:

01.07.2003

REINHARD MARX
BISCHOF VON TRIER

Sehr geehrter Herr Professor Hasenhüttl,

das aufgrund des von Ihnen zelebrierten Gottesdienstes am 29. Mai 2003 in der evangelischen Berliner Gethsemane-Kirche erbetene Gespräch mit dem Erzbischof von Berlin, Herrn Kardinal Sterzinsky in Berlin, haben Sie verweigert (vgl. Ihr Schreiben vom 10.06.2003) und sich stattdessen mehrfach öffentlich in den Medien geäußert. In Absprache mit Herrn Kardinal Sterzinsky, Berlin, und Herrn Bischof Kapellari, Graz-Seckau, werde nun ich als

Bischof von Trier und damit als Bischof Ihres Wohnsitzes tätig.

Das kirchliche Recht will der Einheit und dem Frieden in der Kirche dienen. Auf diese Einheit hinzuwirken ist die besondere Aufgabe der Bischöfe. Sie haben durch Ihr Verhalten gegen diese Einheit gehandelt.

Bei dem Gottesdienst in der Gethsemane-Kirche kam es zu Verstößen gegen kirchenrechtliche Normen. Im Einzelnen werfe ich Ihnen Folgendes vor:

1.) Verstoß gegen c. 844 § 1 iVm § 4 CIC

Es kam zu einem Verstoß gegen c. 844 § 1 iVm § 4 CIC (Interkommunion). Gemäß c. 844 § 1 CIC spenden katholische Spender die Sakramente erlaubt nur katholischen Gläubigen. Ebenso empfangen diese die Sakramente erlaubt nur von katholischen Spendern. Ausnahmen werden in c 844 §§ 2-4 CIC genannt. Der Gottesdienst in Berlin geht jedoch über diese Ausnahmen weit hinaus, da eine offene Kommuniongemeinschaft von vornherein vorgesehen und langfristig bereits öffentlich angekündigt war (vgl. Imprimatur, Heft 8, 2002, S. 287-289).

Der Papst hat jüngst in seiner Enzyklika »Ecclesia de Eucharistia« vom 17.04.2003 in den Artikeln 42-45 deutlich gemacht, dass eine Praxis der Interkommunion nicht möglich ist, solange die Bande der kirchlichen Gemeinschaft nicht vollständig geknüpft sind. Zudem haben die deutschen Bischöfe vor dem Ökumenischen Kirchentag in Berlin eingeschärft, dass eine Interkommunion nicht erlaubt sei.

Somit handelt es sich bei der am 29. Mai 2003 in der Gethsemane-Kirche praktizierten Interkommunion um eine verbotene Gottesdienstgemeinschaft. Nach c. 1365 CIC soll derjenige, welcher sich einer verbotenen Gottesdienstgemeinschaft schuldig macht, mit einer gerechten Strafe belegt werden.

2.) Verstoß gegen c. 273 CIC

Nach c. 273 CIC sind die Kleriker in besonderer Weise verpflichtet, dem Papst und ihrem Ordinarius Ehrfurcht und Gehorsam zu erweisen.

Die bewusste Missachtung der Anweisungen des Heiligen Vaters und der Bischöfe stellt einen Verstoß gegen c. 273 CIC dar. Nach c. 1371, 2° CIC soll mit einer gerechten Strafe belegt werden, »wer [...] dem Apostolischen Stuhl, dem Ordinarius oder dem Oberen, der rechtmäßig gebietet oder verbietet, nicht gehorcht und nach Verwarnung im Ungehorsam verharrt«.

3.) Verstoß gegen c. 933 CIC

»Aus gerechtem Grund und mit ausdrücklicher Erlaubnis des Ortsordinarius darf ein Priester die Eucharistie in einem Gotteshaus irgendeiner Kirche oder kirchlichen Gemeinschaft feiern, die nicht die volle Gemeinschaft mit der katholischen Kirche haben; ein Ärgernis muss dabei ausgeschlossen sein.«

Eine Erlaubnis des Ortsordinarius lag für den Gottesdienst in der Gethesemane-Kirche nicht vor. Zudem erregte der Gottesdienst und die praktizierte Interkommunion öffentlich Ärgernis. Der Verstoß ist ebenfalls gemäß c. 1371, 2° CIC zu ahnden.

4.) Verstoß gegen c. 846 § 1 CIC

Sie haben sich im Gottesdienst nicht an die liturgische Ordnung gehalten, u. a. kam es zu Änderungen im Hochgebet. Nach c. 846 § 1 CIC sind bei der Feier der Sakramente die von der zuständigen Autorität gebilligten liturgischen Bücher getreu zu beachten; deshalb darf niemand eigenmächtig etwas hinzufügen, weglassen oder ändern. Auch der Verstoß gegen c. 846 § 1 CIC ist gemäß c. 1371, 2° CIC zu ahnden.

Nach Ihren Äußerungen im unmittelbaren Umfeld des Gottesdienstes, z. B. in der Saarbrücker Zeitung vom 30.05.2003, S. 3, und im Spiegel 23/2003 vom 02.06.2003, S. 20 (»Ich werde es wieder tun«) sowie Ihren fortgesetzten Äußerungen, z. B. in Publik-Forum 11/2003 vom 13. Juni 2003, S. 7; den Sie zitierenden Beiträgen im Trierischen Volksfreund vom 18.06. und 25.06.2003 und Ihrem Auftritt im »Aktuellen Bericht« im 3. Programm des SR am 25.06.2003 muss ich davon ausgehen, dass Sie offensichtlich nicht bereit sind, sich an die kirchliche Ordnung zu halten. Somit verharren Sie im Ungehorsam. Sollten Sie diese Position einnehmen und außerdem, wie Sie es im o. g. Spiegel-Interview angekündigt haben, immer wieder eine offene Kommunionfeier praktizieren, muss ich eine Suspension nach c. 1333 CIC aussprechen.

Ich erteile Ihnen hiermit, insbesondere im Blick auf den Verstoß gegen c. 844 CIC, eine Verwarnung gemäß c. 1339 § 1 CIC und fordere Sie gemäß c. 1347 § 1 CIC auf, Ihre gegen die Einheit der Kirche verstoßende Haltung aufzugeben und öffentlich zu erklären, dass Sie

1. die oben aufgeführten Verstöße gegen die cc. 844 § 1 iVm § 4 CIC (Interkommunion als communicatio in sacris), 273 CIC (Ungehorsam), 933 CIC (Feier der Eucharistie im Gotteshaus einer kirchlichen Gemeinschaft ohne ausdrückliche Erlaubnis des Ortsordinarius) und 846 § 1 CIC (Verstoß gegen die liturgische Ordnung) bereuen und

2. dass Sie gemäß c. 1347 § 2 CIC eine Behebung des Ärgernisses leisten und ernsthaft versprechen, nicht mehr gegen die genannten Canones zu verstoßen und damit gegen das hohe Gut der Communio mit dem Papst und den Bischöfen zu handeln.

Sie betonen wiederholt in Ihren Äußerungen, Ihr Handeln im Sinn des Heiligen Vaters zu verstehen. Diese Auffassung teile ich ausdrücklich nicht. Ich gehe vielmehr in Anbetracht der Quantität und der Qualität der Verstöße gemäß c. 1347 § 2 CIC erst dann davon aus, dass Sie zur Änderung Ihres Verhaltens bereit sind, wenn Sie Ihr Handeln wirklich bereuen und außerdem eine angemessene Wiedergutmachung der Schäden und eine Behebung des Ärgernisses geleistet haben. Als eine solche angemessene Wiedergutmachung und Behebung des Ärgernisses werde ich lediglich die beigefügte Erklärung, die Sie zu unterschreiben haben, akzeptieren. Darüber hinaus müssen Sie sich damit einverstanden erklären, dass diese Erklärung von der Stabsstelle Presse- und Öffentlichkeitsarbeit des Bischöflichen Generalvikariates Trier veröffentlicht werden wird.

Ich erwarte, dass die von Ihnen unterzeichnete Erklärung bis zum 16. Juli 2003 in Trier vorliegt, ansonsten spreche ich die Suspension gemäß c. 1347 CIC aus.

Selbstverständlich steht es Ihnen frei, sich im Falle einer Suspension unmittelbar an den Heiligen Vater zu wenden und dort Rekurs einzulegen.

Sehr geehrter Herr Professor,
ich bitte Sie eindringlich, öffentlich deutlich zu machen, dass Sie Ihr Verhalten bereuen und dass Sie sich zukünftig in Wort und Tat an die Ordnung der Kirche halten werden.

Mit freundlichen Grüßen
Ihr
Dr. Reinhard Marx
Bischof von Trier

Anlage
Erklärung

Mein Verhalten bei der Eucharistiefeier, der ich am 29. Mai 2003 in der Berliner Gethsemane-Kirche vorstand und bei der es durch mich zu erheblichen Verstößen gegen das kirchliche Recht kam, bereue ich.

Ich werde mich in Zukunft an die kirchliche Ordnung halten und verspreche, nicht mehr gegen die im Brief von Bischof Dr. Reinhard Marx vom 01.07.2003 genannten Canones zu verstoßen.

Mir ist bewusst, dass ich bei weiteren Verstößen gegen die kirchliche Ordnung suspendiert werde.

Weil mein Verhalten in der Öffentlichkeit für größeres Aufsehen gesorgt hat, bin ich damit einverstanden, dass die vorliegende Erklärung von der Stabsstelle Presse- und Öffentlichkeitsarbeit des Bischöflichen Generalvikariates Trier veröffentlicht wird.

Saarbrücken, den
Prof. Dr. Gotthold Hasenhüttl
[nicht von mir unterschrieben]

---

15. Juli 2003

Sehr geehrter Herr Bischof!

Ihr Schreiben vom 01.07.2003 habe ich am 02.07.2003 durch Ihren Boten erhalten. Das Gespräch am 11.07.2003, um das ich mich bemühte, obwohl Sie keinen Gesprächsbedarf hatten, blieb leider ohne Erfolg. Ebenso haben Sie meinen Antrag vom 12.07.2003 zur Einleitung eines Schlichtungsverfahrens heute abgelehnt und Ihr Ultimatum erneuert.

Ihr Vorgehen bedauere ich sehr, da Ihre Auslegung der Übertretungen und Verfehlungen, die ich lt. CIC begangen haben soll, auch rechtlich sehr problematisch ist.

Unabdingbar gehört zu jeder Reue ein Fehlverhalten. *Mein angebliches »Vergehen« besteht darin, dass ich evangelische Christen zum Herrenmahl eingeladen habe.* Darin kann ich auch aufgrund Ihres Schreibens keine Schuld erkennen. Das höchste Gebot der jesuanischen Botschaft ist die Liebe, die auch den Gegner einschließt. Und diese verletzen Sie, Herr Bischof, um einer nicht eindeutigen Menschensatzung willen nicht nur in Bezug auf mich und andersdenkende KatholikInnen, sondern auch gegenüber unseren evangelischen Mitbrüdern und -schwestern, die dadurch den Respekt vor ihrer Kirche vermissen. Ihre ultimative Forderung der bedingungslosen Reue und des blinden Gehorsams entspricht in keiner Weise dem, wofür ich in meinem Leben als Priester und Theologe gearbeitet und gekämpft habe. Inquisitorische Maßnahmen haben dem Ansehen der Katholischen Kirche und den sie vertretenden Hierarchen immer erheblichen Schaden zugefügt. Wenn Gleichschaltung und nicht Einheit in der Vielfalt Ihre Vorstellung der Ausübung Ihres Hirtenamtes ist, werden Sie mich wohl als »verlorenes Schaf« betrachten, dem Sie Ihre Obhut jedoch nicht mehr angedeihen lassen wollen.

Mein Gewissen verbietet mir, Ihnen auf DIESEM Weg zu folgen und die von Ihnen vorgelegte Erklärung zu unterschreiben.

Mit freundlichen Grüßen
(Univ.-Prof. DDr. Gotthold Hasenhüttl)

17.07.2003

REINHARD MARX
BISCHOF VON TRIER

Sehr geehrter Herr Professor Hasenhüttl,

aufgrund Ihrer Verstöße, insbesondere gegen c. 844 § 1 iVm § 4 sowie gegen die cc. 273, 933 und 846 § 1 CIC habe ich Sie gemäß c. 1339 § 1 CIC verwarnt und Sie gemäß c. 1347 § 1 CIC aufgefordert, Ihre gegen die Einheit der Kirche verstoßende Haltung aufzugeben und öffentlich zu erklären, dass Sie

1. die oben aufgeführten Verstöße gegen c. 844 § 1 iVm § 4 CIC (Interkommunion als communicatio in sacris) sowie gegen die cc. 273 CIC (Ungehorsam), 933 CIC (Feier der Eucharistie im Gotteshaus einer kirchlichen Gemeinschaft ohne ausdrückliche Erlaubnis des Ortsordinarius) und 846 § 1 CIC (Verstoß gegen die liturgische Ordnung) bereuen und

2. dass Sie gemäß c. 1347 § 2 CIC eine Behebung des Ärgernisses leisten und ernsthaft versprechen, nicht mehr gegen die genannten Canones zu verstoßen und damit gegen das hohe Gut der Communio mit dem Papst und den Bischöfen zu handeln.

Ich habe erwartet, dass Sie bis zum 16.07.2003 die Erklärung mit Datum vom 01.07.2003 unterzeichnen. Dem sind Sie nicht nachgekommen. Darüber hinaus haben Sie in Ihrem Schreiben vom 15.07.2003 deutlich gemacht, dass Sie sich auch in Zukunft nicht an die Ordnung der Kirche halten werden.

Mit der Einladung zur offenen Kommunion beim Gottesdienst am 29. Mai 2003 in der Gethsemane-Kirche Berlin haben Sie sich verbotener Gottesdienstgemeinschaft schuldig gemacht, die zudem vorher öffentlich angekündigt war. Nach c. 1365 CIC soll derjenige, welcher sich einer verbotenen Gottesdienstgemeinschaft schuldig macht, mit einer gerechten Strafe belegt werden.

Die bewusste Missachtung der Anweisungen des Heiligen Vaters und der Bischöfe stellt einen Verstoß gegen c. 273 CIC dar. Nach c. 1371, 2° CIC soll mit einer gerechten Strafe belegt werden, »wer [...] dem Apostolischen Stuhl, dem Ordinarius oder dem Oberen, der rechtmäßig gebietet oder verbietet, nicht gehorcht und nach Verwarnung im Ungehorsam verharrt«.

Daher suspendiere ich Sie gemäß c. 1333 § 1, 1° und 2° CIC mit sofortiger Wirkung. Diese Suspension verbietet Ihnen die Ausübung aller Akte der Weihe- und Leitungsvollmacht.

Die Sanktion bindet Sie gemäß c. 1351 CIC überall. Die Suspension werde ich nach c. 1358 § 1 CIC aufheben, wenn Sie Ihr Verhalten bedauern und versprechen, sich in Zukunft an die kirchliche Ordnung zu halten.

Dr. Reinhard Marx
Bischof von Trier

Rechtsmittelbelehrung
Es ist Ihnen unbenommen, den hierarchischen Rekurs nach cc. 1734 bis 1737 CIC einzuleiten. Sollten Sie Beschwerde beim Apostolischen Stuhl einreichen, steht Ihnen nach c. 1737 § 2 CIC eine Frist von fünfzehn Tagen zur Verfügung. Diese Beschwerde können Sie gemäß c. 1737 § 1 CIC unmittelbar an den Apostolischen Stuhl richten oder über mich an diesen weiterleiten lassen. Gemäß c. 1353 CIC haben Berufung oder Beschwerde gegen Dekrete, die irgendeine Strafe verhängen oder feststellen, aufschiebende Wirkung.

Am 18.7.2003, einen Tag nach Erhalt des Suspendierungsdekretes, legte ich bei Papst Johannes Paul II. Beschwerde ein. Dieser Rekurs hatte aufschiebende Wirkung, so dass die Suspendierung ausgesetzt wurde. Hier meine Begründung, am 25.7.2003 nachgereicht.

Begründung zum Rekurs nach c. 1353 CIC vom 18.07.2003

Beschreibung des Hergangs

1.) Der Bischof von Trier, Dr. Reinhard Marx, beginnt sein Schreiben vom 01. Juli 2003 mit dem Vorwurf der Gesprächsverweigerung. Es ist richtig, dass der Erzbischof von Berlin, Kardinal Sterzinsky, mir einen festgelegten Termin schriftlich vorgelegt hat, den ich in Wochenfrist wahrnehmen sollte, um Näheres über die Eucharistiefeier in der Gethsemane-Kirche zu ermitteln. Da diese Messe öffentlich und im Internet schriftlich angekündigt war, musste ich davon ausgehen, dass dem Erzbischof alle Fakten bekannt waren, und schlug ihm daher vor, noch offenstehende Fragen schriftlich oder mündlich zu beantworten. Dieser Vorgang war die Veranlassung für den Erzbischof von Berlin, den Dialog mit mir nicht aufzunehmen.

Nachdem mich das ultimative Schreiben des Bischofs von Trier am 02. Juli 2003 – ohne vorhergegangene Unterredung – erreichte, bemühte ich mich um ein Gespräch mit Bischof Marx. Der Bischöfliche Sekretär, Kaplan Schuh, gab mir klar zu verstehen, dass bei Bischof Marx kein Gesprächsbedarf bestehe, er aber bereit sei, mich zu empfangen. Bischof Marx ließ dabei erkennen, dass er nicht auf einen Dialog über meine Absichten im Hinblick auf die Eucharistiefeier eingehen wolle, weswegen die Unterredung nach ca. 35 Minuten ergebnislos abgebrochen wurde. Bischof Marx beharrte weiterhin auf der ultimativen Forderung, die von ihm vorgefertigte Erklärung zu unterschreiben, in der ich öffentlich Reue für die Einladung evangelischer Christen zum Herrenmahl erklären sollte. Dieser Forderung konnte ich in der *vorgelegten* Form nicht nachkommen. So beantragte ich am 12. Juli 2003 gemäß c. 1733 § 1 CIC die Einleitung eines Schlichtungsverfahrens, da das bischöfliche Schreiben auf Seite 3 eine Verwarnung enthielt und durch seine Form einen Verwaltungsakt darstellte, so dass c. 1732 CIC zutraf. Dies entspricht genau der Gemeinderegel nach Mt 18,16. Das Gespräch mit Zeugen wurde mir durch den Bischof mit der Begründung verweigert, dass er es »für nicht sinnvoll« halte. Damit hat Bischof Marx sich nicht nur über die biblische Botschaft, sondern auch über das Kirchenrecht nach Überzeugung von Kirchenrechtlern hinweggesetzt, was die Vermutung zulässt, dass ich bereits vorverurteilt war.

Wie oben bereits erwähnt, war es mir aus Gewissensgründen nicht möglich, den Forderungen von Bischof Marx in dessen Formulierung nachzukommen, so dass ich am 17. Juli 2003 das Suspendierungsdekret erhielt. Am selben Tag beantragte ich gemäß c. 1734 § 1 die revocatio des Dekretes, da ein Verstoß gegen c. 1341 vorlag, der den Grundsatz der Verhältnismäßigkeit klärt, der Basis jeden Rechts ist. Der Vorsitzende der deutschen Bischofskonferenz, Kardinal Lehmann, hatte mein Tun an der »unteren Schwelle« der kirchlichen Bestimmungen eingestuft. Dafür die höchste Strafe der Suspendierung zu verhängen, widerspricht dem Übermaßverbot, zumal ein großer Ermessensspielraum offensteht. Daher ist das Dekret als exzessiv zu betrachten. Ebenfalls am selben Tag erhielt ich die Antwort von Bischof Marx, dass er keine Anhaltspunkte sähe, das Dekret zurückzunehmen. Dies ist ebenfalls nicht mit dem Kirchenrecht konform, denn spätestens hier hätte c. 1733 § 1 greifen müssen.

2.) Das Schreiben von Bischof Marx vom 01. Juli 2003 enthält ebenfalls die Beschuldigung, gegen die Einheit der Kirche gehandelt zu haben. Da es nur eine Kirche Christi gibt, ist die Einladung an Christen anderer Glaubensgemeinschaften, bei einem besonderen Anlass zu Gast in der katholischen Kirche zu sein, nur einheitsfördernd und nicht -zerstörend. Eucharistische Gemeinsamkeit ist die kostbarste Grundlage des Bekenntnisses zur katholischen Kirche, die deren Einheit dokumentiert.

3.) Das Dekret

A. Im Dekret wird mir vorgeworfen, »Interkommunion« praktiziert zu haben. Nach Ansicht meines Lehrers in Kirchenrecht an der Universität Gregoriana in Rom geht die Interkommunion aus einer Konzelebration (Interzelebration) hervor. Die Konzelebration hat in Berlin in keiner Weise stattgefunden. Auch die Interpretation von Interkommunion, wie sie Kardinal Lehmann am 25.09.00 vor der Bischofskonferenz definierte, trifft in meinem Fall nicht zu, da Interkommunion von ihm als *generelle* gegenseitige Zulassung zweier Kirchen von Mitgliedern der jeweils anderen Konfession zur eigenen Eucharistie nach wechselseitiger Absprache verstanden wird. So spricht die Enzyklika »Ecclesia de Eucharistia«, wie meine Lehrer in den 50er Jahren in Rom, von Interkommunion nur im Zusammenhang mit der Konzelebration (Nr. 45).

Mein Verhalten beim 1. Ökumenischen Kirchentag hat die Ausführungen von Kardinal Kasper im Jahre 1970 zur Grundlage: »Die eigentliche Irregularität sind nicht solche offenen Kommunionfeiern, sondern die Spaltung und gegenseitige Exkommunikation der Kirchen. Die nicht positiv genug zu würdigende Funktion einzelner Gruppen, welche hier vorpreschen, ist es, dass sie den Kirchen den Skandal ihrer Trennung im Sakrament der Einheit immer wieder vor Augen führen und dafür sorgen, dass wir uns nicht bequem mit dem Status quo abfinden. Deshalb können einzelne gemeinsame Eucharistiefeiern, wenn sie in christlicher Verantwortung begangen werden, ein Zeichen der Hoffnung sein, dass die trennenden Gräben aus der Vergangenheit durch gemeinsame Anstrengung überwunden werden können, indem sie alle im Glauben an den einen Herrn um den einen Tisch versammeln, um das Brot zu teilen und sich zu einem Leib verbinden zu lassen.«

Ganz besonders ermutigt hat mich die Gründonnerstagsenzyklika vom 17.04.2003, die ohne Zweifel auch eine autoritative Interpretation des c. 844 CIC darstellt. Nach der Übersetzung des L'Osservatore Romano vom 25.04.2003 heißt es, dass die Konzelebration in keinem Fall statthaft ist, dass diese Zurückhaltung nicht zutrifft hinsichtlich der Spendung der Eucharistie unter besonderen Umständen und gegenüber einzelnen Personen, die anderen Kirchen oder kirchlichen Gemeinschaften angehören. Dass der 1. Ökumenische Kirchentag nach fast 500 Jahren Trennung, ein »besonderer Umstand« ist, steht für mich außer Zweifel. So habe ich in dem Sinne der Enzyklika keine andere kirchliche Gemeinschaft zur Eucharistie eingeladen, sondern *alle einzelnen* Personen, die zum Gottesdienst gekommen sind und die Gemeinschaft mit Jesus Christus haben möchten. Die Ernsthaftigkeit der Menge der Gläubigen war ein klares Indiz, dass diese katholische Eucharistiefeier als heilsrelevant verstanden wurde.

Was das Eucharistieverständnis betrifft, habe ich mich an die Ausführungen von Karl Rahner, 1959, gehalten, die beinhalten, dass zwischen Katholiken und Protestanten in dieser Frage kein kirchentrennender Unterschied besteht. Ebenso erklärte Bischof Scheele (Süddeutsche Zeitung, 28.02.2003): »Über das Verständnis der Eucharistie gibt es inzwischen einen weitgehenden Konsens.« Im Hinblick auf den 1. Ökumenischen Kirchentag stellten die drei Ökumenischen Institute in Strasbourg, Tübingen und Bensheim die Möglichkeit der Abendmahlsgemeinschaft fest.

Vorbild war für mich weiterhin das Verhalten Eurer Heiligkeit selbst, indem Sie den Anglikaner Tony Blair ausdrücklich zur Eucharistiegemeinschaft eingeladen und ihn nicht nur stillschweigend zugelassen haben. Viele Kardinäle haben ebenfalls erklärt, dass sie evangelischen Christen in Kenntnis ihrer Kirchenzugehörigkeit die Kommunion gespendet haben. Bischof Mixa (Süddeutsche Zeitung, 02.07.2003, Donaukurier, 01.07.2003) erklärte ebenfalls: »Ich würde auch einem gläubigen Protestanten nie die Kommunion verweigern.« Solche allgemeinen Erklärungen, die für alle evangelischen Christen gelten, unterscheiden sich nicht von meinem Verhalten bei der katholischen Eucharistiefeier in der Gethsemane-Kirche, da die Erklärung des Bischofs zumindest eine implizite Einladung an evangelische Christen darstellt.

Das »Straßburger Modell«, in dem Bischof Joseph Doré von einer »hospitalité eucharistique« spricht, ermöglichte den Teilnehmern (600 Gläubige verschiedener Denominationen) im Juli 2000 durch offizielle Einladung den Empfang der katholischen Kommunion. Dies ist auch in den verschiedensten Pfarreien Deutschlands bereits ökumenischer Alltag.

Diese Beispiele belegen, dass in Berlin keine »verbotene Gottesdienstgemeinschaft« mit Interkommunion und in keiner Weise eine Konzelebration stattgefunden hat und von mir auch weder so verstanden wurde noch beabsichtigt war. Die Eucharistiefeier, der ich in der Berliner Gethsemane-Kirche vorstand, war eine katholische Eucharistiefeier, in der der Dienst des Wortes (Predigt) durch eine evangelische Kollegin übernommen wurde. Dies geschieht häufig in vielfacher Weise in allen Diözesen Deutschlands. Der Tatbestand, umschrieben im c. 1365 CIC, trifft nicht zu. Daher ist die Strafzumessung nicht nur übermäßig, sondern auch unzutreffend und unzulässig.

B. Das Dekret wirft mir nach c. 273 CIC Ungehorsam vor. Die deutschen Bischöfe haben vor dem 1. Ökumenischen Kirchentag das Verbot der Konzelebration ausdrücklich ausgesprochen. Diesem Verbot habe ich in vollem Umfang entsprochen. Die bischöflichen Erklärungen, selbst keine eucharistische Gastfreundschaft zu praktizieren, bedeuten jedoch *kein Verbot* für andere Christen. Mir persönlich ist von keinem Bischof diese Gottesdienstfeier verboten worden, so dass ich mich in diesem Punkt nicht im Ungehorsam befinde. Dieser Gottesdienst war weder ein Protest noch irgendeine Demonstration und verdient keinesfalls den Vorwurf einer Instrumentalisierung der Eucharistie. Die Eucharistiefeier selbst war getragen von der Freude im Glauben und Dankbarkeit gegenüber der erwiesenen Gastfreundschaft, obwohl niemand konfessionelle Unterschiede verwischt oder kleingeredet hat. Gerade die Worte der Enzyklika »Die Eucharistie schafft Gemeinschaft« (Nr. 40) ermöglichten in der Gethsemane-Kirche diese Ausdrucksstärke, und der Gottesdienst bekräftigte die Loyalität gegenüber dem Apostolischen Stuhl. Die Kirche lebt von der Eucharistie! Im Kommentar KNA (24.06.2003) von Prof. Dr. G. M. Hoff wird dazu die Frage gestellt: »Wie aber wird dann ein ökumenisches Zueinanderwachsen ohne gemeinsames Abendmahl theologisch vorstellbar?« Für mich war der 1. Ökumenische Kirchentag ein Zeichen der Verständigung und keinesfalls eine Missachtung gegenüber den Anweisungen Seiner Heiligkeit, wie mir vorgeworfen wird. Selbst wenn die Äußerung der Bischöfe ganz eng ausgelegt wird, war dieser Gottesdienst in keiner Weise ein Akt des Ungehorsams, war nicht contra legem, allenfalls praeter legem. Ein Verstoß gegen c. 273 CIC liegt daher nicht vor.

C. Der Verstoß gegen c. 933 CIC war mir nicht bewusst, da die Feier eines katholischen Gottesdienstes in einer evangelischen Kirche häufig praktiziert wird und bisher nach meiner Kenntnis keinen Anstoß erregte.

D. Mein Verstoß gegen c. 846 § 1 CIC bzgl. der liturgischen Ordnung ist für mich so nicht nachvollziehbar. Ich habe mich bewusst an das von der römischen Kirche offiziell zugelassene Hochgebet gehalten, mit ganz geringen Ergänzungen und kleinen Änderungen, um der gegebenen Situation zu entsprechen. Ich sah darin ein Handeln im Geist des Direktoriums, wenn auch nicht buchstabengetreu.

Die Punkte *C.* und *D.* rechtfertigen daher in keiner Weise eine Höchststrafe, die dafür auch nicht vorgesehen ist.

4.) Schlussbemerkung
Der letzte Vorwurf ist der, dass ich öffentlich »Ärgernis« erregt haben soll. Nach Umfragen in Deutschland sind 88 % der Katholiken für eine punktuelle gegenseitige eucharistische Gastfreundschaft, so dass ich ein »Ärgernis« nicht erkennen kann, nicht einmal ein »scandalum pusillorum«. Hier geht es nicht um ein »Mehrheitsvotum«, sondern um das, was der Hl. Thomas von Aquin »instinctus fidei« genannt hat. Fast allen katholischen Christen in Deutschland kann wohl nicht der »Glaubenssinn« abgesprochen werden. Dem »sensus fidei« misst das Vat II besondere Bedeutung zu: Er ist irrtumsfreier Ausdruck der Teilhabe aller Glaubenden am prophetischen Amt Christi (LG 12); daher haben die Bischöfe auch auf die Glaubens- und Lebensäußerungen der Laien zum Wohl der Kirche und ihres Dienstes für die Welt zu achten (LG 37).

So bitte ich Sie, sehr verehrter Heiliger Vater, mein Ringen um die Wahrheit und meine Gewissensentscheidung, die mir die Unterschrift unter die geforderte Erklärung in dieser Form unmöglich machte, anzuerkennen und das Dekret des Bischofs von Trier, Dr. Reinhard Marx, zu annullieren und so den Frieden in der Diözese Trier zum Wohl aller Gläubigen wieder herzustellen, für den ich meine ganze Kraft einsetzen werde.

(Univ.-Prof. DDr. Gotthold Hasenhüttl)

23.03.2004

Erhard Bertel
Pfarrer i.R.

Sehr geehrter Herr Erzbischof Angelo Amato!

Am Aschermittwoch, dem 25. Februar 2004, hat mich Ihr Schreiben vom 31. Januar 2004, Prot.N. 51/80-18507, erreicht. Sie teilen mir darin mit, worin meine Aufgabe als Anwalt für Herrn Prof. DDr. Gotthold Hasenhüttl besteht, der Beschwerde gegen seine Suspendierung durch den Trierer Bischof Dr. Marx eingelegt hat. Im Folgenden will ich Ihnen meine Sicht darlegen.

Zunächst kann es gut sein zu wissen, wer ich bin. Über 20 Jahre vor meiner Pensionierung im Jahre 2000 bin ich Pfarrer einer Kirchengemeinde in der Stadtmitte von Saarbrücken, später zusätzlich einer zweiten Gemeinde, gewesen. 17 Jahre war ich zusätzlich Dechant des Dekanates Saarbrücken 1.11. Bei den Problemen der Innenstadt gilt es mit der Aufgabe der Verkündigung und des Gottesdienstes vor allem auch den Aspekt der Diakonie zu sehen. In diesem Bereich habe ich eine Reihe von Initiativen ergriffen, die bis heute den Menschen des Stadtviertels zugute kommen und auch für der Kirche gegenüber distanzierte Menschen eine Antwort auf die Frage geben, warum Kirche in ihrem Umfeld ein Segen sein kann. Daneben ist es eine große Herausforderung gewesen, nicht nur für die etwa 10 % Gottesdienstbesucher eine Glaubensverkündigung anzubieten, sondern auch für die 90 %, die von der Kirche enttäuscht sind und keinen aktuellen Kontakt zu ihr suchen, oft wertvolle Christen, die aber von der realen Kirche enttäuscht sind und sich zurückgezogen haben. Christen aus diesem Bereich haben sich durch meine Arbeit beeindrucken lassen und haben vor allem im diakonischen Bemühen die Arbeit unserer Gemeinde unterstützt.

In diesen Jahren ist mir aufgefallen, dass Herr Professor Hasenhüttl als Professor an der Universität Saarbrücken bei Studentinnen und Studenten ein hohes Ansehen genoss. Gleichzeitig hat er durch seine regelmäßigen Gottesdienste in einer Nachbargemeinde Menschen angezogen, vor allem auch eine beachtliche Gruppe von älteren Mitchristen, die gerne auch zu seinen regelmäßigen Werktagsmessen gekommen sind und die er auch betreut hat, wenn sie an der Teilnahme der Messe gehindert waren.

Nun zu meiner Sicht des Geschehens beim Ökumenischen Kirchentag in Berlin.

Wie ich authentisch von den Personen, die die Eucharistiefeier für den Kirchentag vorbereitet haben, weiß, haben sie sich im Vorfeld darum bemüht, besonders den Vorsitzenden der deutschen Bischofskonferenz und andere Bischöfe darüber zu informieren, was sie mit der Eucharistiefeier nach katholischem Ritus und dem evangelischen Gottesdienst nach der Ordnung der evangelischen Kirche in Berlin beabsichtigen. Im Hintergrund stand die Erfahrung einer Konzelebration verschiedener Kirchenvertreter(innen) in Hamburg während des Katholikentages, die von dem früheren Bischof von Trier mit einer Suspendierung geahndet worden war. Deshalb sollte auf dem Ökumenischen Kirchentag in Berlin die jeweils andere Konfession eine Erfahrung mit dem Gottesdienst der Kirche machen können, aber in der Ordnung, wie sie von der jeweiligen Kirche gewünscht wird. Durch die Weigerung der Bischöfe, dieses Anliegen vor Beginn des Kirchentages wahrzunehmen und aufzugreifen, war von vorneherein ein gewisses Interesse der Öffentlichkeit an diesen beiden Gottesdiensten gegeben; die Medien haben dieses Interesse in ihrer Berichterstattung aufgegriffen und nicht immer richtig in ihrer Intention dargestellt. Professor Hasenhüttl wurde für die Leitung der Eucharistiefeier angefragt, und nachdem klar war, dass es sich um eine Eucharistiefeier nach katholischem Ritus und nicht um eine »Konzelebration« mit Vertretern anderer Kirchen handelte, hat er zugesagt. Es ist nichts Außergewöhnliches, dass die evangelischen Mitchristen zu dieser Messfeier eingeladen waren. Das geschieht seit Jahrzehnten auch bei uns in Saarbrücken. Ich gehe davon aus, dass regelmäßig ein Viertel meiner Gottesdienstbesucher evangelischen Bekenntnisses waren. Ich habe an dieser Eucharistiefeier in Berlin teilgenommen und musste wegen des großen Zuspruches draußen auf dem Bürgersteig mit vielen anderen verweilen. Dabei war ich beeindruckt von dem Ernst, der sich auch draußen vor den Kirchtüren bei den Teilnehmern zeigte. Dass eine evangelische Pfarrerin die Predigt hielt, ist ebenfalls jahrzehntelanger Brauch in unseren Stadtgemeinden. Die Einladung zum Empfang der Hl. Kommunion war so gehalten, dass sie für diejenigen ausgesprochen war, die im Glauben an das erlebte Geschehen sich eingeladen fühlten. Ganz klar wurde bekannt: »Der Leib Christi«, »Das Blut Christi« und das Amen derer, die die Eucharistie empfingen, war das Bekenntnis dieses Glaubens an die reale Gegenwart Christi. Die Christen um mich und auch in späteren Gesprächen zeigten sich beeindruckt von dem Ernst der Eucharistiefeier nach katholischem Ritus, wahrhaftig eine Einladung zur Bitte Jesu, »dass alle eins werden«.

Auch mir fiel auf, dass sich die Medien in besonderer Weise auf dieses Ereignis fokussierten. Das kann man aber doch niemandem zum Vorwurf machen, besonders kann man die »schiefe Darstellung«, die in dem einen oder anderen Medienbericht zum Tragen kam, nicht Professor Hasenhüttl anlasten. Oft zeigen die Medien ein Interesse an Konflikten, die sie in ihrem Sinne deuten und nicht in ihrem ganzen Wahrheitsgehalt darstellen.

Der Vorsitzende der deutschen Bischofskonferenz versuchte, die Aufgeregtheit der Berichterstattung zu dämpfen, indem er die Frage richtig einordnete und dem Sinn nach sagte, dass das Geschehen am unteren Rand des Kirchenrechtes gesehen werden müsse.

Um so überraschter war auch ich, als dann der Kardinal von Berlin öffentlich nachhakte und dass der Bischof von Trier glaubte handeln zu müssen, indem er von Hasenhüttl einen Widerruf einforderte. Dies führte dann zur Suspendierung, die Gegenstand dieses Verfahrens ist.

Beeindruckt wurde ich von einer großen Zahl von Unterschriften, auch aus meinem Umfeld, die sich mit Professor Hasenhüttl solidarisierten und den Bischof von Trier aufforderten, die Suspendierung als unangemessen zurückzunehmen. Noch überraschter war ich, als der Trierer Bischof Dr. Marx bei der Übergabe der Unterschriften erklärte, die Suspendierung sei nicht wegen des von Professor Hasenhüttl zelebrierten Gottesdienstes erfolgt, sondern, wie er vor einem Kreis von Gesprächsteilnehmern, zu denen ich gehörte, sagte, wegen dessen, »was danach kam«. Auf unsere Rückfrage blieb der Bischof bei dieser Aussage. So blieb es rechtlich völlig offen, weswegen die Suspendierung denn nun erfolgte. Den Unterlagen entnehme ich, dass Bischof Dr. Marx die Suspendierung doch wegen der Zelebration der Messe ausgesprochen hat. Das müsste doch zunächst einmal geklärt werden.

Um weitere Unruhe und weitere Verbitterungen bei denen zu vermeiden, die mit der Vorgehensweise des Trierer Bischofs nicht einverstanden sind, habe ich den Bischof mit Brief vom 18. Januar 2004 gebeten, im Hinblick auf § 1355, 1, eine Art »Amnestie« zu erlassen. Es ist bezeichnend, dass mir der Bischof nicht einmal eine Empfangsbestätigung des Briefes hat zukommen lassen. Sollte nach jetzt fast acht Monaten die Suspendierung Rechtskraft erlangen, wird diese Sache noch einmal auf großes Unverständnis stoßen, öffentlichen Wirbel machen und Christen aus der Kirche vertreiben.

Zusammenfassend lässt sich sagen:

- Die katholische Messe mit einer Kommunioneinladung an alle, die glauben, war den Bischöfen von Anfang an bekannt.
- Die hl. Messe sollte nach den kanonischen Vorschriften gefeiert werden. So ist es auch geschehen.
- Eine Einladung an Christen anderer Konfessionen ist in der Bundesrepublik Deutschland weithin üblich, vor allem – aber nicht nur – zu besonderen Anlässen (für Mischehepaare, bei Erstkommunionen, Hochzeiten, Beerdigungen oder Tagungen). Diese Praxis wurde von einer Reihe von Bischöfen auch öffentlich gebilligt und durchgeführt, zumindest einmal auch von Papst Johannes Paul II. selbst, der dem britischen Premier Tony Blair die Kommunion reichte.
- Ein Ökumenischer Kirchentag, der Christen aller Konfessionen zu gemeinsamen Gesprächen, Gebet und Feiern zusammenführt, ist ein Anlass, gerade hier die grundlegende Einheit aller in Jesus Christus zu praktizieren, ungeachtet noch aller offenen Fragen.

Deswegen stieß es in der nichtkirchlichen und kirchlichen Öffentlichkeit auf Unverständnis, wie infolge des Kirchentags disziplinarrechtlich vorgegangen wurde. Diese Reaktion macht alle betroffen, vor allem viele Pfarrer, die das auch öffentlich kundtaten, die sich, wie ich, in langen Jahren um ein geschwisterliches Gespräch und eine Linderung der Folgen konfessioneller Spaltung für die ihnen anvertrauten Christen bemühten.

Die Suspendierung von Professor Hasenhüttl erscheint wie eine unangemessene Überreaktion auf einen Fall »am unteren Rande des Kirchenrechts«. Eine neuerliche, jetzt endgültige Bestätigung der Suspendierung würde die Diskussion wieder entfachen und der katholischen Kirche schaden.

In der Hoffnung auf eine gütliche Einigung, vielleicht im Sinne einer »Amnestie« (cessatio poenae), möchte ich Sie freundlich grüßen,

(Erhard Bertel, Pfr. i.R.)

Das folgende Dekret wurde mir am 3.6.2004 zugestellt.

24. April 2004

CONGREGATIO PRO DOCTRINA FIDEI
Prot. N. 51/80

DEKRET

Der Bischof von Trier, Herr Dr. Reinhard Marx, hat mit Dekret vom 17. Juli 2003 über Herrn DDr. Gotthold Hasenhüttl gemäß can. 1333 § 1, 1 und 2 CIC die Strafe der Suspension mit sofortiger Wirkung verhängt. Diese Maßnahme wurde durch einen sehr schwerwiegenden und bedauerlichen Vorfall verursacht, dessen sich der genannte Priester während des Ökumenischen Kirchentags in Berlin am 29. Mai 2003 schuldig gemacht hat, als er bei der heiligen Messe, die er in der Gethsemane-Kirche feierte, alle anwesenden Christen zum Kommunionempfang einlud.

Die Suspension wurde mit dem Verstoß gegen can. 844 §§ 1 und 4 (Interkommunion als communicatio in sacris) sowie gegen die cann. 273 (fehlender Gehorsam gegenüber dem Papst und dem Ordinarius), 933 (Feier der Eucharistie im Gotteshaus einer kirchlichen Gemeinschaft ohne ausdrückliche Erlaubnis des Ortsordinarius) und 846 § 1 CIC (Missachtung der liturgischen Normen) begründet.

Im Verfahren, das dieser Maßnahme vorausging, wurde der angeklagte Priester vom Bischof gemäß can. 1347 CIC verwarnt und aufgefordert, seine Haltung zu klären, Reue zu zeigen und ernsthaft zu versprechen, nicht mehr gegen die Ordnung der Kirche zu verstoßen. In dieser Erklärung war eine Nutzfrist bis zum 16. Juli 2003 festgesetzt worden. Am 11. Juli 2003 folgte gemäß can. 1720, 1 CIC ein Gespräch von Bischof Reinhard Marx mit Herrn Gotthold Hasenhüttl. In dem Schreiben vom 15. Juli 2003 zeigte dieser aber weder Reue noch versprach er, zukünftig die kirchlichen Gesetze einzuhalten. So musste die angekündigte Maßnahme in Kraft treten.

Da sich der Beschuldigte durch das Dekret beschwert fühlte, reichte er am 17. Juli 2003 gemäß can. 1341 CIC beim Bischof von Trier den Antrag ein, die Maßnahme zurückzunehmen, die er als exzessiv betrachtete. Weil dieser die Bitte um Rücknahme des Dekrets nicht annahm, legte er gemäß can. 1734 § 1 CIC Beschwerde beim hierarchischen Oberen ein.

Mit Schreiben vom 18. Juli 2003 richtete Herr Hasenhüttl an Papst Johannes Paul II. gemäß can. 1737 § 1 CIC einen

Rekurs gegen das Suspensionsdekret. Dieser Rekurs hatte gemäß can. 1353 CIC eine die Strafe aufschiebende Wirkung. Mit Brief vom 25. Juli 2003 legte der Beschwerdeführer seine Begründung vor. Der Heilige Vater entschied am 16. Oktober 2003, die Kongregation für die Glaubenslehre durch ein Spezialmandat mit der Prüfung der Beschwerde zu beauftragen. Dieser päpstliche Entscheid wurde der Kongregation durch ein Schreiben des Staatssekretariats vom 21. Oktober 2003 zur Kenntnis gebracht.

Die Kongregation informierte den Beschwerdeführer mit Brief vom 12. November 2003 über sein Recht, gemäß can. 1738 CIC einen Anwalt oder Bevollmächtigten beizuziehen, und gewährte ihm eine Nutzfrist von fünfzehn Tagen, um von dieser Befugnis Gebrauch zu machen. Darüber hinaus ging die Kongregation auf ein Schreiben vom 28. November 2003 ein, in dem Herr Hasenhüttl um Klärung einiger Fragen und um Verlängerung der Nutzfrist bat, lieferte ihm mit Brief vom 11. Dezember 2003 die gewünschten Klarstellungen bezüglich des bei einem hierarchischen Rekurs üblichen administrativen Verfahrens und gewährte ihm die Verlängerung der Nutzfrist für die Ausübung seiner Befugnis.

Mit Schreiben vom 2. Januar 2004 teilte der Beschwerdeführer den Namen seines Anwalts in der Person von Herrn Erhard Bertel, Pfarrer im Ruhestand in Saarbrücken, mit. Diesem wurde von der Kongregation mit Brief vom 31. Januar 2004 zur Kenntnis gebracht, dass seine Aufgabe darin besteht, innerhalb einer Nutzfrist von dreißig Tagen die Beschwerde zu vervollständigen. Mit Schreiben vom 23. März 2004 übermittelte der Anwalt seine den Rekurs erläuternden und ergänzenden Ausführungen.

Die Kongregation für die Glaubenslehre hat unter Beachtung des can. 1739 CIC, der Artikel 136-138 des *Regolamento Generale della Curia Romana* und des Schreibens des Staatssekretariats Nr. 546.654 vom 21. Oktober 2003, in dem der Kongregation mitgeteilt wurde, dass Papst Johannes Paul II. sie am 16. Oktober 2003 durch ein Spezialmandat mit der Untersuchung der vorliegenden Beschwerde beauftragte, in einer sorgfältigen Prüfung die Argumente des Beschwerdeführers und seines Anwalts in Betracht gezogen und für nicht zutreffend befunden.

Wie nämlich Johannes Paul II. in der Enzyklika *Ecclesia de Eucharistia* lehrt, kann die Eucharistie »nicht der Ausgangspunkt der Gemeinschaft sein, sie setzt die Gemeinschaft vielmehr voraus und möchte sie stärken und zur Vollendung führen. Das Sakrament drückt dieses Band der Gemeinschaft aus, und zwar sowohl auf der *unsichtbaren* Ebene, die uns in Christus durch das Wirken des Heiligen Geistes mit dem Vater und untereinander verbindet, als auch auf der *sichtbaren* Ebene, welche die Gemeinschaft in der Lehre der Apostel, in den Sakramenten und in der hierarchischen Ordnung einschließt. Die enge Beziehung, die zwischen den unsichtbaren und den sichtbaren Elementen der kirchlichen Gemeinschaft besteht, ist ein konstitutives Merkmal der Kirche als Sakrament des Heiles. Nur in diesem Zusammenhang ist die Feier der Eucharistie rechtmäßig und die Teilnahme an ihr wahrhaftig« (Nr. 35).

»Die Eucharistie ist die höchste sakramentale Darstellung der Gemeinschaft in der Kirche. Deshalb ist es notwendig, dass sie *im Kontext der Unversehrtheit auch der äußeren Bande der Gemeinschaft* gefeiert wird. Weil sie in besonderer Weise ›die Vollendung des geistlichen Lebens und das Ziel aller Sakramente‹ (Hl. Thomas von Aquin, *Summa theologiae*, III, q. 73, a. 3c) ist, müssen die Bande der Gemeinschaft in den Sakramenten wirklich bestehen, besonders in der Taufe und in der Priesterweihe. Es ist nicht möglich, einer Person die Kommunion zu reichen, die nicht getauft ist oder die unverkürzte Glaubenswahrheit über das eucharistische Mysterium zurückweist. Christus ist die Wahrheit und legt Zeugnis ab für die Wahrheit (vgl.

Joh 14,6; 18,37); das Sakrament seines Leibes und seines Blutes erlaubt keine Heuchelei« (Nr. 38).

Deshalb ist »die getreue Einhaltung aller in dieser Materie festgelegten Normen (vgl. can. 844 CIC; can. 671 CCEO)... Ausdruck und zugleich Garantie der Liebe zu Jesus Christus im heiligsten Sakrament, zu den Brüdern und Schwestern anderer christlicher Konfessionen, denen wir das Zeugnis der Wahrheit schulden, wie auch zum Auftrag, die Einheit zu fördern« (Nr. 46c; vgl. Nrn. 45-46).

Der Heilige Vater bringt in der genannten Enzyklika seinen »tiefen Schmerz« darüber zum Ausdruck, dass es »hier und da ökumenische Initiativen [gibt], die zwar gut gemeint sind, aber zu eucharistischen Praktiken verleiten, die der Disziplin widersprechen, mit der die Kirche ihren Glauben zum Ausdruck bringt... Die Eucharistie ist ein zu großes Gut, um Zweideutigkeiten und Verkürzungen zu dulden« (Nr. 10).

Was schließlich die Stelle aus der Nr. 45 der Enzyklika Ecclesia de Eucharistia betrifft, auf die der Beschwerdeführer hinweist (»Wenn die volle Gemeinschaft fehlt, ist die Konzelebration in keinem Fall statthaft. Dies gilt nicht für die Spendung der Eucharistie unter besonderen Umständen und an einzelne Personen, die zu Kirchen oder kirchlichen Gemeinschaften gehören, die nicht in der vollen Gemeinschaft mit der katholischen Kirche stehen. In diesem Fall geht es nämlich darum, einem schwerwiegenden geistlichen Bedürfnis einzelner Gläubiger im Hinblick auf das ewige Heil entgegenzukommen, nicht aber um die Praxis einer Interkommunion, die nicht möglich ist, solange die sichtbaren Bande der kirchlichen Gemeinschaft nicht vollständig geknüpft sind«), ist im Licht der obigen Ausführungen klar, dass sie nicht auf den vorliegenden Fall angewandt werden kann.

Darüber hinaus muss klar und deutlich festgehalten werden, dass die mancherorts verbreitete »Praxis« der eucharistischen Gastfreundschaft der kirchlichen Ordnung widerspricht und deshalb kein Rechtfertigungsgrund für das Verhalten des Beschwerdeführers sein kann. Es entspricht auch nicht der Wahrheit, dass der Heilige Vater Tony Blair die heilige Kommunion gereicht hat.

Nachdem im Congresso vom 24. April 2004 die hierarchische Beschwerde hinsichtlich ihrer Rechtmäßigkeit und ihres Inhalts geprüft worden ist, verordnet diese Kongregation unter Beachtung der oben genannten Elemente, den vorliegenden Rekurs gemäß can. 1739 CIC zurückzuweisen.

Zugleich möchte die Kongregation ihre Hoffnung zum Ausdruck bringen, dass Herr Hasenhüttl die Lehre und Disziplin der Kirche in dieser wichtigen Angelegenheit annimmt, sein Verhalten bereut und ernsthaft verspricht, sich in Zukunft an die kirchliche Ordnung zu halten. Sobald er diese Schritte unternimmt, kann die Suspension gemäß can. 1358 § 1 CIC aufgehoben werden, wie Bischof Marx in seinem Dekret vom 17. Juli 2003 ausdrücklich festgehalten hat.

Wenn sich der Beschwerdeführer durch dieses Dekret beschwert fühlt, kann er durch seinen Anwalt bei der Sessione ordinaria der Kongregation (Feria IV) einen weiteren Rekurs einlegen. Für die Ausübung dieser Befugnis wird eine ausschließende Nutzfrist von dreißig Tagen nach Erhalt des vorliegenden Dekrets durch den Betroffenen gewährt. Dieses Datum wird von der Apostolischen Nuntiatur in Deutschland bestätigt. Gemäß can. 1353 CIC hat eine solche eventuelle Beschwerde auch aufschiebende Wirkung.

Aus dem Vatikan, am 24. April 2004

JOSEPH CARD. RATZINGER
Präfekt

ANGELO AMATO, SDB, Titularerzbischof von Sila
Sekretär

2. Rekurs am 4.6.2004, der ebenfalls aufschiebende Wirkung hatte. Die Begründung habe ich wie folgt am 29.4.2004 nachgereicht.

Festum SS. Petri et Pauli Apostolorum MMIV
Prot. N. 51/80

Begründung zum Rekurs vom 04.06.2004

Eminenz!
Sehr geehrter Herr Kardinal Ratzinger!

Mit großer Betroffenheit habe ich am 03.06.2004 zur Kenntnis nehmen müssen, dass die Glaubenskongregation per Dekret meinen Rekurs gegen die von Bischof Dr. Reinhard Marx ausgesprochene Suspendierung zurückgewiesen hat. Gegen diese Entscheidung legte ich am 04.06.2004 Rekurs bei der Sessione ordinaria der Glaubenskongregation ein.

Leider geht das Dekret vom 24.04.2004, das ich am 03.06.2004 erhalten habe, auf die Argumente und Begründung meines Rekurses vom 18.07.2003 fast nicht ein.

Im Einzelnen ist zu sagen:

1.) Zwar fand am 11.07.2003 auf meine Bitte hin – obwohl der Bischof von Trier mir sagen ließ, dass von seiner Seite »kein Gesprächsbedarf« bestehe – ein Gespräch statt, das kein Dialog war, sondern Bischof Marx wiederholte einzig und allein die Forderung, die vorlegte Erklärung zu unterschreiben. Can 1720, 2o CIC wurde dabei übergangen. Ebenso wurde mir die Erfüllung der Bestimmung des can 1732 CIC, die der matthäischen Gemeinderegel (Mt 18,16) entspricht, ausdrücklich verweigert. Kann sich auf diese Weise Bischof Marx einfach über die kirchenrechtlichen Bestimmungen hinwegsetzen? Gilt für ihn das Kirchenrecht nicht?

2.) Im wesentlichen betreffen die Zitate aus der Enzyklika »Ecclesia de Eucharistia«, in der ich, wie ich in meinem ersten Rekurs erwähnte, mein Verhalten bestätigt sah und sehe, die Konzelebration und Interkommunion. Beides fand ausdrücklich nicht in der Gehtsemane-Kirche am 29.05.2003 statt. Auch würde ich niemals jemandem die Kommunion reichen, der »das eucharistische Mysterium zurückweist«. In der Taufe ist das »sichtbare Element der kirchlichen Gemeinschaft« grundgelegt und gerade dadurch, dass evangelische Christen von einem geweihten Priester die Eucharistie empfangen, wird implizit die »Priesterweihe« angenommen. Wie kann ich jemandem, der zum Leib Christi gehört, den Leib Christi verweigern? Die »Heuchelei« besteht doch nicht darin, dass Christen aus einem »geistlichen Bedürfnis« an einer katholischen Eucharistiefeier ganz teilnehmen, sondern darin, dass heimlich evangelische Christen zur Eucharistie zugelassen werden, und wenn es öffentlich geschieht, eine Verurteilung ausgesprochen wird. Mindestens 50 % des deutschen Klerus müssten suspendiert werden, da sie das Gleiche tun, was ich getan habe. Daher sagte auch mein Bischof von Graz, wo ich inkardiniert bin, am 13.03.2004 bei einem zweistündigen Gespräch mit mir, dass er die Suspendierung für zu weitgehend halte (vgl. Publik-Forum, April 2004).

3.) Ich möchte noch einmal betonen, dass ich völlig mit Nr. 45 der Enzyklika »Ecclesia de Eucharistia« übereinstimme und sie bejahe.

a) es lag ein besonderer Umstand vor
b) ich habe die einzelnen Christen, die anwesend waren, eingeladen
c) es bestand ein »schwerwiegendes geistliches Bedürfnis«, das für die einzelnen Gläubigen heilsrelevant war.

4.) Hätte ich die anwesenden Christen nicht zum Kommunionempfang eingeladen, hätte ich die jesuanischen Worte Lügen gestraft, denn ich betete im Kanongebet: »Nehmet und esset alle davon«, »Nehmet und trinket alle daraus«. »Alle« sind doch nicht nur Katholiken, sondern jeder, der Gemeinschaft mit Christus haben möchte, die Eucharistie von einer gewöhnlichen Speise unterscheidet und sich keiner schweren Schuld bewusst ist. Hätte ich mich anders verhalten, hätte ich mich schwer schuldig gemacht. Durch diese Einladung wurde weder eine unterschiedliche Glaubensüberzeugung ignoriert noch die Suche nach gemeinsamer Wahrheit aufgegeben. Auf Grund der Äußerungen Kardinal Kaspers beim Katholikentag in Ulm (18.06.2004) sehe ich mich erneut bestärkt, da er wörtlich sagte: »Deshalb sieht das katholische Kirchenrecht vor, dass in bestimmten außerordentlichen Situationen ein nichtkatholischer Christ, sofern er den eucharistischen Glauben teilt und ihn in seinem Leben bezeugt, zur Kommunion zugelassen werden kann.« Und weiter: »Das Konzil sagt, ›die Sorge um die Gnade‹ empfehle in manchen Einzelfällen die Gottesdienstgemeinschaft (Ökumenismusdekret, 10).«

5) Die Aussage des Dekrets, dass der Hl. Vater Tony Blair die hl. Kommunion nicht persönlich gereicht habe, ist zwar formal richtig, ich sprach in meinem Rekurs auch nur von einer Eucharistischen Einladung. Kardinal Lehmann hat dies in einem Interview (taz 28.05.2003) ausdrücklich bestätigt, und er fährt fort, dass der Hl. Vater »protestantische Brüder von Taizé« zur hl. Kommunion zugelassen habe. Ebenso ist bekannt, dass er sich bei Harding Mayer ähnlich verhalten hat. Auch hat ein nichtkatholischer polnischer Mathematiker in Castel Gandolfo die hl. Kommunion mit Zustimmung des Papstes empfangen. Als 1998 die niederländische Königinmutter Juliana am römisch-katholischen Abendmahl teilnahm und die hl. Kommunion empfing,

worüber sich evangelische Christen skandalisierten, ist dies sicher nicht ohne Billigung Roms geschehen. Im Buch von W. Bartozewski (Hg), Die Kraft des Augenblicks. Begegnungen mit Papst Johannes Paul II., Freiburg (Herder) 2004, berichtet E.-W. Böckenförde (damals Bundesverfassungsrichter), dass der Papst »an alle Teilnehmer – ohne Unterschied der Konfession« (S. 109) in seiner Privatkapelle die Kommunion ausgeteilt hat. Wer an der Messe in der Privatkapelle des Hl. Vaters teilnimmt, ist ohne Zweifel eingeladen. All diese Fakten können doch nicht frei erfundene Meldungen und Aussagen sein. Ausserdem möchte ich nochmals auf das von der Glaubenskongregation (1972) ausdrücklich gebilligte »Straßburger Modell« hinweisen, das Bischof Doré fortführt. Ebenso verweise ich auf das Geschehen am 30.07.2002 bei der Konferenz der IEF, als im anglikanischen Dom von Lincoln eine katholische Eucharistiefeier stattfand und Reformierte, Methodisten, Baptisten u. a. m. die hl. Kommunion empfingen. Nicht anders war es beim Weltfriedenstreffen in Aachen in Sant' Egidio im vergangenen Jahr. Würde das vorliegende Dekret in der Katholischen Kirche wirklich ernst genommen, müsste in Zukunft bei der Eucharistiefeier am Kirchenportal ein Anschlag erscheinen: Es findet eine Hl. Messe statt; volle Teilnahme an der Eucharistiefeier nur Katholiken gestattet, kein Zutritt für Protestanten.

6) Sie selbst, sehr geehrter Herr Kardinal, haben in einem Interview im vergangenen Jahr mit Martin Lohmann ausdrücklich erklärt, dass das, was ich auf dem 1. Ökumenischen Kirchentag getan habe »relativ gering« ist. Wie ist es möglich, dafür mit der höchsten Strafe belegt zu werden? Sollte jedoch bei dem ganzen Verfahren ein anderer Hintergrund entscheidend sein – wie es im Ordinariat Trier wiederholt behauptet worden ist –, dann bitte ich um dessen Benennung. In meinem Buch »Glaube ohne Mythos«

habe ich mich bemüht, den Glauben an Gott und die katholische Lehre für moderne Menschen verständlich darzustellen und so den Christen den wahren katholischen Glauben nahe zu bringen, um ihn im Leben wirksam werden zu lassen.

7) Ich kann mir nicht vorstellen, dass die Glaubenskongregation nach den Worten handelt: »Wir haben ein Gesetz und nach diesem Gesetz muss er sterben.« Für mich ist nach wie vor nicht nachvollziehbar, dass mein Zeichen der Versöhnung über alle trennenden Grenzen hinweg meine Suspendierung als Priester der Katholischen Kirche zur Folge haben soll. Ich kann weder vermeintliche Gesetze noch Ordnungen der Katholischen Kirche über die jesuanische Botschaft stellen. Er selbst reichte seinem Verräter das eucharistische Mahl. Macht- und Absolutheitsansprüche können doch nicht höher als die Lehre Jesu angesehen werden. Wie wirkt eine Kirche, die die Eucharistie als Abgrenzungsmittel gebraucht, auf die Gläubigen, die Hilfe und Befreiendes suchen? Das Signal, das die Glaubenskongregation mit meiner Suspendierung setzt, ist verheerend. Es zerstört nicht nur die Hoffnungen vieler Gläubiger in aller Welt, sondern auch ihr friedliches und achtungsvolles Miteinander.

Ich verweise in diesem Zusammenhang nochmals auf meine Rekurs-Begründung vom 25. Juli 2003. Durch die Lehre Jesu Christi wie durch die Verlautbarungen von Papst Johannes Paul II. sehe ich mein Verhalten beim 1. Ökumenischen Kirchentag in Berlin am 29. Mai 2003 als gerechtfertigt an und kann dafür aus theologischen und Gewissensgründen weder Reue empfinden noch das Versprechen abgeben, nie wieder so zu handeln.

Aus den dargelegten Gründen beantrage ich eine erneute Überprüfung des gesamten Sachverhalts und die Aufhebung des Suspendierungsdekrets. Ich hoffe, dass die Glaubenskongregation den Aussagen von Hans Küng auf dem Katholikentag in Ulm nicht Recht gibt, an dem er die apriorische Aussichtslosigkeit eines Rekurses nach Rom darlegte. Die endgültige Aufhebung der Suspendierung würde bestätigen, dass die Katholische Kirche dem Beispiel Jesu Christi folgt und gerade »den Bedrückten und Beladenen« sein Heil nicht verwehrt.

Gotthold Hasenhüttl

04.06.2004

PRESSEMITTEILUNG

Mit dem mir am 03.06.2004 zugestellten Dekret der vom Hl. Stuhl beauftragten Glaubenskongregation in Rom wird meine Suspendierung, die der Trierer Bischof Dr. Reinhard Marx im vergangenen Jahr ausgesprochen hat, bestätigt.

In dem Dekret wird u. a. darauf verwiesen, dass »es nicht möglich ist, einer Person die Kommunion zu reichen, die nicht getauft ist oder die unverkürzte Glaubenswahrheit über das eucharistische Mysterium zurückweist«, ebenso, dass »die Bande der Gemeinschaft in den Sakramenten wirklich bestehen müssen, besonders in der Taufe und in der Priesterweihe«. Im Klartext heißt dies: Allen ökumenischen Bemühungen wird in der Praxis eine klare Absage erteilt; (nicht nur) Christen werden weiterhin mit zweierlei Maß gemessen.

Die Möglichkeit eines zweiten Rekurses, dessen Begründung innerhalb der vorgeschriebenen 30 Tage vorliegen muss und der ebenfalls aufschiebende Wirkung hat, habe ich heute, 04.06.2004, wahrgenommen, auch wenn ich der erneuten Forderung nach Reue und Unterwerfung unter die kirchliche Ordnung in diesem Punkt aus Gewissensgründen nicht nachkommen kann. Ich hege allerdings noch immer die Hoffnung, dass auch die Hierarchie der Katholischen Kirche die tiefe Wahrheit des Satzes von Benjamin Franklin erkennen wird: »Ein wahrhaft großer Mann wird weder einen Wurm zertreten noch vor dem Kaiser kriechen.«

Gotthold Hasenhüttl

29.06.2004

Erhard Bertel
Pfarrer i.R.

Betr.: Dekret, Prot. N. 51/80.

Sehr geehrter Herr Kardinal Ratzinger!

Das Dekret in Sachen Rekurs Prof. DDr. Gotthold Hasenhüttl ist mir als seinem Anwalt am 03. Juni 04 zugegangen.

Ich bedauere zunächst, dass auf meine Ausführungen und Hinweise im Einzelnen kaum eingegangen wurde und nicht gewürdigt wurde, dass Herr Hasenhüttl nur der Zelebration der Heiligen Messe nach katholischem Ritus in Berlin zugestimmt hat. Er hat sich, wie ich es erlebt habe, an diesen Ritus gehalten, so dass man nicht von einer »Interkommunion« sprechen kann. Es geschah das, was Kardinal Walter Kasper in seinem Referat beim Katholikentag in Ulm am 18. Juni 04 so gesagt hat:

»Deshalb kann es für uns keine allgemeine offene Einladung zur Kommunion geben, auch nicht für Katholiken. Die Grundvoraussetzung der Zulassung zur Eucharistie ist die Frage, ob man am Ende des eucharistischen Hochgebets und beim Kommunionempfang ehrlichen Herzens mit der ganzen versammelten Gemeinde ›Amen‹ sagen kann zu dem, was in der Eucharistiefeier nach katholischem Glauben geschieht, und ob man dieses ›Amen‹ mit dem Leben bezeugt.«

Dies habe auch ich in vierzig Jahren priesterlichem Dienst für mich immer wieder bedacht und bewusst gebetet: »Herr, ich bin nicht würdig, dass Du eingehst unter mein Dach, aber sprich nur ein Wort, so wird meine Seele gesund.«

Kardinal Walter Kasper weiter im gleichen Referat:

»Neben dieser Grundregel gibt es eine zweite. Das Konzil sagt, ›die Sorge um die Gnade‹ empfehle in manchen Einzelfällen die Gottesdienstgemeinschaft (Ökumenismusdekret, 10). Ähnlich sagt es das katholische Kirchenrecht: ›Das Heil der Seelen ist das oberste Gesetz‹ (CIC can 1752). Deshalb sieht das katholische Kirchenrecht vor, dass in bestimmten außerordentlichen Situationen ein nichtkatholischer Christ, sofern er den eucharistischen Glauben teilt und in seinem Leben bezeugt, zur Kommunion zugelassen werden kann (CIC can 844; Instruktion ›Redemptoris sacramentum‹, 85). Natürlich lassen sich kirchenrechtlich nicht alle denkbaren individuellen Einzelsituationen auflisten; das Kirchenrecht steckt einen verbindlichen Rahmen ab, innerhalb dessen man pastoral verantwortlich handeln kann.

Der Papst hat in der Ökumeneenzyklika von 1995 den Sinn der kirchenrechtlichen Bestimmungen in einer mehr spirituellen Weise umschrieben. Er schreibt, es sei ihm ›ein Grund zur Freude, dass die katholischen Priester in bestimmten Einzelfällen die Sakramente der Eucharistie, der Buße und der Krankensalbung anderen Christen spenden können, die zwar noch nicht in voller Gemeinschaft mit der katholischen Kirche stehen, aber sehnlich den Empfang der Sakramente wünschen, von sich aus darum bitten und den Glauben bezeugen, den die katholische Kirche in diesen Sakramenten bekennt‹ (Ut unum sint, 46). Ich habe das Zutrauen, dass unsere Priester genügend pastorales und geistliches Feingespür besitzen, um in Übereinstimmung mit dem Bischof auf der vom Papst vorgegebenen Linie Lösungen finden, welche der jeweiligen persönlichen Situation und der Vielfalt des Lebens gerecht werden.«

Ich sehe in dieser Beschreibung die Situation, die sich in Berlin ergeben hat. Ich bitte Sie inständig, zu bedenken, dass vieles an Öffentlichwirksamkeit, die sich ergeben hat, nicht von Herrn Hasenhüttl initiiert war. Vielmehr haben die Medien halbe Wahrheiten aufgegriffen und in einer Art veröffentlicht, die nicht mit dem Ernst der Eucharistiefeier übereinstimmten. Es ergab sich ein »Selbstläufer«, der auch nicht mehr durch die Verantwortlichen zu beeinflussen war. Daher sollten Sie Herrn Hasenhüttl nicht für etwas bestrafen, woran er nicht schuld ist.

In meiner Anwesenheit hat der Trierer Bischof Dr. Marx erklärt, Hasenhüttl sei nicht wegen der zelebrierten Eucharistiefeier mit der Suspendierung belegt worden, sondern wegen dem, »was danach kam«. Die Deutung dieser Aussage ist er uns schuldig geblieben. Es kann doch der Verdacht entstehen, dass da bei Dr. Marx eine Rechnung beglichen wurde, die nicht mit dem eigentlichen Anlass des Streites in Verbindung steht.

Ich möchte noch einmal, wie in meinem ersten Brief an Sie, die Gründe darlegen, die mich veranlassen, Sie zu bitten, die Suspendierung nicht rechtswirksam werden zu lassen:

- Die katholische Messe mit einer Kommunioneinladung an alle, die glauben, war den Bischöfen von Anfang an bekannt.
- Die hl. Messe sollte nach den kanonischen Vorschriften gefeiert werden. So ist es auch geschehen.

- Eine Einladung an Christen anderer Konfessionen ist in der Bundesrepublik Deutschland weithin üblich, vor allem – aber nicht nur – zu besonderen Anlässen (für Mischehepaare, bei Erstkommunionen, Hochzeiten, Beerdigungen oder Tagungen).
- Diese Praxis wurde von einer Reihe von Bischöfen auch öffentlich gebilligt und durchgeführt, zumindest einmal auch in Anwesenheit von Papst Johannes Paul II. in seiner Privatkapelle, als der britische Premier Tony Blair die Kommunion empfing.
- Ein Ökumenischer Kirchentag, der Christen aller Konfessionen zu gemeinsamen Gesprächen, Gebet und Feiern zusammenführt, ist ein Anlass, gerade hier die grundlegende Einheit aller in Jesus Christus zu praktizieren, ungeachtet aller noch offenen Fragen.

Auf diesem Hintergrund möchte ich Sie bitten, von einer Suspendierung abzusehen. Das Beharren auf der Erklärung von Reue durch Herrn Hasenhüttl kann nicht Voraussetzung für eine versöhnliche Lösung sein. Für einen Versöhnungsversuch meinerseits haben Bischof Marx und sein Kaplan nur ein Lachen übrig gehabt. In diesem mich verletzenden Vorgang habe ich erkannt, dass es für Bischof Marx keine Möglichkeit gibt, den Konflikt zu entschärfen. Die Fronten sind verhärtet.

Um so mehr glaube ich, dass ein besonnenes Vorgehen Ihrerseits zu einer Lösung führen kann, die verhindert, dass ein Jahr nach Aussprechen der Suspendierung eine neue Welle der Verärgerung durch die Kirche in Deutschland geht.

Zu einer versöhnlichen Lösung stehe ich gerne zur Verfügung.

Mit freundlichen Grüßen,
(Erhard Bertel, Pfr.i.R.)

Das mit 12.11.2004 datierte folgende Dekret erhielt ich am 4.12.2004, wodurch es an diesem Tag rechtskräftig wurde.

12.11.2004

CONGREGATIO PRO DOCTRINA FIDEI
Prot. N. 51/80

DEKRET

Die von Herrn DDr. Gotthold Hasenhüttl am 29. Juni 2004 eingelegte Beschwerde gegen das Dekret, das am 24. April 2004 von der Kongregation für die Glaubenslehre erlassen worden ist, wurde am 13. Oktober und am 10. November 2004 von der Ordentlichen Versammlung (*Sessione ordinaria*) dieser Kongregation geprüft. Dabei waren folgende Mitglieder anwesend: die Herren Kardinäle Joseph Ratzinger, Alfonso López Trujillo, Giovanni Battista Re, Ignace Moussa I Daoud, Francis Arinze, Desmond Connell, Tarcisio Bertone, Jorge Arturo Medina Estévez, James Francis Stafford, Zenon Grocholewski, Crecenzio Sepe, Mario Francesco Pompedda, Walter Kasper und Jean-Louis Tauran sowie die Herren (Erz-)Bischöfe William Joseph Levada, Henryk Muszynski, Salvatore Fisichella und Angelo Amato.

Bei diesen Zusammenkünften wurde kollegial entschieden, den genannten Rekurs zurückzuweisen.

Die oben erwähnten Mitglieder der Kongregation für die Glaubenslehre bekräftigen das vom Beschwerdeführer angefochtene Dekret dieser Kongregation vom 24. April 2004 und folglich auch die Besserungsstrafe der Suspension, die der Bischof von Trier, Herr Dr. Reinhard Marx, mit Dekret vom 17. Juli 2003 verhängt hat.

Zugleich halten sie es für notwendig, die Argumente des bekräftigten Dekrets zusammenfassend in Erinnerung zu rufen. Vor allem ist zu unterstreichen, dass das durchgeführte Verwaltungsverfahren rechtmäßig und richtig war. Darüber hinaus wurden die Argumente des Beschwerdeführers und seines Anwalts in der Prüfung, die dem Dekret vom 24. April 2004 vorausging, als nicht für den Tatbestand des *delictum* zutreffend befunden. Denn die »getreue Einhaltung aller in dieser Materie festgelegten Normen (vgl. can. 844 CIC; can. 671 CCEO) ist Ausdruck und zugleich Garantie der Liebe zu Jesus Christus im heiligsten Sakrament, zu den Brüdern und Schwestern anderer christlicher Konfessionen, denen wir das Zeugnis der Wahrheit schulden, wie auch zum Auftrag, die Einheit zu fördern« (Johannes Paul II., Enzyklika *Ecclesia de Eucharistia*, Nr. 46c, vgl. Nrn. 45-46).

Bezüglich der vom Beschwerdeführer jetzt vorgelegten Argumente, die zum Teil schon beim ersten Rekurs angeführt worden waren, sind folgende Klarstellungen angebracht.

Was den Tatbestand des *delictum* betrifft, aufgrund dessen Bischof Dr. Reinhard Marx mit Dekret die Strafe verhängt hat, ist zu betonen, dass es sich um einen schwerwiegenden Missbrauch handelt. Dieser besteht darin, dass der genannte Priester bei der von ihm in der Gethsemane-Kirche in Berlin am 29. Mai 2003 während des Ökumenischen Kirchentags gefeierten heiligen Messe in allgemeiner Weise alle Christen, auch die Nichtkatholiken, eingeladen hat, die heilige Kommunion zu empfangen. Diese Straftat ist bereits im angefochtenen Dekret in angemessener Weise zur Sprache gekommen. Alle Veröffentlichungen des Beschuldigten und die in der Folge eingetretene Öffentlichkeitswirkung seiner Tat sind also nicht Gegenstand dieses Urteils.

Die Schwere des Falles ergibt sich aus dem klaren

Unterschied zwischen Fällen von einzelnen Personen, bei denen die Norm von can. 844 CIC angewandt werden kann, und einer ungerechtfertigten allgemeinen Einladung zur Kommunion, die sich an alle, auch an Nichtkatholiken, richtet und der eine irrige Lehrmeinung zugrunde liegt.

In Anbetracht der bereits im Dekret vom 24. April 2004 enthaltenen Ausführungen wird des weiteren unterstrichen, dass die Tat des Beschwerdeführers nicht in Einklang steht mit der Lehre der Enzyklika Ecclesia de Eucharistia von Papst Johannes Paul II. (Nr. 45), in der die Norm von can. 844 § 4 CIC nicht ausgeweitet, sondern bekräftigt wird. Diesbezüglich missachtet der Beschwerdeführer eine der in dieser Norm erwähnten Bedingungen, die darin besteht, dass die betreffenden Christen »einen Spender der eigenen Gemeinschaft nicht aufsuchen können«; diese Unmöglichkeit hat zum Zeitpunkt und am Ort der Straftat in keiner Weise bestanden. Außerdem verändert er in radikaler Weise die Bedingung »dummodo quoad eadem sacramenta fidem catholicam manifestent«, die er auf die Unterscheidung zwischen eucharistischer Gabe und gewöhnlicher Speise reduziert. Dies beinhaltet eine Abschwächung der fides eucharistica catholica. Deshalb können der Beschwerdeführer und sein Anwalt ihre eigenen Auffassungen nicht mit einem Vortrag von Kardinal Walter Kasper begründen, der mit der Lehre der genannten Enzyklika und den Normen des kanonischen Rechts in einer Linie steht.

Bezüglich der verschiedenen Episoden, die der Beschwerdeführer zu seiner Verteidigung angeführt hat und die, auch wenn sie wahr wären, sein Verhalten nicht rechtfertigen würden, ist Folgendes zu sagen. Einige entsprechen nicht der Wahrheit, wie etwa die schon im ersten Rekurs erwähnte Behauptung, der Heilige Vater hätte einen Nichtkatholiken zur heiligen Kommunion eingeladen oder ihm sogar die Kommunion gespendet. Andere werden vom Beschwerdeführer und seinem Anwalt in ungebührlicher, abwegiger und irriger Weise interpretiert. So zum Beispiel zitiert der Beschwerdeführer einen Autor in dem Sinn, dass er die Praxis des Heiligen Vaters belegen würde, Nichtkatholiken in allgemeiner Weise zur Kommunion einzuladen, während dieser in seiner Veröffentlichung, die der Beschwerdeführer als Beweis anführt, ausdrücklich sagt, dass der Heilige Vater bei bestimmten Begegnungen alle anwesenden Christen einzuladen pflegte, der heiligen Messe in seiner Privatkapelle beizuwohnen, nicht aber die Kommunion zu empfangen. Es ist auch nicht wahr, dass diese Kongregation »ein Modell eucharistischer Gastfreundschaft« der Erzdiözese Straßburg gebilligt hätte.

Schließlich sollen auch einige unhaltbare Lehrmeinungen hervorgehoben werden, die in der Beschwerde ausdrücklich enthalten sind oder implizit vorausgesetzt werden. Diese Meinungen sind weit davon entfernt, das Verhalten des Beschwerdeführers zu rechtfertigen, sie beschweren ihn vielmehr weiter und offenbaren einen Widerspruch nicht nur disziplinärer, sondern grundsätzlich lehrmäßiger Art, der seine Widersetzlichkeit bekräftigt. Offensichtlich fehlt dem Beschwerdeführer zum Beispiel eine richtige katholische Ekklesiologie, wenn er die rhetorische Frage stellt: »Wie kann ich jemandem, der zum Leib Christi gehört, den Leib Christi verweigern?«

Dasselbe gilt für die von ihm vorgelegte, auch exegetisch ungenaue Interpretation der Worte des eucharistischen Hochgebets: »Nehmet und esset alle davon.« Solche lehrmäßige Defizite werden zum offenen Widerspruch, wenn der Beschwerdeführer soweit gelangt, einen Gegensatz zwischen Jesus und der Kirche aufzubauen.

Zusammen mit den genannten Feststellungen möchte diese Kongregation ihre Hoffnung bekunden, dass dem genannten Priester unter dem Beistand des Heiligen Geistes die Gnade geschenkt werde, zu bereuen und die Lehre der Kirche wieder in Treue anzunehmen, seine Umkehr zum Ausdruck zu bringen und zu versprechen, die Norm des kirchlichen Rechts zu befolgen.

In der am 12. November 2004 dem unterzeichneten Kardinalpräfekten gewährten Audienz hat Papst Johannes Paul II. die vorliegende, von der Ordentlichen Versammlung dieser Kongregation getroffene Entscheidung approbiert.

JOSEPH CARD. RATZINGER
Präfekt

ANGELO AMATO, SBD, Titularerzbischof von Sila
Sekretär

Dieses Dekret wird dem Beschwerdeführer, Herrn DDr. Gotthold Hasenhüttl, seinem Anwalt, Herrn Pfarrer i.R. Erhard Bertel, sowie dem Bischof von Trier, Herrn Dr. Reinhard Marx, zur Kenntnis gebracht.

Concordat cum originali
Don Mauro UGOLINI, Notaio

05.12.2004

PRESSEMITTEILUNG

Meine Suspendierung wurde mit der Zustellung des Dekrets der Glaubenskongregation am 04.12.2004 bestätigt und endgültig wirksam. Dem Dekret haben 14 Kardinäle (darunter auch Kardinal Walter Kasper, der Vorsitzende des Einheitssekretariats) und vier Erzbischöfe zugestimmt. Es wurde von Papst Johannes Paul II. approbiert. Ich wurde aufgefordert zu bereuen, dass ich evangelische Christen zum Herrenmahl eingeladen habe, und zu versprechen, es nie wieder zu tun. Das Dekret und den vorausgegangenen Rekurs finden Sie in der Anlage; weitere Informationen auf meiner aktualisierten Website.

Damit werden die evangelischen Christen zu Christen zweiter Klasse deklassiert und die Eucharistie als Abgrenzungsmittel gegen Nichtkatholiken festgeschrieben.

Gotthold Hasenhüttl

Nach einem kurzen Briefwechsel, in dem mich Bischof Marx aufforderte, endlich meine »Straftat« zu bereuen, erhielt ich, datiert vom 2.1.2006, folgendes Schreiben. Da nach dem Kirchenrecht der Entzug der kirchlichen Lehrerlaubnis keine »Strafe« (wie die Suspension) ist, sondern nur eine »Verwaltungsmaßnahme«, wurde diese sofort wirksam.

02.01.2006

REINHARD MARX
BISCHOF VON TRIER

Sehr geehrter Herr Professor Dr. Hasenhüttl,

seit meinem Dekret vom 17. Juli 2003, mit dem ich Sie suspendiert habe, ist mittlerweile viel Zeit vergangen. In dieser Zeit hat sich einiges ereignet: Sie haben, wie es Ihr gutes Recht war, den hierarchischen Rekurs eingeleitet. Die Glaubenskongregation hat sich zweimal mit Ihren Interventionen befasst und beide Male Ihre Beschwerde zurückgewiesen. Mit dem letzten Dekret der Glaubenskongregation vom 12. November 2004 wurde die damals von mir ausgesprochene Suspension rechtskräftig.

Mehrfach habe ich Sie im Verlauf des Jahres 2005 brieflich aufgefordert, Ihre Haltung, die zur Verhängung der Kirchenstrafe der Suspension geführt hat, zu überdenken. Ich habe Sie auch darauf hingewiesen, dass ich Ihnen im Falle eines Beharrens auf Ihrem Standpunkt auch das *Nihil obstat* für Ihre Tätigkeit als Professor der Theologie entziehen müsste. Es muss sich nämlich jeder – und hier zitiere ich mein Schreiben an Sie vom 6. Mai 2005 –, »der in ›Fachbereichen unterrichtet, die Glauben und Sitten betreffen‹, dessen bewusst sein, dass er ›nicht in eigener Autorität, sondern kraft der von der Kirche empfangenen Sendung‹ tätig wird. Wer aber in gravierenden Dingen im Dissens zur kirchlichen Autorität steht und nicht bereit ist, die kirchliche Ordnung zu beachten, der kann nicht im ›Namen der Kirche‹ lehren.«

Ihre letzten Schreiben, auch das vom 8. Dezember 2005, haben deutlich werden lassen, dass es Ihrerseits kein Einlenken gibt, dass Sie auch weiterhin Ihre Haltung für richtig halten und Sie daher keinen Grund sehen, die kirchliche Disziplin gerade auch in der Frage, die zu Ihrer Suspension geführt hat, zu akzeptieren.

Daher sehe ich mich nun gezwungen, daraus die entsprechenden Konsequenzen zu ziehen und Ihnen hiermit das *Nihil obstat* und damit verbunden die kirchliche Lehrerlaubnis zu entziehen.

Dr. Reinhard Marx
Bischof von Trier

Rechtsmittelbelehrung:
Es ist Ihnen unbenommen, den hierarchischen Rekurs nach cc. 1734 bis 1737 CIC einzuleiten. Solch ein Rekurs hat keine aufschiebende Wirkung, sondern nur, wenn diese eigens bewilligt wird (vgl. c. 1736 § 2).

Am 16.1.2006 sendete ich über den Nuntius meine Beschwerde gegen die erneute Maßnahme des Bischofs von Trier gegen mich nach Rom.

16.01.2006

Heiliger Vater!

Da ich mich durch das Dekret des Bischofs von Trier vom 2.1.2006, das ich am 3.1.2006 erhalten habe, und mit dem mir die Lehrerlaubnis (Nihil obstat) entzogen wurde, ungerecht beschwert fühle, lege ich hiermit aus einem gerechten Grund gemäß c. 1737 § 1 Beschwerde ein.

Entsprechend c. 1734 § 1 habe ich am 4.1.2006 die Rücknahme (revocatio) des Dekrets und damit verbunden die suspensio exsecutionis schriftlich beantragt. Im Antwortschreiben des Bischofs von Trier vom 10.01.2006, das ich am 12.1.2006 erhielt, wurde mein Antrag vollständig zurückgewiesen.

Damit habe ich die Bestimmung des c. 1734 § 1 erfüllt und wende mich nun an Sie mit meiner Beschwerde gegen das Dekret des Bischofs Dr. Reinhard Marx.

Ich beantrage

1. *die suspensio exsecutionis gemäß c. 1736 § 2 bzw. c. 1737 § 3 und*
2. *die Aufhebung des Dekrets gemäß c. 1739*

Begründung des Rekurses

1. c. 1736 verweist auf die Möglichkeit der Bewilligung, dass der Rekurs aufschiebende Wirkung hat. Diese beantrage ich hiermit. Das Dekret verbietet mir nicht nur die Lehrtätigkeit, sondern auch meine Mitwirkung an Prüfungen für StudentInnen, die sich bei mir angemeldet haben bzw. sich im Prüfungsvollzug befinden. Dadurch wird diesen StudentInnen schwerer Schaden zugefügt. Das Kultusministerium des Saarlandes hat den Bischof von Trier auf den Vertrauensschutz hingewiesen, der den Studierenden zukommt, nämlich dass sie von dem Professor geprüft werden, mit dem sie die Themenstellung vereinbart haben. Bischof Marx hat diesen Vertrauensschutz kategorisch abgewiesen. 5 StudentInnen sind dadurch unmittelbar betroffen. Ich sehe darin einen »schwerwiegenden Grund« (c. 1736 § 2) für die aufschiebende Wirkung des Dekrets.

2. Zunächst erlaube ich mir, auf meine Begründung des Rekurses nach c. 1353 CIC vom 18.7.2003 hinzuweisen und den nachfolgenden Briefwechsel mit der Congregatio pro Doctrina Fidei (Prot. N. 51/80). Mit großer Freude habe ich feststellen können, dass Sie, Heiliger Vater, damals noch Präfekt der Glaubenskongregation, bei der Hl. Messe für den verstorbenen Papst Johannes Paul II., Frère Roger Schutz die Hl. Kommunion gereicht haben. Ebenso hat Kardinal Kasper beim Gottesdienst für Frère Roger Schutz die evangelischen Christen nicht vom Empfang der Eucharistie ausgeschlossen. Ich sehe darin keinen wesentlichen Unterschied zu meinem Tun. Daher beantragte ich beim Bischof von Trier die Aufhebung meiner Suspendierung. Das Gegenteil trat ein. Er entzog mir jetzt zusätzlich die Lehrerlaubnis. So hoffe ich auf Sie, Heiliger Vater, dass Sie beide Dekrete aufheben, damit ich wieder voll in der Katholischen Kirche wirken kann. Ihre ermutigenden Worte

vom 14.6.2003 geben mir begründete Hoffnung: »Die Konfessionen sollen einander im ehrlich ringenden Dialog immer wieder korrigieren und von Einseitigkeit befreien. ... In der Unterschiedenheit sollen wir einander annehmen lernen.« Gerade die eucharistische Gastfreundschaft bringt Ihr Anliegen voll zum Ausdruck.

Unabhängig von diesem Vorgang kann ich keinen Zusammenhang mit meiner Lehrtätigkeit erkennen. Zwar mag es formal richtig sein, dass der Entzug des Nihil obstat kirchenrechtlich keine Strafe, sondern eine Verwaltungsmaßnahme ist, trotzdem fühle ich mich – wie es auch andere verstehen –, zweimal für das gleiche Tun bestraft, was jeder Rechtsauffassung widerspricht. Überhaupt nicht erkennbar ist jedoch, wieso sich aus der Suspension »notwendigerweise« (wie Bischof Marx schreibt) der Entzug der Lehrerlaubnis ergibt. Es besteht bekanntlich kein unmittelbarer Konnex zwischen Priester- und Professorsein. Es gibt viele Professoren der Dogmatik, die nicht Priester sind und umgekehrt. Zwischen der Tätigkeit als Professor und der des Priesters besteht ein wesentlicher, nicht nur gradueller, Unterschied. Daher hängt meine Tätigkeit als Professor nicht notwendig mit meiner Ausübung des geistlichen Amtes zusammen. So kann ein Nichtpriester wie ein Suspendierter durchaus im Auftrag der Kirche lehren, wenn er in der Lehre die Glaubensgemeinschaft fördert. Auch in umgekehrter Richtung besteht kein Zusammenhang. Wird jemandem die Lehrerlaubnis entzogen, muss er deshalb nicht suspendiert werden (vgl. Prof. H. Küng). Eine falsche Argumentation wäre es zu sagen: Wer keine kirchliche Lehrerlaubnis mehr hat, kann auch nicht mehr in der Predigt Gläubige belehren und die sakramentale Verkündigung vollziehen. Wenn Priester, die sich an Kindern vergangen haben, nicht einmal suspendiert werden, da keine notwendige Verbindung zum Priestertum bestünde, wie viel mehr kann ein Priester, der evangelischen Christen den Leib des Herrn gereicht hat, in der Lehre tätig sein. Meine Lehrmeinung habe ich ausführlichst in meinem Buch »Glaube ohne Mythos« dargelegt, und sie wurde nicht beanstandet, weil sie auf dem Boden der katholischen Kirche steht. Nur wegen einer Lehre, die gegen den christlichen Glauben gerichtet ist, werden Straf- bzw. Verwaltungsmaßnahmen rechtlich getroffen. Ich habe weder gegen Glaube noch Sitte verstoßen.

In Ihrer Botschaft zur Feier des Weltfriedenstages am 1.2.2006 haben Sie Gedanken Ihres Vorgängers aufgegriffen, indem Sie auf die christliche Freiheit hingewiesen haben: »Die Anmaßung, das, was man selbst für die Wahrheit hält, anderen gewaltsam aufzuzwingen, bedeutet, dass dadurch die Würde des Menschen verletzt und schließlich Gott, dessen Abbild er ist, beleidigt wird.« Durch die m. E. ungerechtfertigte Maßnahme des Bischofs von Trier fühle ich mich in meiner Menschenwürde verletzt und sehe darin eine Anmaßung, die der Katholischen Kirche erheblichen Schaden zufügt.

So hoffe ich auch, dass durch Ihr Eingreifen die eigenen Worte von Bischof Marx nicht hohl und leer bleiben, die er am 8.5.2005 aussprach: »Unser Auftrag ist, in diesen Raum der Liebe Gottes einzutreten, uns verwandeln zu lassen und so zu Werkzeugen des Friedens und der Versöhnung zu werden. Dieser Aufgabe dürfen wir uns als Christen nicht entziehen.« Das Verhalten des Bischofs von Trier ist diesen Worten diametral entgegengesetzt. Durch sein Verhalten werden der Friede unter den Christen und die Versöhnung erheblich gestört. Für Sie, Heiliger Vater, ist die Liebe Gottes (Deus caritas est) das zentrale Thema der Verkündigung. Wir können nicht die Liebe Gottes verkünden, wenn Ausschlussverfahren dominieren und Maßnahmen getroffen werden, die Menschen und Kirche gleichermaßen beschädigen.

Heiliger Vater, Sie haben 1969 meine Dozentur in Tübingen unterstützt, 1979 in München meine »Kritische Dogmatik« positiv bewertet und 2000 mit meinen StudentInnen und mir einen fruchtbaren Dialog in der Glaubenskongregation geführt. Sie kennen mich und meine kritische Loyalität gut, und ich kann mir nicht vorstellen, dass Sie der ungerechten Vorgehensweise des Bischofs von Trier zustimmen können. Das Kirchenrecht ist für den Menschen da und nicht der Mensch für das Kirchenrecht.

Daher beantrage ich, dass Sie, Heiliger Vater, veranlassen mögen, dass der Entzug der Lehrerlaubnis rückgängig gemacht wird. Auch hoffe ich, dass es keinen Grund mehr für meine Suspension gibt.

Ihr
(Univ.-Prof. DDr. Gotthold Hasenhüttl)

Am 22.4.2006 (am 29.4.2006 erhalten) bestätigte die Glaubenskongregation den Entzug der Lehrerlaubnis.

22.04.2006

CONGREGATIO PRO DOCTRINA FIDEI
Prot. N. 51/80

Hochwürdiger Herr DDr. Hasenhüttl!

Mit Schreiben vom 16. Januar 2006 haben Sie gemäß can. 1737 § 1 CIC einen hierarchischen Rekurs an den Heiligen Vater gerichtet. Ihre Beschwerde richtet sich gegen das Dekret des Bischofs von Trier, Dr. Reinhard Marx, mit dem Ihnen das Nihil obstat für die Lehre der Theologie an der Universität Saarbrücken entzogen wurde, an der Sie bisher als Professor emeritus tätig waren.

Sie beantragen die Rücknahme (*revocatio*) des genannten Dekrets nach can. 1739 CIC und zudem dringend die Aussetzung seines Vollzuges (*suspensio exsecutionis*) nach cann. 1736 § 2 und 1737 § 3 CIC. In der Begründung beantragen Sie schließlich auch die Rücknahme des Dekrets der Suspension, das der Bischof von Trier am 17. Juli 2003 erlassen und diese Kongregation, die Ihren dazu eingelegten Rekurs abwies, mit Dekret vom 12. November 2004 bestätigt hat.

Zur Begründung des Rekurses:

1) Zunächst ist Ihr Antrag auf *suspensio exsecutionis* damit begründet, dass Sie bei den Prüfungen von fünf Studentinnen mitarbeiten, die bei Ihnen vorgemerkt sind. Sie verweisen auf das Recht der Studentinnen auf Vertrauensschutz. Ihrer Einschätzung nach liefert dieses Recht den schwerwiegenden Grund nach can. 1736 § 2, den Vollzug des Dekrets auszusetzen.

2) Zur Bestätigung Ihrer Haltung erwähnen Sie die Spendung der heiligen Kommunion an Frère Roger Schutz beim Requiem für den Diener Gottes Johannes Paul II. Wie Sie angeben, hat Sie dies sehr gefreut, ebenso der Fall der Spendung der Kommunion an Nichtkatholiken beim Requiem für Frère Roger Schutz. Auf der Grundlage dieser Hinweise behaupten Sie, dass eine derartige »eucharistische Gastfreundschaft« genau der Sehnsucht von Papst Benedikt XVI. nach einem Dialog zwischen den christlichen Konfessionen entspreche.

3) Der Antrag auf Rücknahme des Dekrets vom 2. Januar 2006 wird weiter damit begründet, dass zwischen dem vorausgehenden Vorfall und der Lehrtätigkeit in katholischer Theologie kein Zusammenhang bestehe. Die Erklärung des Bischofs von Trier, dass aus der Suspension notwendig der Entzug der Lehrerlaubnis folgt, überzeugt Sie nicht. Zwischen der theologischen Lehrtätigkeit und dem Priesteramt bzw. zwischen der *missio canonica* und der Beugestrafe der Suspension sehen Sie keinen unmittelbaren Zusammenhang. Dabei berufen Sie sich auf den Fall von Prof. Dr. Hans Küng, dem die *missio canonica* entzogen, der aber nicht suspendiert wurde, und behaupten, dass Ihr Fall dem genau widersprechen würde.

4) Schließlich fühlen Sie sich durch das Vorgehen von Seiten des Bischofs von Trier in Ihrer Würde verletzt. Ihrer Einschätzung nach ist dies ungerecht und für die Kirche schädlich. Nach Ihrer Meinung steht die Haltung des Bischofs im Widerspruch zur christlichen Liebe und beeinträchtigt den Frieden und die Versöhnung zwischen den Christen.

Zu Ihrem Rekurs möchte ich Ihnen mitteilen, dass der Heilige Vater in der dem unterzeichneten Präfekten am 24. Februar 2006 gewährten Audienz diesem Dikasterium die besondere Vollmacht verliehen hat, die Beschwerde in seinem Namen zu behandeln. Ihr Antrag und die dazu gehörige Dokumentation, die auch vom Bischof von Trier übersandt worden ist, wurde am 31. März 2006 dem *Congresso* der Kongregation für die Glaubenslehre vorgelegt.

Nach eingehender Prüfung des Rekurses und seiner Begründung wurden keine ausreichenden Motive gefunden, die Beschwerde anzunehmen und daher

WIRD DER REKURS VERWORFEN.

Darüber hinaus fehlen ausreichend schwere Gründe für eine Aussetzung des Vollzugs der im Dekret verhängten Maßnahmen.

***

Im Bezug auf die von Ihnen vorgebrachten Argumente zur Begründung des Rekurses wird Ihnen Folgendes mitgeteilt:

Ad 1) Die angebliche Notwendigkeit, Prüfungen bei einem Dozenten abzulegen, bei dem man dafür vorgemerkt ist, bildet keinen ausreichend schweren Grund dafür, dass der hierarchische Obere den Entzug des *Nihil obstat* wegen schwerer lehrmäßiger Irrtümer aufschieben müsste. Darüber hinaus ging dem Entzug ein langer Prozessweg voraus, der mehrere Schreiben und Ermahnungen beinhaltete und schon vor Beginn des laufenden akademischen Jahres, nämlich im Mai 2005, eingeleitet worden war.

Dem von Ihnen angeführten Prinzip des Vertrauens steht die *missio canonica* in ihrer wahren Bedeutung gegenüber. Wie die *Erklärung zu einigen Aspekten der theologischen Lehre von Professor Hans Küng* vom 15. Dezember 1979 festhält – in der Begründung Ihres Antrags berufen Sie sich auch auf diesen Theologen – ist die *missio canonica* »Zeugnis für ein gegenseitiges Vertrauen: das Vertrauen der zuständigen kirchlichen Autorität gegenüber dem Theologen, der sich in seiner Forschungs- und Lehraufgabe als katholischer Theologe verhält; und das Vertrauen des Theologen gegenüber der Kirche, in deren Auftrag er seine Aufgabe erfüllt, und ihrer ganzen Lehre« (SACRA CONGREGATIO PRO DOCTRINA FIDEI, *Declaratio de quibusdam capitibus doctrinae theologicae Professoris Ioannis Küng*, Abs. 5: AAS 72 [1980] 91; vgl. JOHANNES PAUL II., Apostolische Konstitution *Sapientia christiana*, Art. 27 § 1: AAS 71 [1979] 483; CONGREGATIO PRO DOCTRINA FIDEI, Instruktion *Donum veritatis* über die kirchliche Berufung des Theologen [14. Mai 1990], Nr. 37: AAS 82

[1990] 1567). Gegen dieses Prinzip kirchlichen Vertrauens haben Sie als Theologe und Lehrer verstoßen.

Ad 2) Im Bezug auf den Kommunionempfang durch Frère Roger Schutz hat das Presseamt des Heiligen Stuhls eine klarstellende Mitteilung veröffentlicht. Darüber hinaus hat der an Sie gerichtete Brief des Bischofs von Trier vom 1. Dezember 2005 Ihre Auffassungen über dieses Ereignis wie auch über das Requiem für Frère Roger Schutz bereits behandelt und abgewiesen. Ihre dennoch gemachten Aussagen zur »eucharistischen Gastfreundschaft« bestätigen Ihre mangelnde Reue und lassen den lehrmäßigen Aspekt der ganzen Frage hervortreten: Mit falschen Argumenten halten Sie an einer irrigen Lehre über die Eucharistie fest, was an sich schon ein ausreichender Grund für die kirchliche Autorität ist, Ihnen das *Nihil obstat* für die theologische Lehre zu entziehen. Zudem bleibt das Suspensionsdekret voll in Kraft, das durch die Dekrete dieses Dikasteriums vom 24. April 2004 und vom 12. November 2005 (Prot. N. 51/80) bestätigt worden ist und auch die dazugehörige lehrmäßige Begründung enthält.

Ad 3) Rechtlich betrachtet ist eine unmittelbare Verbindung zwischen der theologischen Lehrtätigkeit und dem Priesteramt bzw. zwischen dem Entzug der *missio canonica* und der Beugestrafe der Suspension nicht unbedingt gegeben. Doch in Ihrem Fall geht es nicht um diese Verbindung, sondern um die irrigen Voraussetzungen einer theologischen Lehre, an denen Sie weiterhin festhalten. Daher handelt es sich nicht mehr bloß um ein Verhalten in der Vergangenheit, dem irrige lehrmäßige Voraussetzungen zugrunde liegen, die Sie bisher nicht bereut haben und deretwegen Sie suspendiert bleiben. In Ihrem Fall bedeutet die mangelnde Reue bzw. die fehlende Zustimmung zur Lehre der Kirche vielmehr ein Verharren in einem Irrtum bezüglich der Glaubenslehre, was notwendig den Entzug der *missio canonica* erfordert. Auch in der Begründung Ihres Rekurses halten Sie an den irrigen Meinungen fest. Dies bekräftigt, dass ein ausreichender Grund für den notwendigen Entzug der *missio canonica* besteht, wie er von der zuständigen kirchlichen Autorität verhängt wurde.

Ad 4) In formaler Hinsicht zeigen sich keine Gründe, nach denen das vom Bischof von Trier gewählte Verfahren als unrecht oder die Würde des Rekurrenten verletzend zu beurteilen wäre. Im Gegenteil beweist die vom Bischof von Trier übermittelte Dokumentation, dass dieser große pastorale Klugheit und Geduld gezeigt hat: Vor allem ist anzumerken, dass der Bischof Sie schon mit Schreiben vom 6. Mai 2005 zu einem Gespräch eingeladen hat, also vor Ablauf der sechs Monate nach dem Dekret der Kongregation für dic Glaubenslehre vom 12. November 2004 (Prot. N. 51/80), das die Suspension bestätigt und Sie aufgefordert hatte, die Lehre der Kirche anzunehmen. Sie aber zeigten trotz der abgelaufenen Zeit keine Reue. Zudem hat der Bischof von Trier in dem genannten Schreiben klar den Grund des erbetenen Treffens angegeben, nämlich die Überprüfung der Bedingungen für die *missio canonica* nach der Apostolischen Konstitution *Sapientia christiana*. Das Verfahren zog sich danach über weitere acht Monate hin bis zum endgültigen Entzug der *missio canonica* mit Dekret vom 2. Januar 2006, das mit diesem Schreiben bestätigt wird.

***

Für den Fall, dass Sie sich von dieser Entscheidung beschwert fühlen sollten, haben Sie die Möglichkeit, einen weiteren und letzten Rekurs einzulegen, der, samt angemessener Begründung, innerhalb der ausschließlichen Nutzfrist von 15 Tagen an die Ordentliche Versammlung (*Sessione Ordinaria*) dieses Dikasteriums zu richten ist.

Weiterhin bleibt die Hoffnung auf Reue Ihrerseits, damit Sie, angeleitet von der Gnade des Heiligen Geistes und nach einem tieferen Nachdenken, dazu gelangen, die Lehre der Kirche über die heiligste Eucharistie in Treue anzunehmen.

Aus dem Vatikan, am 22. April 2006.

WILLIAM Card. LEVADA
Präfekt

ANGELO AMATO, S.D.B., Titularerzbischof von Sila
Sekretär

Das vorliegende Schreiben wird über den Apostolischen Nuntius in Deutschland dem Rekurrenten und in Kopie dem Autor des Dekrets, gegen den der Rekurs eingelegt worden ist, zur Kenntnis gebracht.

Concordat cum originali
Don Mauro UGOLINI, Notaio

Da in der Bestätigung des Entzuges der Lehrerlaubnis die Glaubenskongregation am 22.04.2006 (am 29.04.2006 erhalten) auf ihre Stellungnahme und auf den Brief des Bischofs vom 01.12.2005 verweist, hier die Erklärung:

Stellungnahme der Glaubenskongregation
vom Sekretariat der Deutschen Bischofskonferenz
(P. Dr. Hans Langendörfer SJ) am 04.10.2005 übermittelt:

Im Anschluss an verschiedene Bitten um eine Klarstellung bezüglich des Kommunionempfangs von Frère Roger

Schutz, von der Gemeinschaft von Taizé, beim Requiem von Papst Johannes Paul II. kann ich nach Einholung der erforderlichen Informationen Folgendes mitteilen: Frère Roger hatte eine Karte erhalten, mit der er einen besonderen Platz im Sektor »San Paolo« einnehmen konnte. Die Persönlichkeiten mit einer solchen Karte befanden sich unmittelbar hinter jenen katholischen Gläubigen, die ausgewählt waren, um die heilige Kommunion aus der Hand des Hauptzelebranten zu empfangen. Aufgrund seiner gesundheitlichen Begrenzungen wurde Frère Roger auf einem Rollstuhl erst knapp vor Messbeginn auf den Petersplatz gebracht, als alle Plätze im Sektor »San Paolo« bereits besetzt waren. Um ihm einen angemessenen Platz zu geben, brachte man ihn deshalb in die Nähe des Sektors »Kommunion«. Dort blieb er während der ganzen Feier. Als der Augenblick der Kommunion nahte, meinte ein für den Ablauf der Feier zuständiger Mitarbeiter versehentlich, dass auch Frère Roger zur Gruppe derer gehöre, die man für den Kommunionempfang ausgewählt hatte, und brachte ihn auf seinem Rollstuhl zum Hauptzelebranten.

Er empfing von Kardinal Ratzinger, dem der Protestant Schutz bekannt war, die Kommunion, obwohl die Dekrete gegen mich dagegen standen, so wie die durch Papst Benedikt XVI. veranlasste Aussage (Weltjugendtag 2005): »Das Brot des Herrn kann nur an römisch-katholisch Getaufte ausgeteilt werden. Andere können auf spezielles Zeichen einen Segen erhalten.«

Im Schreiben vom 01.12.2005 des Bischofs von Trier, Marx, an mich, erklärt dieser, »dass es angesichts der weltweiten Öffentlichkeit und der damit gegebenen Missverständlichkeit sicherlich besser gewesen wäre, wenn Frère Roger beim Requiem des Papstes nicht die Kommunion empfangen hätte«.

Am 2.5.2006 erfolgte auf Grund der Bestätigung des Entzugs der Lehrerlaubnis mein Rekurs.

02.05.2006

Prot. N. 51/80
Eminenz!
Sehr geehrter Herr Kardinal Levada!

Mit großer Betroffenheit habe ich am 29.04.2006 zur Kenntnis genommen, dass die Glaubenskongregation am 22.04.2006 meinen gut begründeten Rekurs an den Hl. Vater vom 16.01.2006 zurückgewiesen und das Dekret des Bischofs von Trier vom 02.01.2006, in dem er mir das Nihil obstat entzog, bestätigt hat.

Hiermit erhebe ich dagegen Einspruch und nehme mein Recht des Rekurses an die Sessione Ordinaria der Congregatio pro Doctrina fidei wahr.

Die meisten Argumente meiner bisher erfolgten Rekurse, sowohl bzgl. meiner Suspension wie des Entzugs der kirchlichen Lehrerlaubnis, sind nicht oder nicht hinreichend beantwortet worden. Daher möchte ich nochmals auf diese hinweisen und erwarte, dass sie entsprechend bei der Entscheidung mit einbezogen werden.

1.) Die »Suspensio exsecutionis« ist nach einer Wartezeit auf die Antwort von mehr als 3 Monaten – keine weltliche Behörde würde sich in einem dringenden Fall, der er war, eine solche Verzögerung erlauben – weitgehend obsolet. Dass der Vertrauensschutz der TheologiestudentInnen so gering angesetzt wird, entsetzt mich. Ich halte es für zutiefst lieblos und daher unchristlich, unbeteiligten Dritten ohne ernsthaften Grund erschwerte Bedingungen aufzubürden. Selbst in weltlichen Gerichten kann der »Strafantritt« verschoben werden, damit Dritte nicht geschädigt werden. Wie viel mehr müsste dies für eine kirchliche Behörde gelten!

2.) In Ihrem Schreiben wird mir vorgeworfen, dass ich gegen das »Prinzip kirchlichen Vertrauens« verstoßen hätte. In Forschung und Lehre habe ich mich immer als katholischer Theologe verhalten. Es ist mehr als deutlich, dass Bischof Marx sich gegen jedes »Vertrauensverhältnis« sperrt und dieses sogar bewusst zerstört. Sie sprechen von einer »pastoralen Klugheit und Geduld« von Seiten des Bischofs. Obwohl ich ihm schriftlich (Brief vom 17.05.2005) viele mögliche Termine für ein persönliches Gespräch vorgeschlagen habe, hat er keinen einzigen wahrgenommen. Das liegt ganz in seiner Linie, da er mir überhaupt nur ein einziges Mal (nach der Androhung der Suspension) ein Gespräch gewährt hat. Vor diesem ließ er mich durch seinen Kaplan Schuh allerdings wissen, dass von ihm her »kein Gesprächsbedarf« besteht. Dieses vertrauenzerstörende Verhalten kann doch nicht »klug und geduldig« genannt werden. Jeder gute Hirt hat von Jesus her den Auftrag, den »Schafen« nachzugehen! Ich bitte Sie dringend, mir zu erklären, wo ich gegen das Vertrauensprinzip verstoßen habe. Wie soll ich mit jemand in einen Dialog treten, der jeden Dialog verweigert? Seine »Gesprächseinladung« war eine reine Worthülse, um den Schein zu wahren. In meinem Schreiben vom 21.06.2005 habe ich nochmals auf einen Gesprächstermin hingewiesen. Sein Antwortschreiben kam am 01.12.2005, also fast ein halbes Jahr später, ohne nur im geringsten einen Gesprächstermin zu nennen. Ist das unter »Geduld« zu verstehen? Und einen Monat später erfolgte auf mein sehr ausführliches Antwortschreiben vom 08.12.2005 – ohne mit mir zu sprechen – der Entzug des Nihil obstat. Geht man so mit einem »Mitbruder«, ja überhaupt mit einem Menschen um? Wer schadet hier dem Auftrag der Kirche mehr?

3.) In Ihrem Schreiben finden sich ständig Worte wie: »schwere lehrmäßige Irrtümer«, »irrige Lehre über die Eucharistie«, »irrige Voraussetzungen einer theologischen Lehre«, »fehlende Zustimmung zur Lehre der Kirche«, »Verharren in seinem Irrtum«, »falsche Argumente«, »mangelnde Reue« usw. Ich kann leider nicht die leiseste Begründung dieser unglaublichen Vorwürfe erkennen. Bitte zeigen Sie mir eine einzige Bibelstelle, die belegt, dass ich ein falsches Eucharistieverständnis habe.

Im Dekret vom 12.11.2004 wird ausdrücklich darauf hingewiesen, dass »alle Veröffentlichungen des Beschuldigten« »nicht Gegenstand dieses Urteils« seien. Allerdings schrieb Bischof Marx am 27.03.2006 an »Wir sind Kirche«, dass ich in meinen Büchern über meine Position am 1. Ökumenischen Kirchentag hinausginge, wobei er natürlich jeden Beweis schuldig bleibt. Sehr wohl ging aber Kardinal Kasper (in Publik 1970) über meine Position hinaus: »Die eigentliche Irregularität sind nicht solche offenen Kommunionfeiern, sondern die Spaltung und gegenseitige Exkommunikation der Kirchen ...« Ihm wurde nie die Lehrerlaubnis entzogen – ganz im Gegenteil! Auf meinen ausführlichen Hinweis darauf in dem Rekurs vom 18.07.2003, 3.) A., erhielt ich nie eine Antwort.

Meine Bücher wurden nie beanstandet. Die katholische Lehre von der Eucharistie legte ich ausführlich in meinem Buch »Glaube ohne Mythos«, Bd. II, Mainz 2001, 461-489 dar. Wo liegt ein »Irrtum« vor? Es kann wohl nicht sein, dass die Glaubenskongregation der Meinung ist, dass die Transsubstantiationslehre, die ich verteidige, ein »schwerer Irrtum« ist. Gerne aber nehme ich eine andere Eucharistieinterpretation an, wenn ich hier von der »wahren Lehre« abgewichen sein sollte.

Ist jedoch mit dem »Irrtum« nicht die theologische Lehre gemeint, sondern die Praxis bezüglich der Spendung der Eucharistie, so möchte ich nochmals ausdrücklich betonen, dass CIC can 844 § 4 »gravis necessitas« klar und deutlich von mir akzeptiert wurde, vor allem in der Interpretation der Enzyklika »Ecclesia de Eucharistia« Nr.45. Nach fast 500 Jahren Trennung ist es eine »schwere Notwendigkeit«, vielmehr eine »gravissima necessitas«, eucharistische Gastfreundschaft zu üben, die Papst Johannes Paul II. ausdrücklich empfiehlt, und zwar bei besonderen Umständen, an einzelne Nichtkatholiken, für ihr Heil. Ich erkläre nochmals deutlich, dass ich mich daran gehalten habe und ich daher auch nichts zu bereuen habe. Es hat *keine* Interkommunion stattgefunden. Im Suspendierungsdekret vom 12.11.2004 werden zwei Bedingungen für die Zulassung der Nichtkatholiken genannt, dass sie »einen Spender der eigenen Gemeinschaft nicht aufsuchen können« und dass sie »katholisch glauben«. Die erste Bedingung hat Kardinal Ratzinger, jetzt Benedikt XVI., selbst bei der Totenmesse für Johannes Paul II. aufgehoben, die zweite Bedingung war für mich klar einsehbar erfüllt, also »manifest«. Ich kann nicht verstehen, wo mein Fehler lag, auch nicht kirchenrechtlicherseits.

Was soll ich denn »bereuen«? Dass ich evangelische Christen zum Herrenmahl eingeladen habe? Kann dies ein Christ bereuen? Sie gehören durch die Taufe dem Leib Christi an. Soll ich sie ausschließen? Soll ich der Gnade, die ihnen durch den Empfang der Eucharistie zuteil wird, ein Hindernis setzen? Ich machte die evangelischen Christen deutlich darauf aufmerksam, dass Gemeinschaft mit Jesus Christus geschieht und diese beabsichtigt sein muss, auch in der Form der katholischen Eucharistie. Kann ich mich zum Richter über das Gewissen evangelischer Christen aufspielen? Ist das etwa die Haltung einer »KATHOLISCHEN Kirche«?

Der angesehene katholische Theologe D. Feuling schreibt in seiner in Salzburg 1937 erschienen Katholischen Glaubenslehre, die nie im Verdacht einer Abweichung stand, auf Seite 771 bezüglich UNGETAUFTER: »Doch empfinge ein solcher (= Ungetaufter) beim Hinzutreten zur Kommunion real den Leib des Herrn und hätte eine zwar nicht formell sakramentale, aber im Glauben, ex opere operantis, ›aus der Tat des Tätigen‹, gegründete Gnadenwirkung, da der Herr gut ist.« Wenn selbst ein Ungetaufter dadurch Gnade erfährt, wie viel mehr getaufte Christen! Es ist ganz und gar nicht katholische Lehre, dass ein Priester der Gnade Jesu Christi ein Hindernis entgegensetzen darf. Die Dekrete gegen mich berufen sich zu Recht niemals auf die Frohbotschaft Jesu Christi, da sie darin nicht den geringsten Anhalt haben. Die Dekrete gegen mich entbehren auch jeder Grundlage in der theologischen Lehre der Kirche, da ich stets die wahre katholische Lehre verteidigt habe. Die Dekrete gegen mich können sich auch nicht auf das Kirchenrecht berufen, da ich, wie ich darlegte, dieses immer respektiert habe. Daher kann ich in den Dekreten gegen mich nur einen ungeordneten Herrschaftsanspruch von Hierarchen erkennen, die mit Gewalt ein unchristliches Verhalten einem seinem Gewissen verpflichteten Theologen aufzwingen wollen.

Durch all die haltlosen Anschuldigungen und Forderungen werde ich gleichsam wie ein »Vitandus« behandelt. Wenn ich anders gehandelt hätte, hätte ich mich selbst aus der wahren Katholischen Kirche ausgeschlossen.

Ich hoffe auf Ihre Einsicht, dass Sie sowohl die Suspension wie den Entzug des Nihil obstat aufheben. Dies wird dem Auftrag der Kirche Christi entsprechen und dem Frieden unter den Christen dienen.

(Univ.-Prof. DDr. Gotthold Hasenhüttl)

02.06.2006

CONGREGATIO PRO DOCTRINA FIDEI
Prot. N. 51/80

DEKRET

Die von H.H. DDr. Gotthold Hasenhüttl am 2. Mai 2006 eingelegte Beschwerde gegen das Dekret der Glaubenskongregation von 22. April 2006 wurde aufgrund eines Spezialmandates von Papst Benedikt XVI. am 31. Mai 2006 von der Ordentlichen Versammlung (*Sessione ordinaria*) dieses Dikasteriums untersucht. Dabei waren folgende Mitglieder anwesend: die Hochwürdigsten Herren Kardinäle William Joseph Levada, Alfonso López Trujillo, Giovanni Battista Re, Francis Arinze, Ignace Moussa I Daoud, Tarcisio Bertone, Jorge Arturo Medina Estévez, James Francis Stafford, Zenon Grocholewski, Crescenzio Sepe, Jean-Louis Tauran, Julián Herranz, Antonio Cãnizares Llovera, Jean-Pierre Ricard und die Hochwürdigsten Herren (Erz-) Bischöfe Salvatore Fisichella und Angelo Amato.

Bei dieser Sitzung wurde kollegial entschieden, den Rekurs zurückzuweisen.

Die oben genannten Mitglieder der Kongregation für die Glaubenslehre bekräftigen daher das vom Beschwerdeführer angefochtene Dekret dieses Dikasteriums vom 22. April 2006. Damit wird auch das am 2. Januar 2006 erlassene Dekret bestätigt, mit dem ihm der Bischof von Trier, H.H. Dr. Reinhard Marx, das *Nihil obstat* für die Lehre der Theologie entzogen hat.

***

Zugleich ist es angebracht, auf einige Punkte des vorgelegten Rekurses einzugehen. Zunächst äußert der Beschwerdeführer seine Verwunderung über die Entscheidung der Kongregation und bedauert die langsame Untersuchung seines Antrages. Zudem wiederholt er Aussagen, die schon in seinem vorausgehenden Rekurs enthalten waren, und verweist auf ähnliche Argumente wie in den beiden Rekursen bezüglich der gegen ihn verhängten Beugestrafe der Suspension, die ihm der Bischof von Trier am 17. Juli 2003 auferlegt hat und die von der Ordentlichen Versammlung dieser Kongregation mit Dekret vom 12. November 2004 endgültig bestätigt worden ist.

Anstatt seine Treue zur katholischen Lehre zu bekunden, welche die erste Voraussetzung für die Sendung zur Lehre im Namen der Kirche ist, stellt der Beschwerdeführer Fragen und legt zweideutige Aussagen vor, denen eine irrige Lehre zugrunde liegt und die er als biblisch begründete Wahrheit präsentiert.

***

In formaler Hinsicht muss festgestellt werden, dass einige der vorgebrachten Argumente schon früher als nicht zutreffend und andere sogar als mit der kirchlichen Lehre und Ordnung unvereinbar oder als nicht den Tatsachen entsprechend befunden wurden. Zudem beharrt der Beschwerdeführer auf einigen Fragen, die schon bei der Untersuchung der vorausgehenden Rekurse ausreichend geklärt worden sind.

Unter Voraussetzung der in den vorausgehenden Dekreten ausführlich dargelegten Begründungen wird der Beschwerdeführer eingeladen, sich den wahren Sachverhalt der Angelegenheit vor Augen zu halten. Die Kongregation für die Glaubenslehre wurde vom Papst beauftragt, als hierarchischer Oberer die Angemessenheit einer bischöflichen Maßnahme gegen einen suspendierten Priester zu beurteilen. Diese Maßnahme bezog sich auf die kirchliche Lehrerlaubnis für die Theologie, die der Genannte kraft der *Missio canonica* besaß. Im Besonderen handelt es sich um den Entzug des *Nihil obstat* gegenüber einem Priester, der eine irrige Auffassung über die Eucharistie vertritt, indem er eine allgemein und unterschiedslos für alle Christen offene »eucharistische Gastfreundschaft« lehrt.

Anzumerken ist, dass der Rekurrent an dieser irrigen Auffassung festgehalten hat, die ihn in der Vergangenheit zu einem schwerwiegenden Vergehen gegen das heiligste Sakrament der Eucharistie während der Feier der heiligen Messe am 29. Mai 2003 verleitet hat. Wegen dieser Tat wurde gegen ihn von der zuständigen Autorität die Suspension verhängt, die in der Folge vom hierarchischen Oberen bestätigt worden ist. Darüber hinaus hat er nach Verhängung der Beugestrafe der Suspension nicht nur die Lehre der Kirche nicht angenommen, wie es ihm nahegelegt worden war, sondern weiterhin seine irrige Auffassung immer nachdrücklicher vertreten. Das belegen ausreichend die in den Rekursanträgen gegebenen Begründungen. Anstatt die Lehre der Kirche anzunehmen, tritt er als Verfechter einer neuen, drängenden »Forderung« auf, der sich das Lehramt der Kirche anschließen müsse, um dem Willen Jesu Christi, wie er in der Heiligen Schrift zum Ausdruck kommt, zu entsprechen. Eine solche Haltung steht in offenem Gegensatz zur kirchlichen Berufung des katholischen Theologen und zur Verantwortung eines Lehrers der Theologie. Sie widerspricht dem Prinzip des Vertrauens, einem wesentlichen Kennzeichen der *Missio canonica* für den Dienst am Verständnis des Glaubens in Treue zur Heiligen Schrift, zur Tradition und zum universalen Lehramt der Kirche, dem es zukommt, das Glaubensgut authentisch zu lehren und auszulegen. Ein solches Verhalten kann nur als schwerwiegend und bedauerlich betrachtet werden.

Die Schwere des Vergehens wird besonders deutlich, wenn man die gegenwärtige geschichtliche Situation betrachtet, die so reichhaltig ist an kirchlichen Lehraussagen und Ereignissen bezüglich der Eucharistie: In der Enzyklika *Ecclesia de Eucharistia* (17. April 2003) hat der Diener Gottes Johannes Paul II. die Lehre über die Eucharistie, auch hinsichtlich ihrer bedeutsamen ökumenischen Aspekte, bekräftigt. Die XI. Ordentliche Versammlung der Bischofssynode (2.–23. Oktober 2005) war dem Thema »Die Eucharistie, Quelle und Höhepunkt des Lebens und der Sendung der Kirche« gewidmet. Der Heilige Vater Benedikt XVI. hat bei verschiedenen Gelegenheiten die erhabene Lehre der Kirche über die Eucharistie zum Ausdruck gebracht und von neuem vorgelegt. Schon in seiner ersten Botschaft an die Gesamtkirche nach der *Missa pro Ecclesia* am 20. April 2005 hat der Papst die Kirche zum rechten ökumenischen Einsatz aufgerufen, und zwar gerade ausgehend von der Lehre über die Eucharistie (*Sermo ad S.R.E. Cardinales ad universumque orbem catholicum*, Nr. 4-5: *AAS* 97 [2005] 696-698). Auch in seiner Homilie bei der Messe zum Abschluss des XXIV. Nationalen Eucharistischen Kongresses am 29. Mai 2005 in Bari verkündete er die rechte Lehre über die Eucharistie im ökumenischen Kontext: »Die Eucharistie ist – wir wiederholen es – das Sakrament der Einheit. Doch leider sind die Christen gerade in diesem Sakrament der Einheit gespalten« (*Homilia Barii habita in conclusione XXIV Conventus Eucharistici Italicae Nationis*, Abs. 9: AAS 97 [2005] 785-789, hier 788). Darüber hinaus fasste der Papst in seiner Ansprache an die Römische Kurie am 22. Dezember 2005 zusammen, was in der jüngeren Vergangenheit in Bezug auf die rechte Lehre über die Eucharistie bekräftigt worden ist (vgl. *Ad Romanam Curiam ob omina natalicia*, Abs. 6: AAS 98 [2006] 40-53, hier 44-45).

Gerade aus Respekt gegenüber der Wahrheit des Sakraments muss bekräftigt werden, dass die Ordnung, nach der die eucharistische Kommunion mit nichtkatholischen Christen im Allgemeinen ausgeschlossen ist, keinen strafenden oder diskriminierenden Charakter hat, sondern vielmehr eine objektive Situation lehrmäßiger Natur zum Ausdruck bringt.

Zusammen mit diesen Feststellungen möchte die Kongregation erneut ihre Hoffnung bekunden, dass dem genannten Priester unter dem Beistand des Heiligen Geistes die Gnade geschenkt werde, sein Vorgehen zu bereuen, die Lehre der Kirche anzunehmen und zu versprechen, die Norm des kirchlichen Rechts zu befolgen.

In der am 2. Juni 2006 dem unterzeichneten Kardinalpräfekten gewährten Audienz hat Papst Benedikt XVI. die vorliegende, von der Ordentlichen Versammlung dieser Kongregation getroffene Entscheidung approbiert.

Aus dem Vatikan, am 2. Juni 2006.

WILLIAM KARDINAL LEVADA
Präfekt

ANGELO AMATO, S.D.B., Titularerzbischof von Sila
Sekretär

Das vorliegende Dekret wird über den Apostolischen Nuntius in Deutschland dem Beschwerdeführer, H.H. DDr. Gotthold Hasenhüttl, sowie dem Bischof von Trier, H.H. Dr. Reinhard Marx, zur Kenntnis gebracht.

Concordat cum originali
Don Mauro UGOLINI, Notaio

22.06.2006

Prot. N. 51/80

Seine Heiligkeit, Papst Benedikt XVI.!

Da Sie das gegen mich gerichtete Dekret der Glaubenskongregation vom 2. Juni 2006, das ich am 19. Juni 2006 erhielt, approbiert haben, wende ich mich nun, außerhalb des Rechtsweges, der leider ausgeschöpft ist, an Sie persönlich, da Sie mich gut kennen.

Das Dekret ist unrichtig in der Behauptung, dass ich eine »irrige Auffassung über die Eucharistie« vertrete, da ich »eine allgemein und unterschiedslos für alle Christen offene ›eucharistische Gastfreundschaft‹« lehren würde. Diese Aussage, an der offenbar meine Verurteilungen (Suspension und Entzug der kirchlichen Lehrerlaubnis) hängen, ist falsch. Diese Auffassung habe ich weder in Theorie noch Praxis vertreten bzw. gelehrt. Ich bin sehr wohl der theologischen Meinung wie Paulus in 1Kor 11,21, dass ein Christ, sei er Protestant oder Katholik, der Menschen unterdrückt, der Arme verachtet, der andere Menschen ausnutzt oder ausbeutet oder einen unethischen blinden Gehorsam gegen das Gewissen fordert, weder die Eucharistie würdig empfängt noch »eucharistische Gastfreundschaft« genießen kann, da sie der Tisch des Herrn als Zeichen gegenseitiger Liebe ist. Ebenfalls bin ich theologisch begründet der Meinung, dass nur der zur Eucharistie eingeladen ist, der Gemeinschaft mit Jesus Christus in der Weise der in der katholischen Messe dargebotenen Kommunion haben möchte und darin Heil wirkende Gabe sieht. Daher habe ich weder eine »allgemeine« noch eine »unterschiedslose« Gastfreundschaft praktiziert. Meine Lehrmeinung kann daher nicht »irrig« sein, da sie außerdem die Enzyklika Johannes Paul II. »Ecclesia de eucharistia« (Nr. 45) genau beachtet hat, da eine besondere Situation der eucharistischen Gastfreundschaft vorlag und ich nur die in der Kirche anwesenden Einzelnen, die in der beschriebenen Weise mit Jesus Christus Gemeinschaft haben wollten, eingeladen habe. An der »erhabenen Lehre der Kirche über die Eucharistie« halte ich daher fest.

Außerdem stimme ich voll dem im Dekret von Ihnen zitierten Satz zu, dass die Eucharistie »das Sakrament der Einheit« ist, und genau wie Sie beklage ich, dass Christen »in diesem Sakrament der Einheit gespalten« sind. Die Folge ist doch, dass wir versuchen, diese Spaltung zu überwinden, wie Sie es vorbildlich in großartiger, zeichenhafter Weise an Frère R. Schutz getan haben. Wenn auch eine allgemeine, generelle Zulassung im Sinne einer Interkommunion noch nicht als möglich erscheinen mag, dann doch eine zeichenhafte Gastfreundschaft bei besonderen Anlässen wie beim 1. Ökumenischen Kirchentag. Wird auch das verwehrt, ist das keine »objektive Situation«, sondern ein diskriminierender Akt der Lieblosigkeit. Das Dekret gegen mich geht also von einer völlig anderen Lage aus, als sie de facto war, und verurteilt zu Unrecht. Ich bin überzeugt, dass Sie in meinem im September erscheinenden Buch »Ökumenische Gastfreundschaft« mein Engagement für die Ökumene und für die wahre Lehre über die Eucharistie erkennen werden.

Sie haben in Ihrem Pontifikat immer wieder auf die Dringlichkeit der Ökumene hingewiesen; daher bitte ich Sie:

1) Dass Sie die Exkommunikation Luthers aufheben.

2) Dass Sie das Schreiben »Dominus Jesus« relativieren und wie in der FAZ (29.09.2000) andeutungsweise berichtet wurde, die evangelische (lutherische) Glaubensgemeinschaft als Kirche anerkennen (sie ist nach VAT II UR 3 keine »separata«, sondern »seiuncta« Kirche). Außerdem weist

das Schreiben des »Päpstlichen Rates für die Gesetzestexte« vom 13.03.2006 darauf hin, dass es möglich ist, weiterhin der Glaubensgemeinschaft anzugehören, auch wenn man aus der konfessionellen Institution vor einer staatlichen Behörde austritt. Die ausdrückliche Konfessionszugehörigkeit ist daher nicht mit der Glaubensgemeinschaft absolut identisch (LG 8), so dass Kirche Christi sich in anderen Konfessionen ereignen kann und ihr Kirchesein auch nicht abgesprochen werden darf.

3) Dass Sie Ihr ökumenisches Anliegen dahingehend verdeutlichen, dass auch die Katholische Kirche volles Mitglied beim Ökumenischen Rat der Kirchen wird. Es wäre ein Zeichen der Hoffnung einer echten Verständigung unter den Christen.

Diese Bitten erlaube ich mir, dahingehend zu erweitern, dass Sie beim 2. Ökumenischen Kirchentag in München 2010 ausdrücklich darauf hinwirken mögen, dass wenigstens *ein* Gottesdienst mit eucharistischer Gastfreundschaft stattfinden soll. Es wäre ein echtes Zeichen der Ökumene, ohne die Unterschiede zu verwischen. In diesem Sinne hoffe ich, voll in der Kirche Christi wieder mitarbeiten zu können und Suspension und Lehrentzug ein Ende finden. Ich bin sicher, dass dies für viele Christen unterschiedlicher Konfession ein »signum levatum« sein wird, neuen Zugang zur frohen und befreienden Botschaft Christi zu finden.

Mit den besten Wünschen für Ihr weiteres Pontifikat
Ihr

(Univ.-Prof. DDr. Gotthold Hasenhüttl)

Aus dem Vatikan, am 15. November 2006

STAATSSEKRETARIAT
ERSTE SEKTION
ALLGEMEINE ANGELEGENHEITEN

N. 542.443

Sehr geehrter Herr Professor Hasenhüttl!

Hiermit bestätige ich Ihnen den Erhalt Ihres Schreibens, mit dem Sie sich mit Bezug auf das an Sie ergangene Dekret der Glaubenskongregation vom 2. Juni 2006 persönlich an den Heiligen Vater wenden.

Seine Heiligkeit hat von Ihren Zeilen Kenntnis erhalten. Ich muss Ihnen jedoch mitteilen, dass kein Grund zu einer neuerlichen Prüfung Ihres Falles besteht.

Mit besten Wünschen und freundlichen Grüßen
Msgr. Gabriel CACCIA
Assessor

---

08. April 2009

Sehr geehrter Herr Bischof!

Zu Ihrer Ernennung als Bischof von Trier möchte ich Ihnen herzlich gratulieren und Gottes Segen wünschen.

Ich hoffe, dass Sie meine Suspendierung aufheben und den Entzug der Lehrerlaubnis rückgängig machen; da ich beim 1. Ökumenischen Kirchentag weder eine Interzelebration noch eine Interkommunion feierte, sondern lediglich eine ökumenische Gastfreundschaft, die die Teilnehmer an der katholischen Eucharistiefeier betraf, die mit Jesus Christus Gemeinschaft haben wollten.

Ich darf allerdings darauf hinweisen, dass ich aus Gewissensgründen und auf Grund des Liebesgebotes nicht der in der Vergangenheit aufgestellten Forderung entsprechen kann, nämlich zu bereuen, dass ich evangelische Christen zur vollen Teilnahme am katholischen Gottesdienst eingeladen habe, und nicht zu versprechen in der Lage bin, dies nie wieder zu tun. Ich hoffe, dass Sie dafür Verständnis haben und meine Rehabilitierung veranlassen werden.

Mit dem besten Dank für Ihre Bemühungen,
den besten Wünschen zum Fest der Auferstehung und freundlichen Grüßen
Ihr

(Univ.-Prof. DDr. Gotthold Hasenhüttl)

18.09.2009

Sehr geehrter Herr Bischof!

Am 8. April 2009 habe ich mir erlaubt, Ihnen zu schreiben. Leider habe ich bisher keine Antwort erhalten. Es würde mich freuen, wenn Sie mir eine Nachricht zukommen lassen könnten.

Mit freundlichen Grüßen
(Univ.-Prof. DDr. Gotthold Hasenhüttl)

P.S. Falls mein Brief Sie doch nicht erreicht haben sollte, lege ich zur Sicherheit eine Kopie bei.

20.10.2009

Stephan Ackermann
Bischof von Trier

Sehr geehrter Herr Professor Hasenhüttl,

zunächst danke ich Ihnen ganz herzlich für Ihre Glück- und Segenswünsche, die Sie anlässlich meiner Ernennung zum Bischof von Trier noch am Ernennungstag selbst losgeschickt haben.

Es tut mir leid, dass ich erst heute auf Ihre beiden Schreiben vom 8. April und vom 18. September dieses Jahres antworten kann. Ich versichere Ihnen, dass dahinter kein böser Wille steckt. Doch die vielen Anliegen, die mir nach einer doch sehr langen Vakanz zu Beginn meiner Amtszeit von verschiedenster Seite vorgetragen worden sind, sowie die sehr zeitintensive Pastoralvisitation im Dekanat Bitburg, deren Termine ich noch vor meiner Ernennung zum Diözesanbischof als der für den Visitationsbezirk Trier zuständige Bischofsvikar ausgemacht hatte, haben es mir vorher nicht möglich gemacht, mich intensiver mit der in Ihrem ersten Schreiben geäußerten Bitte zu befassen, Ihre Suspendierung aufzuheben und den Entzug der Lehrerlaubnis rückgängig zu machen.

Zwischenzeitlich habe ich nun Gelegenheit gehabt, das umfangreiche Aktenmaterial zu den beiden genannten Sachverhalten zu sichten. Ich brauche Ihnen hier weder eine Chronologie der Ereignisse noch eine zusammenfassende Darstellung Ihrer wie auch der Argumente der zuständigen kirchlichen Autoritäten wiederzugeben. Das alles ist Ihnen bekannt und auf Ihrer Homepage, wie ich gesehen habe, für jeden Interessierten übersichtlich und ausführlich dokumentiert.

Nun bitten Sie mich, die von meinem Vorgänger, Bischof

Dr. Reinhard Marx, wohlbegründeten und durch die von Ihnen angegangenen kirchlichen Berufungsinstanzen bestätigten Entscheidungen aufzuheben, indem Sie zugleich darauf hinweisen, dass Sie »aus Gewissensgründen und auf Grund des Liebesgebotes nicht der in der Vergangenheit aufgestellten Forderung entsprechen« können,

- nämlich zu bereuen, evangelische Christen zur vollen Teilnahme am katholischen Gottesdienst eingeladen zu haben,
- und nicht versprechen zu können, solches nie wieder zu tun.

Sehr geehrter Herr Professor, zunächst einmal möchte ich, damit es keine Missverständnisse gibt, darauf verweisen, dass »die in der Vergangenheit aufgestellte Forderung« umfassender, zugleich aber auch sehr konkret war. Sie bestand näherhin darin,

- dass Sie Ihr Verhalten bei der Eucharistiefeier am 29. Mai 2003 in der Berliner Gethsemane-Kirche bereuen, das in mehrfacher Weise einen Verstoß gegen die kirchliche Ordnung darstellte, und
- dass Sie des Weiteren versprechen, sich zukünftig an die kirchliche Ordnung zu halten.

Ich entnehme Ihren diversen Rekurs-Begründungen gegenüber dem Bischof von Trier bzw. dem Heiligen Vater und der von ihm mit der Prüfung Ihrer Eingaben betrauten Glaubenskongregation, dass Sie diese Verstöße nicht erkennen können. Noch in Ihrem letzten Schreiben an Papst Benedikt XVI. stellen Sie mit Blick auf das letzte Dekret der Glaubenskongregation vom 2. Juni 2006 fest – und ich gehe sicherlich nicht falsch in der Annahme, dass Sie damit auch alle anderen vorausgegangenen Dekrete einschließen –, dass dieses Dekret »von einer völlig anderen Lage ausgeht, als sie de facto war und [daher] zu Unrecht [verurteilt]«.

Hier wird noch einmal deutlich, dass Sie die Situation in Berlin sowohl rechtlich als auch theologisch anders beurteilen als die zuständigen kirchlichen Autoritäten. Aus Ihrer Sicht mag Ihr Handeln stringent gewesen sein, weil es, wie Sie in einem Interview formuliert haben, Ihrem ganzen Lebenskonzept, Ihrer Theologie und Ihrer Überzeugung entsprach (Publik-Forum 9/2006, S.44). Dennoch steht es nicht im Einklang mit der Lehre der Kirche. Und ich möchte ergänzen, weil ich den Eindruck habe, dass Sie hier bei Ihrer Interpretation der kirchlichen Normen einem Missverständnis unterliegen: Im Zusammenhang mit der Eucharistie zwischen Lehre und Disziplin der Kirche, zwischen Bekenntnis und Normen zu unterscheiden, verkennt die wahren Zusammenhänge: Die Lehre folgt hier nicht dem Recht, sondern das Recht der Lehre. Die Nichtbeachtung der Normen bedeutet daher in diesem Zusammenhang immer auch eine Infragestellung der kirchlichen Lehre.

Aufgrund dessen spricht die Glaubenskongregation verschiedentlich im Hinblick auf Ihr Verhalten bei der Eucharistiefeier am 29. Mai 2003 in Berlin von einer »irrigen Auffassung«, die Sie geleitet hat. In ihrem letzten Dekret vom 2. Juni 2006 führt die Kongregation darüber hinaus aus: Nach Verhängung der Beugestrafe der Suspension hat [der Rekurrent] »nicht nur die Lehre der Kirche nicht angenommen, wie es ihm nahegelegt worden war, sondern weiterhin seine irrige Auffassung immer nachdrücklicher vertreten. Das belegen ausreichend die in den Rekursanträgen gegebenen Begründungen. Anstatt die Lehre der Kirche anzunehmen, tritt er als Verfechter einer neuen, drängenden ›Forderung‹ auf, der sich das Lehramt der Kirche anschließen müsse, um dem Willen Christi, wie er in der Heiligen Schrift zum Ausdruck kommt, zu entsprechen. Eine solche Haltung steht in offenem Gegensatz zur kirchlichen Berufung des katholischen Theologen und zur Verantwortung eines Lehrers der Theologie.«

Sehr geehrter Herr Professor, im Dekret vom 24. April 2004 hat die Glaubenskongregation festgehalten, dass Sie »die Lehre und Disziplin der Kirche in dieser wichtigen Angelegenheit« annehmen, Ihr Verhalten bereuen und ernsthaft versprechen müssen, »sich in Zukunft an die kirchliche Ordnung zu halten«. Diese Schritte müssen von Ihnen gegangen werden, damit die Suspension gemäß can. 1358 §1 CIC aufgehoben werden kann.

Aufgrund Ihres Schreibens vom 8. April 2009 habe ich den Eindruck, dass Sie sich nicht in der Lage sehen, diese erforderlichen Schritte zu tun. Ich bedaure dies zutiefst, denn Sie binden mir damit die Hände, die von Ihnen erbetene und auch wünschenswerte Aufhebung der Suspension in die Wege zu leiten.

Ich bitte Sie daher sehr, Ihre Haltung zu überdenken. Wenn Sie sich entschließen können, Schritte in die obengenannte Richtung zu setzen, bin ich jederzeit zu einem Gespräch mit Ihnen bereit.

Mit freundlichen Grüßen
Dr. Stephan Ackermann
Bischof von Trier

05.11.2009

Sehr geehrter Herr Bischof!

Besten Dank für Ihr ausführliches Schreiben vom 20.10.2009. Auch wenn Ihr Brief im Ton sehr freundlich gehalten ist – anders als ich es bisher erfahren habe –, ist er doch in der Sache unverändert hart und unerbittlich.

Selbst unter der Voraussetzung, dass die in der Vergangenheit aufgestellten Forderungen umfassender sind, wie Sie schreiben, ging es wesentlich um die Einladung zur Eucharistie. Sie formulieren, der CIC (das Recht) ginge aus der Lehre hervor. Ich kann aus der Lehre der Kirche nicht erkennen, dass evangelische Christen, die zum Leib Christi gehören, nicht eingeladen sind, den Leib Christi zu empfangen, wenn sie Gemeinschaft mit Jesus Christus haben möchten. Ginge dies aus der dogmatischen Lehre der Kirche hervor, dürften keine Ausnahmen gemacht werden wie im CIC § 844 (gravis necessitas), in der Enzyklika »Ecclesia de Eucharistia«, 2003, Nr. 45 oder in der Praxis bei Roger Schutz und vielen anderen. Gilt hier nicht der Satz »summum ius summa iniuria« (Cicero, de offic. I, 10,33)? Ist ein liebloses Gesetz christlich vertretbar?

Als Theologe war ich immer der Meinung, dass man nicht definierte kirchliche Lehren, Ansichten und auch Rechtsvorschriften in Frage stellen darf, denn genau das ist ja das Geschäft eines Theologen, der kritisch prüft, um den Wahrheitsfindungsprozess voranzubringen. Als junger, dynamischer Bischof, der von vielen herbeigesehnt wurde und der sich in großartiger Weise für Stefan Hippler eingesetzt hat, erhoffte ich eine offene, kritische Haltung, die der Kirche ein menschlicheres Antlitz verleiht.

Wie Sie selbst erkennen, kann ich auf Ihre Gesprächsbedingungen nicht eingehen. Sie werden verstehen, dass ich in einer fundamentalistischen katholischen Kirche als Institution keine Heimat mehr habe. Ich wollte in den 50 Jahren meines Priesterseins der katholischen Glaubensgemeinschaft dienen, damit möglichst vielen Menschen in den Pfarreien und an der Universität die Botschaft Christi näher gebracht wird. Offenbar ist die Hierarchie der katholischen Kirche der falsche Wegweiser zu einem Lebenskonzept, das von der Nächsten- und Feindesliebe bestimmt wird. Wer ausschließt, schließt sich selbst von der Nachfolge Christi aus.

Ich wünsche Ihnen von Herzen ein Wirken »in lumine tuo Domine«

und grüße Sie freundlich
Ihr

(Univ.-Prof. DDr. Gotthold Hasenhüttl)

Lieferbare Radius-Bücher. Eine Auswahl

Martin Bauschke: Abraham und Aschenputtel
Brückenschlag zwischen Bibel und Märchen
Peter Bichsel: Möchten Sie Mozart gewesen sein?
Christoph Dinkel (Hg.): Im Namen Gottes
Bd.1: Kanzelreden zur ersten Perikopenreihe
Bd.2: Kanzelreden zur zweiten Perikopenreihe
(Reihe wird fortgesetzt)
Wolfgang Erk (Hg.): Für diesen Tag und für alle Tage Deines Lebens
Wolfgang Erk (Hg.): Viele gute Wünsche. Literarische Annäherungen
Helmut Franz: Diaspora. Eine Streitschrift
gegen das Bündnis von Macht und Religion
Traugott Giesen: Tage - Jahre - Leben. Neue Kolumnen
Johannes Hamel: Echt und aus Vollmacht
Johannes Hempel: Evangelisches Christsein
Klaus-Peter Hertzsch: Chancen des Alters. Sieben Thesen
Klaus-Peter Hertzsch: Der ganze Fisch war voll Gesang
Klaus-Peter Hertzsch: Laß uns vorwärts in die Weite sehn
Texte zu meiner Biographie
Klaus-Peter Hertzsch: Sag meinen Kindern, dass sie weiterziehn
Erinnerungen
Walter Jens: Das A und das O. Die Offenbarung
Walter Jens: Der Römerbrief
Walter Jens: Die vier Evangelien
Walter Jens: Pathos und Präzision. Texte zur Theologie
Walter Jens: Der Teufel lebt nicht mehr, mein Herr!
Erdachte Monologe - Imaginäre Gespräche
Klaus-Peter Jörns: Glaubwürdig an Gott glauben
Eine theologische Kritik der Bibel
Eberhard Jüngel: Anfänger
Herkunft und Zukunft christlicher Existenz
Eberhard Jüngel: Beziehungsreich. Perspektiven des Glaubens
Eberhard Jüngel: Erfahrungen mit der Erfahrung
Eberhard Jüngel: ...ein gesprochen Wort... Predigten 1
Eberhard Jüngel: Geistesgegenwart. Predigten 2
Eberhard Jüngel: Schmecken und Sehen. Predigten 3
Eberhard Jüngel: Unterbrechungen. Predigten 4
Eberhard Jüngel: ...ein bißchen meschugge... Predigten 5
Eberhard Jüngel: Zum Staunen geboren. Predigten 6
Eberhard Jüngel: Allerneuende Klarheit. Predigten 7
Eberhard Jüngel: Unterwegs durch das Kirchenjahr
Otto Kaiser: Das Buch Hiob. Übersetzt und eingeleitet
Otto Kaiser: Kohelet. Das Buch des Predigers Salomo
Otto Kaiser: Weisheit für das Leben. Das Buch Jesus Sirach
Otto Kaiser: Weihnachten im Osterlicht

Matthias Loerbroks (Hg): Ein Jahr mit Paul Gerhardt
30 Lied-Predigten
Gerd Lüdemann: Das Judas-Evangelium und das Evangelium nach Maria
Gerd Lüdemann / Martina Janßen: Bibel der Häretiker. Nag Hammadi
Henning Luther: Frech achtet die Liebe das Kleine
Spätmoderne Predigten
Henning Luther: Religion und Alltag
Bausteine zu einer Praktischen Theologie
Christoph Markschies: Wertsachen. Kolumnen
Kurt Marti: DU. Rühmungen
Kurt Marti: Fromme Geschichten
Kurt Marti: geduld und revolte. die gedichte am rand
Kurt Marti: Die gesellige Gottheit. Ein Diskurs
Kurt Marti: Gott im Diesseits. Versuche zu verstehen
Kurt Marti: Prediger Salomo. Weisheit inmitten der Globalisierung
Kurt Marti: Die Psalmen. Annäherungen
Gerhard Marcel Martin: Das Thomas-Evangelium
Gerhard Marcel Martin: Was es heißt: Theologie treiben
Martin Scharpe (Hg.): Heilige Nacht. Heiliger Tag
Die 100 schönsten Weihnachtsgedichte und -geschichten
Martin Scharpe (Hg.): Erdichtet und erzählt I und II
Das Alte / Das Neue Testament in der Literatur
Martin Scharpe / Wolfgang Erk (Hg.): Tag für Tag
Literarisches Geburtstagsbuch
Henning Scherf: Gast bei fremden Freunden. Eine Weltreise à la Scherf
Wieland Schmied: Bilder zur Bibel
Maler aus sieben Jahrhunderten erzählen das Leben Jesu
Wieland Schmied: Von der Schöpfung zur Apokalypse
Bilder zum Alten Testament und zur Offenbarung
Friedrich Schorlemmer: Die Weite des Denkens und die Nähe zu den Verlorenen. Einlassungen auf Texte des Evangelisten Lukas
Olaf Schumann: Zentrale Texte des Glaubens
Rudolf Smend: Wohltuendes Durcheinander. Biblische Predigten
Fulbert Steffensky: Mut zur Endlichkeit
Sterben in einer Gesellschaft der Sieger
Fulbert Steffensky: Schöne Aussichten. Einlassungen auf biblische Texte
Fulbert Steffensky: Schwarzbrot-Spiritualität
Fulbert Steffensky: Wo der Glaube wohnen kann
Holger Tiedemann: Erfahrung des Fleisches
Paulus und die Last der Lust
Hanna Wolff: Jesus als Psychotherapeut

Radius-Verlag · Alexanderstraße 162 · 70180 Stuttgart
Fon 0711.607 66 66 Fax 0711.607 55 55
www.Radius-Verlag.de e-Mail: info@radius-verlag.de